Elogios para *Lo que haremos ha...*

«Este libro detalla una genealogía política de u[...] ...ga-
nizadoras comunitarias más significativas de nues. ...ca y de su gente en el
archivo de una tradición radical negra feminista y abolicionista. Nos enseña
a alabar a la gente que ya está de acuerdo con lo que hacemos, a apreciar la
vulnerabilidad y a ser disciplinados al servicio de transformarnos y al mundo
en el que vivimos». —**CHARLENE A. CARRUTHERS, persona autora de**
Unapologetic: A Black, Queer, and Feminist Mandate for Radical Movements

«Mariame Kaba no intenta salvar el mundo. En cambio, esta colección de
prácticas liberadoras sirve de base para un nuevo tipo de existencia, llena del
zumbido que sólo la humanidad evolucionada puede emitir. Kaba devuelve las
preguntas sin respuesta; Kaba aviva la llama desenfrenada; Kaba es el pozo de
agua en medio de una ciudad sedienta. Y en su inquebrantable labor de abolición, Mariame Kaba revela nuestro propósito de la reflexión. Ella es generosa
al ofrecernos un proyecto para salvarnos». —**MAHOGANY L. BROWNE,
persona autora de** *Chlorine Sky*

«Muchos hemos sido introducidos a la abolición —o invitados a una comprensión y práctica más profunda de la política abolicionista— a través de las
palabras, el trabajo y la visión de Mariame Kaba, así como su brillante sentido
del humor, su hábil uso de Twitter, su amor por la poesía, su práctica de la
esperanza y su aprecio por el arte. Para aquellos quienes somos nuevos en la
abolición, este libro es el manual que necesitamos. Para quienes hemos estado
atravesando un viaje abolicionista, está lleno de los recordatorios que necesitamos. Independientemente de dónde y cómo se entra en la conversación, *Lo
que haremos hasta que nos liberemos* nos acerca infinitamente a la creación de un
mundo basado en una protección, una justicia y una paz auténtica y duradera».
—ANDREA J. RITCHIE, **persona autora de** *Invisible No More: Police Violence against Black Women and Women of Color*

«Todas y cada una de las personas que han tenido el privilegio de aprender de
Mariame Kaba se han transformado en mejores pensadores, organizadores, artistas y seres humanos. Lo que hace Kaba es iluminar el camino de la abolición
y la liberación con inteligencia y compasión, experiencia y esperanza a partes
iguales. Este libro amalgama las piezas de su sabiduría que ha compartido públicamente en diferentes lugares para que quienes no tienen el placer de sentarse
y aprender con ella puedan absorber una pequeña parte de lo que hace de Kaba
una de las pensadoras y organizadoras más impresionantes e importantes de

nuestro tiempo. Que esta obra fortalezca a las personas que ya están comprometidas en la lucha y que sea una chispa energética para quienes recién comienzan en este camino hacia la libertad». **—MYCHAL DENZEL SMITH, persona autora de** *Stakes Is High: Life after the American Dream*

«Mariame tiene un don excepcional: la capacidad de imaginar un futuro mejor, las habilidades para ayudar a construirlo y el valor para exigirlo. Durante años, Mariame ha reflexionado sobre algunas de las cuestiones más difíciles de la adicción de la sociedad al castigo, y muestra la extraordinaria profundidad de sus conocimientos sobre nuestro sistema legal penal. Este libro no podría llegar en mejor momento: a medida que más personas se familiarizan con la abolición, las palabras de Mariame son especialmente críticas. Pero no es sólo un libro sobre sistemas. Es un libro sobre las personas, los poderosos y los que luchan. Y, en última instancia, es un libro sobre cada uno de nosotros: los valores que poseemos y las decisiones que tomamos. Mariame tiene la extraña habilidad de iluminar los elementos turbios y complicados de quienes somos y darles voz. Como abolicionista, Mariame no sólo pide la destrucción de los sistemas antiguos, sino también la creación de un mundo nuevo. Este libro cambiará su forma de pensar sobre su comunidad, sus relaciones y sobre usted». **—JOSIE DUFFY RICE, persona escritora**

«Mariame Kaba es una historiadora del pueblo, una solucionadora de problemas ultra práctica y una profeta visionaria cuyo trabajo sueña y construye un mundo hecho por la colaboración y la recuperación donde poner a la gente en jaulas es inimaginable. *Lo que haremos hasta que nos liberemos* está repleto de las ideas brillantes de Kaba y da ejemplos detallados de cómo el trabajo de la abolición se pone en práctica en las campañas populares. La ilimitada creatividad de Kaba se basa en su riguroso estudio de la resistencia y la inspiración, y la sabiduría de sus palabras se entreteje con la poesía, la literatura, la historia y la música, así que sus propuestas se basan en el discernimiento práctico y se inclinan hacia una imaginación más robusta de lo que podría significar la libertad. Este libro será tanto una herramienta práctica como una fuente de consuelo en tiempos difíciles para quienes movilizan cambios y construyen nuevos mundos». **—DEAN SPADE, persona autora de** *Mutual Aid: Building Solidarity During This Crisis (and the Next)*

«Este conjunto de ensayos y entrevistas fusiona el brío, la perspicacia, la habilidad y la generosidad de una de las pensadoras, curadoras y organizadoras abolicionistas más brillantes de nuestro tiempo. Marcado por una exuberante imaginación, cuidado y agudeza estratégica, *Lo que haremos hasta que nos liberemos* es un manual para quienes quieren crear nuevas colectividades y nuevos futuros a partir de las cenizas de los sistemas de racismo, sexismo, capitalismo y carcelarios. Siempre enseñándonos a 'respaldarnos mutuamente', no hay figura más sabia e inspiradora en la lucha por la justicia que Mariame Kaba». —SARAH HALEY, persona autora de *No Mercy Here: Gender, Punishment, and the Making of Jim Crow Modernity*

«*Lo que haremos hasta que nos liberemos* es el regalo preciado del organizador: una visión de la abolición que es también su práctica y una hoja de trayecto. Ensayo tras ensayo, Mariame Kaba nos guía a través de los futuros abolicionistas que ha creado en la actualidad, convirtiendo las preguntas en experimentos, aprendiendo de los fracasos tanto como de los éxitos, y haciéndolo todo con otras personas. Deje que sus palabras le radicalicen, que desbloqueen su imaginación, que le enseñen a practicar la esperanza y que le muestren por qué lo cotidiano es el terreno de nuestras mayores creaciones abolicionistas. *Lo que haremos hasta que nos liberemos* no es un libro para ser leído; es un portal hacia un proyecto colectivo de liberación que literalmente requiere de cada uno de nosotros». —LAURA McTIGHE, Front Porch Research Strategies y catedrática auxiliar, Florida State University

«En su nuevo libro *Lo que haremos hasta que nos liberemos*, Mariame Kaba demuestra cómo la disciplina —en el intelecto, en la práctica, en las relaciones— no nos dirige a la desesperación, sino a la esperanza. Esta amplia serie de ensayos y entrevistas se basa en su profunda práctica como organizadora experimentada que destila persistentemente las preguntas que van desde la abolición hasta las decisiones humanas básicas sobre el mundo que queremos habitar y cómo vamos a construirlo. La abolición, tal y como la ve y practica Mariame, es fundamentalmente generosa y pragmática, y su obra moverá tanto a los abolicionistas experimentados como a quienes se plantean estas cuestiones por primera vez a unirse a su conclusión de que "su cinismo es irreal"». —DANIELLE SERED, persona autora de *Until We Reckon: Violence, Mass Incarceration, and a Road to Repair*

«La sabiduría de Mariame es el cimiento de mi brújula de la justicia restaurativa. El movimiento de la justicia restaurativa tiene mucho que aprender del firme compromiso de Mariame de proteger nuestros acercamientos ante el daño y la recuperación de la cooptación y el control estatal. Su inquebrantable creencia en que "nos respaldamos de forma mutua" ofrece una poderosa inspiración para imaginar, fundamentar y elevar nuestra práctica. ¡Qué regalo!» —SUJATHA BALIGA, practicante de la justicia restaurativa

«El entrelazamiento del análisis y de la movilización colectiva archivados en esta valiosa colección proporcionan puntos de entrada cruciales en el trabajo diario de la abolición. Abordando las cuestiones más apremiantes de nuestro tiempo con claridad y compromiso, como siempre, Mariame hace que la abolición sea irresistible y, como imperativo, factible». —ERICA R. MEINERS, persona autora de *For the Children: Protecting Innocence in a Carceral State*

«Trabajando a través de una serie de conceptos y luchas —desde la criminalización de la autodefensa hasta lo que se necesita para inspirar nuestra imaginación hacia la abolición— *Lo que haremos hasta que nos liberemos* demuestra verdaderamente las enseñanzas de Mariame Kaba de que "la esperanza es una disciplina". Con este libro, Kaba destaca una comunidad de organizadores, trabajadores y escritores para mostrarnos cómo la abolición es una práctica, a la par que guía nuestras acciones para la liberación». —SIMONE BROWNE, persona autora de *Dark Matters: On the Surveillance of Blackness*

«Durante los últimos veinticinco años, los abolicionistas han sido tratados como los Don Quijotes de los movimientos de justicia social, persiguiendo una visión imposible de alcanzar. En *Lo que haremos hasta que nos liberemos*, Kaba demuestra, a través de su trabajo como organizadora y académica, que poner fin al estado carcelario no sólo es necesario sino también posible. Esta colección ofrece una notable historia de la organización abolicionista y una hoja de trayecto para el trabajo que debemos hacer para crear un nuevo mundo y transformarnos en el proceso». —KENYON FARROW, persona en el puesto de codirección ejecutiva de Partners for Dignity & Rights

«*Lo que haremos hasta que nos liberemos* es un faro, una señal, un punto de referencia para quienes buscamos un cambio transformador y vivificante en una sociedad mortífera. Mariame Kaba es una fuerza de la naturaleza, que no teme adentrarse en las grandes tormentas de violencia. Como demuestra esta esperada colección de ensayos, entrevistas y conversaciones abolicionistas, Kaba sabe que las relaciones están en el centro de todo; que las nuevas posibilidades y percepciones surgen de los esfuerzos organizados de la gente común; sólo el esfuerzo colectivo puede hacernos avanzar. Este no es simplemente un libro. Es un portal». —KAY WHITLOCK, persona coautora de *Queer (In)Justice: The Criminalization of LGBT People in the United States*

«El libro *Lo que haremos hasta que nos liberemos* de Mariame Kaba desprende su brillantez como organizadora, educadora y visionaria. Esta colección de ensayos, que es un manual sobre la abolición como visión, estrategia y práctica organizativa, se basa en un análisis estructural del control policial, el encarcelamiento y la vigilancia, a la vez que promueve estrategias, acciones y prácticas colectivas para acabar con estos sistemas. La colección comparte algunos de los increíbles proyectos abolicionistas que ella ha iniciado, organizado y alimentado, y es un testimonio del poder de la colectividad y la comunidad. Este es un libro para aquellas personas que nunca han pensado en la abolición y para aquellas personas que han pensado en ella durante años. A través de la lente que ofrece Mariame Kaba, las posibilidades de la abolición se vuelven bastante tangibles, posibles, incluso inevitables». —ANN RUSSO, persona autora de *Feminist Accountability: Disrupting Violence and Transforming Power*

«Si alguna vez hemos necesitado las palabras y las ideas de Mariame Kaba en un solo lugar, ¡es ahora! Con principios, pragmático y, sobre todo, visionario, *Lo que haremos hasta que nos liberemos* no sólo arroja una luz implacable sobre nuestro violento sistema carcelario, sino que también ilumina caminos reales hacia la justicia y la libertad. Este libro debería ser leído, estudiado y puesto en práctica por toda la gente que está comprometida con la creación de nuevos mundos en medio de las ruinas del viejo». —RUHA BENJAMIN, Princeton University

«*Lo que haremos hasta que nos liberemos* es una serie de ensayos que funcionan como regalos, reflexiones e intervenciones políticas de la humildemente prolífica organizadora, Mariame Kaba. Tanto si se trata de la organización abolicionista, como de la aplicación de la justicia transformadora o de las relaciones como supervivencia, la autora crea unos puntos de referencia necesarios para nosotres. Esta es una lectura deliciosamente matizada, que se puede leer varias veces y recibir algo nuevo cada vez. Y este es un libro diseñado para acompañar sus esfuerzos políticos, inspirándole a profundizar en su activismo y movilización, e insistiendo en que usted, junto a Mariame, tiene un lugar en la creación de una sociedad más liberadora». —EJERIS DIXON, persona organizadora, estratega, facilitadora y coeditora de *Beyond Survival: Stories and Strategies of the Transformative Justice Movement*

«Repleto de ideas organizativas y preguntas candentes, esta colección es una lectura obligada para quienes participan en el movimiento para abolir el complejo industrial carcelario o desean aprender más sobre él. El libro *Lo que haremos hasta que nos liberemos* nos muestra de forma tan clara y hermosa que el camino hacia la abolición está pavimentado con la lucha colectiva, la solidaridad, la responsabilidad, el amor y "un millón de pequeños experimentos diferentes"». —EMILY THUMA, persona autora de *All Our Trials: Prisons, Policing, and the Feminist Fight to End Violence*

«Esta esperada colección de obras de Mariame Kaba es lo que el movimiento abolicionista necesita ahora mismo. Kaba combina la crítica radical, el análisis histórico, la teoría de base y la aplicación práctica para ayudar a guiar a los organizadores a construir un futuro abolicionista. Hay muy pocos académicos y/o organizadores que sean capaces de combinar a la perfección la teoría abolicionista y de la justicia transformadora con las estrategias organizativas prácticas como hace Kaba con tanto éxito. Los ensayos de Kaba también demuestran la transformación que necesitan nuestros movimientos para ser guiados por principios de amor y cuidado que puedan sostener a nuestras comunidades en un mundo diferente. Enseña cómo construir la disciplina necesaria para que podamos guiarnos por la esperanza y no por la desesperación. El trabajo de Kaba es un verdadero regalo para el movimiento».
—**ANDREA SMITH, profesora de estudios étnicos, University of California, Riverside**

«Mariame Kaba es un genio político y una figura veraz para nuestros tiempos, y como abolicionista, organizadora política, educadora y escritora, es audaz en sus sueños por nuestras futuras libertades negras. Este libro dice lo que hay que decir en este momento político en el que nos planteamos la abolición en respuesta a la brutalidad policial, la supremacía blanca y una pandemia que está matando desproporcionadamente a la gente de color en todo el mundo. Cada capítulo es un bello y archivado testimonio del linaje de la movilización negra, especialmente de las feministas negras, que nos ha llevado a este momento político y cultural de levantamientos masivos creando estrategias resistentes, abolicionistas y transformadoras frente a la brutalidad policial, el encarcelamiento masivo y la respuesta genocida estatal al COVID-19. *Lo que haremos hasta que nos liberemos* es un remedio para nuestra supervivencia colectiva y un manifiesto para responder a los daños y la violencia para nuestro futuro». —**CARA PAGE, persona fundadora de** *Changing Frequencies*

«El libro de Mariame Kaba *Lo que haremos hasta que nos liberemos* es un tesoro de ensayos y entrevistas que comparte sus conocimientos, percepciones y sabiduría desarrollados a lo largo de décadas de organización contra el complejo industrial carcelario y de apoyo a los supervivientes de la violencia. En este libro, Kaba relata decenas de campañas, proyectos, colaboraciones y activistas que nos han llevado a momentos históricos en el 2020 y más allá, y ofrece pasos concretos que la gente puede dar en el camino hacia la abolición. Brillante organizadora, educadora, teórica política y preeminente abolicionista del siglo XXI, Kaba analiza de forma concisa el fundamento antinegro del sistema judicial penal estadounidense y defiende la abolición y la justicia transformadora. Este libro es una lectura obligada para quienes se esfuerzan por conseguir más paz y justicia en este mundo». —**JOEY MOGUL, persona coautora de** ***Queer (In)Justice: The Criminalization of LGBT People in the United States***

«Esta colección de obras encarna los dones de Mariame al movimiento abolicionista, no sólo en su contenido sino en su formato. Como lectores, ella nos invita a entrar en las conversaciones que Kaba ha mantenido durante décadas mientras eleva innumerables historias que pertenecen al movimiento más amplio del que ella es una líder esencial. Se nos ofrece la escritura personal y también colaborativa de Mariame, que destaca un mensaje central que recorre todo el libro: no lograremos la liberación solos. Si bien no hay planos para la abolición, este texto es una luz de guía que ofrece respuestas cruciales y una invitación extensiva para que todo el mundo se una al trabajo». —**REV. JASON LYDON, Second Unitarian Church of Chicago**

«El libro *Lo que haremos hasta que nos liberemos* esboza un enfoque de la política transformadora que estábamos deseando: estrategias brillantes que son a la vez prácticas y proféticas. Durante décadas, el liderazgo pionero de Mariame Kaba nos ha conducido hacia un horizonte de libertad radical que, como ha demostrado repetidamente, está a nuestro alcance. Esta notable colección es un poderoso mapa para cualquiera que anhele un futuro construido sobre la protección, la comunidad y la alegría, y un hogar intelectual para quienes están creando nuevos caminos para llevarnos hacia allí». —**ALISA BIERRIA, persona cofundadora y co-organizadora de Survived and Punished**

«El ejemplo viviente de Mariame Kaba me enseña continuamente que la responsabilidad y la abolición son prácticas diarias internas y externas. *Lo que haremos hasta que nos liberemos* es a la vez oportuno y atemporal. Esta convincente recopilación es una oferta de las perspectivas reflexivas experienciales de Kaba y de sus ideas sobre el agotador, compasivo y gratificante trabajo de no hacer daño en respuesta a presenciar y/o experimentar el daño. Las palabras de Kaba son una hoja de trayecto sagrado para una praxis encarnada que nos invita a imaginar, prever y trabajar colectivamente para juntos crear una sociedad sin violencia». —**AISHAH SHAHIDAH SIMMONS, persona creadora de** *NO! The Rape Documentary***; y persona autora de** *Love WITH Accountability*

«El libro *Lo que haremos hasta que nos liberemos* tiene mucha sabiduría que ofrecer, especialmente en este momento sin precedentes. Kaba no sólo desafía las nociones corrosivas de que sólo la policía y las prisiones nos mantienen a salvo, sino que también nos invita a ver la abolición no como un objetivo lejano, sino como una aventura cotidiana que podemos emprender en nuestra vida diaria. Mariame Kaba es un tesoro galáctico. Su pasión, dedicación y compromiso con la abolición, la seguridad y la rendición de cuentas son incomparables. Lean este libro». —**VICTORIA LAW, persona autora de** *Prison by Any Other Name*

«Mariame Kaba es una de las intelectuales populares más destacadas de nuestro tiempo. Es un genio estratégico, brillante y práctico cuyo trabajo intelectual y comunitario es fundamental para los últimos veinte años de justicia transformadora y teoría y práctica abolicionista. Es una persona cuyo trabajo insto a leer a cualquiera que tenga curiosidad por saber exactamente por qué y cómo vamos a desmantelar las prisiones y construir el futuro distinto que necesitamos. Estoy muy contenta de tener este libro en el mundo, que tiene muchas de mis obras favoritas, para regalar a nuevos y viejos camaradas por igual».
—**LEAH LAKSHMI PIEPZNASAMARASINHA, persona autora de** *Care Work: Dreaming Disability Justice*

«El milagro es la presencia colaborativa, responsable, orientada al futuro y portadora de un legado de Mariame en nuestros movimientos y su práctica intencional de evaluar cómo puede contribuir a nuestro futuro colectivo. Este libro, que documenta algunas de las intervenciones más importantes de Kaba, conversaciones cruciales e ideas que cambian el paradigma, hace que este milagro continuo se pueda compartir, enseñar y estudiar en comunidad. *Lo que haremos hasta que nos liberemos* es una ofrenda necesaria hacia la posibilidad de nuestra participación intencional en las acciones que crearán un mundo más amoroso y habitable. Lea este libro, guarde este archivo, comparta este viaje para que nutra su propia presencia, práctica y colaboraciones hacia la libertad que ya merecemos». —**ALEXIS PAULINE GUMBS, persona autora de** *Dub: Finding Ceremony*

«Hermoso y oportuno, *Lo que haremos hasta que nos liberemos* es más que un libro. Es un encuentro: una conversación, una reunión, una llamada a ser no sólo lo mejor de nosotres, sino también a estar juntos en la lucha. Es un regalo para todas las personas que creen en la liberación de la violencia. En una amplia serie de ensayos, entrevistas y discursos, la empedernida organizadora Mariame Kaba comparte la sabiduría estratégica del frente abolicionista. ¡Léalo, páselo y póngase a trabajar!» —**DAN BERGER, persona autora de** *Rethinking the American Prison Movement*

LO QUE HAREMOS HASTA QUE NOS LIBEREMOS

ORGANIZACIÓN DE LA ABOLICIÓN Y TRANSFORMACIÓN DE LA JUSTICIA

Mariame Kaba

Prólogo por Naomi Murakawa

Editado por Tamara K. Nopper (versión al inglés)

Editado por Pamela Cappas-Toro (versión al español)

Traducido por Pamela Cappas-Toro y Mariana Peñaloza Morales

(H)

Haymarket Books
Chicago, Illinois

Publicado en 2023 por
Haymarket Books
P.O. Box 180165
Chicago, IL 60618
773-583-7884
www.haymarketbooks.org
info@haymarketbooks.org

ISBN: 978-1-64259-985-5

Distribuido en el mercado de EE.UU. a través de Consortium Book Sales and Distribution (www.cbsd.com) y de forma internacional mediante Ingram Publisher Services International (www.ingramcontent.com).

Este libro fue publicado gracias al generoso respaldo de Lannan Foundation, de Wallace Action Fund, y de la Marguerite Casey Foundation.

Existen descuentos especiales disponibles para compras al por mayor por parte de organizaciones e instituciones. Por favor, mande su información a la siguiente dirección de correo electrónico: info@haymarketbooks.org

Arte de la portada por Monica Trinidad.
Diseño de la portada por Eric Kerl.

Los datos de catalogación y publicación de la Biblioteca del Congreso se encuentran disponibles.

A mi papá, Moussa Kaba, quien me enseñó que los fracasos son siempre lecciones y que todo lo que vale la pena, se hace junto a los demás.

Tabla de contenido

PARTE VII
Venga, únase y no viaje solo: Nos necesitamos mutuamente

Nota de traducción

La traducción al español de este libro utiliza las palabras «todes» y «nosotres» para la ampliación de las formas de nombrar al género, reconociendo la multiplicidad de expresiones que van más allá de los binarios femenino/masculino. Deseamos reconocer en lo indefinido un espacio político de resistencia y de inclusión. Así como su padre le enseñó a Kaba (y a nosotres) que todo lo que vale la pena hacer se hace con la gente, creemos que todo en el mundo se compone de una constelación de relaciones. Honramos eso en estos gestos hacia la colectividad y la reciprocidad.

Prólogo

Naomi Murakawa

enero del 2021

Cuando Donald Trump incitó a sus partidarios a saquear el Capitolio de EE. UU. el 6 de enero de 2021, el mundo vio cómo los alborotadores tomaban la ciudadela del poder mundial. Con policías de turno tomándose *selfies* y policías fuera de turno entre los alborotadores, los insurrectos rompieron fácilmente el perímetro de seguridad e irrumpieron en el edificio del Capitolio, ondeando la bandera confederada y vistiendo camisetas neonazis. Los comentaristas, conmocionados, se preguntaron: ¿Cómo es posible que una nación que gasta un billón de dólares al año en seguridad —militar, policial y penitenciaria, vigilancia nacional y mundial— se enfrente a miles de personas revoltosas supremacistas blancas con una respuesta policial que va desde lo casualmente mal preparado hasta lo abiertamente acogedor?

La pregunta es errónea. La supremacía blanca no prospera a pesar de la amenazante infraestructura de la criminalización y el militarismo estadounidense, sino que prospera gracias a ella. La anti negritud de la policía no es necesariamente un punto de vergüenza sino un simple hecho, una expectativa resumida en la indignación de un manifestante pro-Trump: «Se supone que deben disparar a Las Vidas Negras Importan [*Black Lives Matter*], pero están disparando a los patriotas».

La policía empuja a millones de personas al sistema legal penal, donde el número de las personas negras condenadas a muerte aumenta en cada círculo del infierno. La gente negra representa el 13 por ciento de la población de EE. UU., pero aproximadamente el 30 por ciento

de las personas arrestadas, el 35 por ciento de las personas encarceladas, el 42 por ciento de las que están condenadas a muerte y el 56 por
ciento de las que están cumpliendo cadena perpetua. Dentro del mayor
sistema penitenciario del planeta, la tasa de mortalidad de COVID-19
es cinco veces superior a la de la población general. Las aproximadamente 800 bases militares de EE. UU. en todo el mundo —como el
nacimiento de la nación en la desposesión de los pueblos originarios y
la esclavitud— refuerzan las lecciones que la banda de hermanos blancos de Trump conoce demasiado bien: tomar por la fuerza e inventar
al enemigo racial. Vivimos en la era del sacrificio humano, dice Ruth
Wilson Gilmore, y nuestra maquinaria carcelaria y militar normaliza la
matanza industrializada.

Debemos abolir el complejo industrial carcelario: esta es la premisa inicial de la serie de Haymarket Books titulada *Escritos abolicionistas* [*Abolitionist Papers*]. Más allá de todo lo que debemos desmantelar,
la abolición es una visión de todo lo que debemos construir, y esto hace
que sea maravillosamente adecuado inaugurar la serie con la inspiradora constructora abolicionista Mariame Kaba.

La visión abolicionista de Kaba brilla tanto precisamente porque
se niega a ser la única estrella que deslumbra sola. ¿Por qué ser una estrella solitaria cuando se puede formar una constelación? Y eso es lo
que vemos en este libro: la brillantez que emana de Kaba y de toda una
constelación de co-organizadores, co-fundadores y co-conspiradores,
juntos en una práctica abolicionista de rechazo, cuidado y colectividad.
Rechazo: porque no podemos colaborar con el complejo industrial
carcelario, ya que «sólo el mal colabora con el mal» (June Jordan).
Cuidado: porque «el cuidado es el antídoto contra la violencia» (Saidiya Hartman). Colectividad: porque «todo lo que vale la pena se hace
junto a los demás» (Moussa Kaba).

En palabras de Kaba, la abolición concibe un mundo en el que abordamos el daño sin depender de los sistemas violentos que lo incremen-
tan, un mundo en el que «tenemos todo lo que necesitamos: comida,
refugio, educación, salud, arte, belleza, agua limpia y más cosas que son
fundamentales para nuestra protección personal y comunitaria». Los
críticos acusan a las personas abolicionistas de ser ingenuas respecto
a la violencia. Pero Kaba demuestra que el análisis abolicionista es tes-

tigo de las conexiones a través de todos los estratos de la violencia: la violencia interpersonal, la violencia estatal de la criminalización y el encarcelamiento, y en todas partes la violencia estructurante de la anti negritud, el heteropatriarcado y el capitalismo.

Las estructuras complejas de la violencia se vuelven inquietantemente claras cuando nos centramos en las mujeres y niñas negras, como nos anima a hacer Kaba. Para Bresha Meadows, Marissa Alexander y miles de mujeres y niñas negras que han sobrevivido a la violencia doméstica y sexual defendiéndose, el sistema de castigo penal no aporta ningún alivio, sino más violencia. En lugar de neutralizar o contrarrestar la violencia interpersonal, la violencia estatal permite y refuerza la misma opresión del terror de género racializado. Después de leer el análisis de Kaba, queda claro que el sistema de castigo penal, no la abolición, depende de una visión superficial de la violencia, una visión fácil del bien y del mal basada en el binario víctima-perpetrador. Los relatos simples de la víctima perfecta y del agresor monstruoso doblan la realidad para que encaje con los pretextos de la violencia estatal, ayudándonos a fingir que las lesiones físicas, emocionales, sociales y cívicas de la prisión son de alguna manera justicia.

A los lectores que terminen este libro diciendo, «Sí, lo entiendo, pero ¿y ahora qué?», la obra de Kaba es un portal que nos conecta con las corrientes dinámicas de la organización abolicionista. Si asiente con la cabeza mientras lee *Sí, literalmente queremos decir abolir la policía* [*Yes, We Literally Mean Abolish the Police*], deje que esa chispa le lleve al kit de herramientas *#Desfinancien la policía* [*#DefundPolice*], creado por Kaba, Woods Ervin y Andrea Ritchie.* Si es un organizador de la juventud, educador o pariente, Kaba y sus colaboradores han creado *Desfinancien la policía: Un video animado* [*Defund Police: An Animated Video*] con una guía de debate complementaria.† Después de leer *Liberen a todes no-*

---

* *#Desfinancien la policía: Pasos concretos para desfinanciar la vigilancia e invertir en la seguridad comunitaria* [*#DefundPolice: Concrete Steps Toward Divestment from Policing and Investment in Community Safety*], creado por Interrumpiendo la Criminalización: Investigación en Acción [*Interrupting Criminalization: Research in Action*] (ver: interruptingcriminalization.com).

† *Desfinancien la policía: Un video animado* [*Defund Police: An Animated Video*], guión por Mallory Hanora y Mariame Kaba, creado por el Proyecto NIA [Project NIA] y Blue Seat Studios (ver: project-nia.org).

sotres: Campañas participativas de defensa como organización abolicionista [*Free Us All: Participatory Defense Campaigns as Abolitionist Organizing*], considere la posibilidad de organizar un evento de escritura de cartas para apoyar a las personas criminalizadas que son supervivientes.*

Kaba ha creado y curado conjuntos de herramientas esenciales, material gráfico y listas de recursos, pero los resalto no como fórmulas mágicas o atajos. No hay trucos de vida para la revolución. Como nos recuerda Robin D. G. Kelley, «Hacer una revolución no es una serie de maniobras y tácticas aptas, sino un proceso que puede y debe transformarnos». La abolición requiere el desmantelamiento de los sistemas opresivos que viven ahí fuera y dentro de nosotres. La policía no sólo protege la propiedad privada y satura a los barrios de gente negra, morena y de clase trabajadora. También se instala en nuestros corazones y mentes. Unirse a una organización, informarse sobre el complejo industrial carcelario, donar a una campaña de defensa de las personas criminalizadas que son supervivientes: estas acciones mencionadas son acciones aparentemente pequeñas para iniciar un proceso que puede transformarnos. Como nos dice Kaba, empiece desde donde esté. Conéctese con otras personas que ya estén haciendo el trabajo. Experimente.

Este libro nos ofrece una mirada de cómo Kaba llega a ser abolicionista, cultivando formas de reducir la violencia, de aliviar el dolor, de apoyar y cuidar. «Llegar a ser» es una frase curiosa, como apunta Imani Perry, porque gramaticalmente implica un florecimiento y un proceso de cambio. No es sólo una visión que admirar, sino un *hacer* para llegar a un nuevo estado del ser.

Cuando se le pregunta cómo sería exactamente un mundo sin policía y cárceles, Kaba nos devuelve la pregunta diciendo, «Lo descubriremos trabajando para llegar allí». En lugar de una certeza, nos ofrece una invitación a nuestro mundo futuro: uno en el que todas las personas tengan sus necesidades satisfechas, en el que las mujeres negras sean libres y, por lo tanto, todo el mundo sea libre, y en el que la desechabilidad humana sea inimaginable.

Mariame Kaba nos muestra que la abolición se está llegando a ser. Es hermoso. Y es lo que haremos hasta que nos liberemos.

---

* *Ideas y consejos para la organización de eventos de escritura de cartas* [*Ideas and Tips for Organizing Letterwriting Events*] (ver: survivedandpunished.org).

Introducción editorial

Tamara K. Nopper

diciembre del 2021

Si sigue a Mariame Kaba en las redes sociales, o incluso conoce un poco su decidida labor política, probablemente no le sorprenderá saber que al principio se mostró reticente a este libro. Característicamente, Mariame no estaba segura de que un proyecto entero debiera desarrollarse únicamente en torno a ella. A lo largo de los años, Mariame ha rechazado peticiones previas de Haymarket Books para publicar una colección de sus escritos. Al acercarse el verano del 2020, Haymarket se lo volvió a pedir.

Como persona comprometida con la construcción de estructuras vitales, Mariame ya tenía numerosos proyectos preparados para el verano. Desde su sede en Nueva York, Mariame dirigía el Proyecto NIA [*Project NIA*], la organización que fundó en el 2009 para «acabar con el arresto, la detención y el encarcelamiento de infantiles y juveniles promoviendo prácticas de justicia restaurativa y transformadora». También trabajaba con Andrea Ritchie y Woods Ervin en Interrumpiendo la Criminalización [*Interrupting Criminalization*], una iniciativa del Centro Barnard para la Investigación sobre las Mujeres y su Instituto de Justicia Social [*Barnard Center for Research on Women's Social Justice Institute*], que cofundó con Ritchie en el 2018. Junto con la dirección de organizaciones, Mariame siempre está construyendo o co-construyendo campañas.

Mariame también estaba gestionando un aumento de solicitudes de su tiempo por parte de los medios de comunicación convencionales. No cabe duda de que algunas de estas solicitudes se debían al creciente debate público sobre la desfinanciación de la policía y la abolición que circulaba en las redes sociales, en publicaciones de la cultura dominante como *Manteniendo el buen cuidado de la casa* [*Good Housekeeping*] y en programas como *Buenos días, EE. UU.* [*Good Morning America*] durante la primavera y el verano del 2020. Aunque el movimiento abolicionista contemporáneo tiene décadas de antigüedad, los llamamientos a la desfinanciación de la policía cobraron fuerza rápidamente en EE. UU. durante la primera oleada de la pandemia de COVID-19. Como ha señalado el experto en salud pública Kenyon Farrow, la mendaz respuesta del gobierno federal estadounidense a la crisis del COVID-19 es nada menos que un genocidio.

En medio de la vida en cuarentena y de una profunda depresión socioeconómica y emocional que se apoderaba de la nación, mucha gente en EE. UU. —y en todo el mundo— se jugó la vida y salió a la calle para expresar su rabia y su dolor por los asesinatos de George Floyd y Breonna Taylor a manos de la policía, y por la caza y el asesinato de Ahmaud Arbery a manos de vigilantes blancos. Se produjeron protestas por todas las ciudades estadounidenses. En muchas ciudades se quemaron o volcaron vehículos de policía, se incendiaron edificios, se rompieron ventanas y se saquearon tiendas. Y en Minneapolis, donde Floyd fue asesinado por Derek Chauvin mientras otros agentes observaban, incendiaron una comisaría de policía. Algunos funcionarios electos trataron de sofocar la insurgencia con gestos simbólicos, como pintar la frase «Las vidas negras importan» en las calles.

Aunque para algunos esto fue satisfactorio, muchos organizadores y manifestantes dejaron claro que el simbolismo no era suficiente. Se resistieron a esas propuestas de muchas maneras, emulando la declaración de Fannie Lou Hamer, una organizadora del movimiento por la libertad de la gente negra: «Estoy harta de cosas simbólicas. Estamos luchando por nuestras vidas».

A medida que se aceleraban las demandas de la desfinanciación de la policía, también se aceleraban las conversaciones más extensas sobre la abolición. Cuando se anunció la fecha de publicación de *Lo que haremos hasta que nos liberemos* en las redes sociales, muchas personas respondieron inmediatamente y con entusiasmo, señalando el poder y la influencia de Mariame como educadora política, y su impacto directo en su pensamiento y activismo. Mucha gente ha estado esperando este tipo de libro de Mariame por mucho tiempo, y con razón.

Ojalá que muchos lectores lleguen a este libro sin tener ni idea de quién es Mariame Kaba, o con poco conocimiento de su importancia para el movimiento abolicionista contemporáneo. Sencillamente, queremos que el mayor número posible de personas conozca más sobre la abolición. Los escritos y las entrevistas de Mariame constituyen una convincente introducción.

Mariame nos ayuda a entender cómo la criminalización, independientemente de la raza o de la clase social, se basa en la antinegritud. Como subraya en *La historia de las prisiones del pueblo estadounidense* [*A People's History of Prisons in the United States*], incluido aquí, «No se puede hablar de la criminalización en este país sin entender la historia de la negritud y de la gente negra en este país. La clase política nos ha utilizado como combustible para hacer que las cosas sucedan. Siempre somos los canarios en la mina de carbón». En sus debates sobre *#Yo también* [*#MeToo*] y *#Di su nombre* [*#SayHerName*], Mariame se basa en sus décadas de organización contra la violencia de género y sexual para plantear preguntas provocadoras sobre el apoyo a las personas que son supervivientes y la exigencia de la rendición de cuentas. Varios escritos de *Lo que haremos hasta que nos liberemos* abordan cómo se utilizan las demandas a la protección carcelaria para criminalizar a las mujeres y las niñas, en particular a las que son negras, que se involucran en la autodefensa, y se detalla la organización de Mariame en apoyo de las supervivientes criminalizadas. Mariame subraya por qué es urgente y necesario centralizar las experiencias de las mujeres negras con el sistema de castigo penal. Esta centralización nos permite crear condiciones que apoyen la protección y el bienestar de las mujeres negras y agudiza nuestra comprensión de la violencia estatal. Mariame también nos anima a distinguir entre vigilancia y protección, y a construir una sociedad en la que la gente experimente una verdadera seguridad en lo que respecta al clima, la economía, nuestras escuelas, nuestros barrios, nuestra vivienda y entre nosotres.

Este libro también tiene una crítica constructiva para los críticos avezados del estado carcelario, incluidos los que se identifican como abolicionistas. El análisis de Mariame es especialmente relevante e instructivo para quienes desean determinar cómo podría ser la rendición de cuentas por el daño y la violencia si se guiara por principios y valores abolicionistas. Como señala Mariame: «Una gran parte del trabajo de mi vida ha sido tratar de imaginar nuevas formas de intentar abordar la rendición de cuentas y conseguir que se les rindan cuentas a los supervivientes de la violencia». Al abordar cómo la «justicia restaurativa»y la «justicia transformadora» se tratan a menudo como intercambiables, Mariame observa cómo las iniciativas de justicia restaurativa se institucionalizan cada vez más de forma diferente a la justicia transformadora.

Mariame también comparte que está lidiando más con el castigo y la venganza como elementos de la lógica carcelaria, incluso cuando se promulgan fuera del sistema jurídico penal. Una de las «piedras angulares» de Mariame, Angela Y. Davis, ha dicho:

> Sabemos, por ejemplo, que reproducimos las estructuras del castigo retributivo en nuestras propias relaciones con los demás . . . incluso aquellas personas que somos conscientes de esto seguimos estando sujetos a esa influencia ideológica en nuestra vida emocional. Los impulsos retributivos del estado, los impulsos retributivos del castigo estatal están inscritos en nuestras propias respuestas emocionales individuales.

Un examen crítico de la venganza es particularmente útil y necesario, incluso para los lectores que se identifican y organizan como abolicionistas. Por ejemplo, en la entrevista *Desde el «Yo también» al «Todes nosotres»: Movilizándonos para poner fin a la violencia sexual, sin prisiones* [*From "Me Too" to "All of Us": Organizing to End Sexual Violence without Prisons*], incluida en este libro, Mariame plantea algunos puntos muy provocativos en relación con el espacio políticamente disponible para lidiar con cuestiones difíciles e incómodas en relación con el apoyo a quienes son supervivientes. Y en *Transformando el castigo: ¿Qué es la rendición de cuentas por nuestros actos sin el castigo?* [*Transforming Punishment: What Is Accountability without Punishment?*], un ensayo sobre R. Kelly publicado por primera vez aquí, Mariame y la coautora y cofundadora de Resistencia Crítica [*Critical Resistance*], Rachel Herzing, examinan cómo el sistema legal trata a los autores de violencia de alto perfil, así como la insaciabilidad del público por el castigo. Como subrayan Mariame y Rachel, este impulso de retribución es expresado a veces por quienes se declaran abolicionistas, aunque este impulso va en contra de la abolición, y confunde las respuestas emocionales individuales con los resultados políticos. Como afirman, «El abolicionismo no es una política mediada por respuestas emocionales. O, como queríamos titular inicialmente este artículo, el abolicionismo no se trata de tus pinches sentimientos».

Este libro revela que Mariame es una lectora voraz, una oyente activa y una experimentadora valiente, y alguien que se dedica a pensar seriamente en su trabajo político. Mariame también describe los cambios en su pensamiento y enfoque. Por ejemplo, Mariame cuenta cómo, cuando era adolescente y vivía en la ciudad de Nueva York, llegó al trabajo abolicionista a través de los asesinatos policiales de hombres y niños negros; en este proceso, no siempre puso en primer plano la justicia de género. Mariame habla de cómo aprendió a situarse como mujer negra en su análisis y de cómo con el tiempo empezó a identificarse como feminista.

También obtenemos más información sobre la filosofía de Mariame con respecto al cambio político; su creencia en la capacidad de crecimiento y evolución se basa en muchas fuentes. En una entrevista del 2019 con la poeta, escritora y académica radicada en Chicago, Eve L. Ewing, nos encontramos con una exploración especial y pública de la historia familiar de Mariame, incluida la participación de su padre en el movimiento de independencia de Guinea y en la política posterior a la independencia, y el trabajo de apoyo mutuo de su madre. Mariame reflexiona sobre cómo sus familiares y su educación influyen en su filosofía política, especialmente en lo que respecta a las prácticas superpuestas de construcción de relaciones, el cuidado colectivo y la abolición. Tal y como compartió con Ewing, el padre de Mariame le inculcó que «Todo lo que vale la pena se hace junto a los demás». Como señala Mariame, eso «se convirtió en la banda sonora de mi cabeza», y se articula tanto en su trabajo de organización como en sus reflexiones sobre el momento político actual, en el que más personas tratan de entender la abolición y, con suerte, se involucran.

Sus tuits breves, pero al grano, circulan ampliamente y se citan a menudo, pero como vemos en *Lo que haremos hasta que nos libere-*

mos, se basan en el estudio constante, la reflexión y el interés tanto por conmoverse como por conmover a los demás. Por ejemplo, Mariame es conocida por el aforismo «La esperanza es una disciplina». Como Mariame revela en una entrevista para el podcast *Más allá de las prisiones* [*Beyond Prisons*], la frase de pocas palabras articula una filosofía que le fue presentada por una monja y que desde entonces se ha convertido en algo «realmente útil en mi práctica en torno a la organización. Creo que siempre hay un potencial de transformación y de cambio».

Como demuestra Mariame una y otra vez, «un potencial de transformación y de cambio» no puede ser sólo la base de una retórica positiva, sino que debe ser puesta en práctica, lo que implica un riesgo. Y, en definitiva, hay que experimentar. Con este fin, varios artículos de este libro tratan de informar a los lectores sobre cómo podemos practicar la organización abolicionista. Ya sea la batalla y la victoria histórica por las reparaciones para los sobrevivientes de la tortura policial en Chicago; la campaña para responsabilizar al oficial del Departamento de Policía de Chicago, Dante Servin, por el asesinato de Rekia Boyd; las campañas de defensa de las personas criminalizadas y encarceladas que son sobrevivientes como Marissa Alexander; la campaña #No a la academia policíaca [#NoCopAcademy] en Chicago; y, en respuesta al asesinato de Breonna Taylor, un llamado a las reparaciones y a la reparación en lugar de la acusación de la policía, todos están comprometidos con la praxis abolicionista.

En algunas de las entrevistas realizadas durante el verano del 2020, se le pregunta a Mariame sobre la cooptación del movimiento abolicionista o sobre la performatividad frente a la política real. Lo que vemos en las respuestas de Mariame es su deseo de atraer al mayor número posible de personas al movimiento. Al igual que Toni Cade Bambara escribió sobre los escritores emergentes, Mariame expresa sobre las personas que participan en el trabajo abolicionista: «Hay que darles espacio para respirar y tropezar. Hay que darles tiempo para que se desarrollen y revelen lo que pueden hacer... Al fin y al cabo, no hay solistas; esto es una improvisación en grupo».

Para Mariame, la improvisación en grupo significa trabajar juntos, aprender juntos y fracasar juntos «construyendo un millón de pequeños experimentos diferentes, simplemente construyendo e intentando, asumiendo riesgos y entendiendo que vamos a tener muchísimos fracasos». Aunque Mariame fomenta la experimentación y da la bienvenida al fracaso, se mantiene firme en que la política abolicionista requiere ciertos principios, como la búsqueda de la rendición de cuentas por el daño y la violencia sin involucrar o ampliar el complejo industrial carcelario. Mariame también señala que la práctica de la abolición exige un sano control del ego en términos de no confundir nuestros sentimientos con la política.

Mariame Kaba, la escritora

En la entrevista, Ewing le pregunta a Mariame sobre su incremento en visibilidad, ya que es conocida por no querer que su cara aparezca en fotos o vídeos: «Vi una foto suya en *The New York Times*, y me quedé así: "Dios mío"... Me encantaría que nos contara su opinión sobre los motivos por qué, en general, elige no ser fotografiada, y algunas de sus otras elecciones en cuanto a nombrarse a sí misma, a no centrarse en sí misma. Y también cómo está cambiando eso, y por qué». La respuesta de Mariame revela que se está esforzando por atribuirse el mérito de su trabajo. Cuenta una historia, cuyos detalles no voy a desvelar aquí, que «comenzaron el cambio en mi vida en cuanto a poner mi nombre en mis cosas».

Cuando leí la respuesta de Mariame a Ewing, recordé la primera vez que supe de la resistencia de Mariame de poner su nombre en las cosas. Hace años, cuando aún no nos conocíamos en persona, quise etiquetarla y publicar algo en Twitter desde *Cultura carcelaria: Como el CIC estructura nuestro mundo* [*Prison Culture: How the PIC Structures Our World*], el blog que publica desde el 2010 y que explora «los múltiples brazos del estado carcelario y cómo podríamos desmantelar nuestros actuales sistemas de castigo». Como no tenía su nombre en su biografía de Twitter (¡y sigue sin tenerlo!), le envié un mensaje para preguntarle si debía incluir su nombre. A ella le pareció bien que se compartiera el post, pero prefirió que no se incluyera su nombre. Como alguien que prefiere las frecuencias bajas, esto me intrigó, pero no pregunté nada. Años después, cuando conocí a Mariame en persona, me enteré mejor de sus prácticas de citación. Mientras cenábamos comida de la India, me contó parte de la historia que comparte con Ewing.

Como dice Ewing en el prefacio de su entrevista, «No extraño que muchas de las personas que luchan por creer en algo frente a la desesperación hayan recurrido al trabajo de la educadora y organizadora Mariame Kaba. Muchos (yo incluida) llegaron a ella por primera vez a través de *Cultura carcelaria*». Al igual que Ewing, conocí a Mariame como escritora a través de su blog.

El hecho de que Mariame escriba regularmente en su blog es importante por varias razones. En primer lugar, está muy ocupada organizando y educando, a veces impartiendo clases en la universidad, y creando constantemente planes de estudio, desarrollando y facilitando talleres y formaciones, y proporcionando tutoría, especialmente a los organizadores más jóvenes. En segundo lugar, según Mariame comparte de forma pública y frecuentemente, a ella no le gusta escribir y se obliga a hacerlo. Esto podría parecer un punto banal, ya que muchos escritores, incluso aquellos conocidos como gigantes literarios, expresan el mismo sentimiento. Sin embargo, rara vez se ve en los perfiles públicos que Mariame se describa a sí misma como escritora. Es más probable que le haga saber que es una devota del canal de Hallmark.

Algunos de sus escritos circulan ampliamente a través de las redes sociales y el correo electrónico, tales como sus artículos, ensayos, tuits y publicaciones en Facebook. Otros son libros, como *Extrañando a papá* [*Missing Daddy*], escrito para jóvenes con padres encarcelados e ilustrado por bria royal, y su libro en coautoría con Essence McDowell, *Levantando mientras subían: Trazando la historia de las mujeres negras del sur de Chicago* [*Lifting as They Climbed: Mapping a History of Black Women on Chicago's South Side*]. Otras obras incluyen su blog, fanzines, guías de organización y conjuntos de herramientas, planes de estudio, informes de investigación y correos electrónicos en los que responde a las solicitudes de orientación de quienes se involucran en el trabajo político por primera vez o de organizadores experimentados que se dirigen a un camarada. En algunos de sus escritos no aparece el nombre de Mariame. Sin embargo, ella fue quien lo escribió.

Y hay toda una serie de escritos de Mariame no incluidos en este libro que aparecen en publicaciones académicas, producidos mientras era estudiante de posgrado de sociología en la Universidad de Northwestern. Su traslado a Chicago para asistir a la escuela de posgrado llevó a Mariame a la ciudad que sería su hogar político y el lugar de muchos de sus experimentos abolicionistas durante décadas. No es de extrañar que Chicago y las relaciones, organizaciones y campañas que Mariame construyó en la ciudad aparezcan en gran parte de sus obras. Es aquí donde vemos a Mariame estableciendo conexiones entre lo internacional, lo nacional y lo local, al tiempo que siempre está presente de una manera particular en la ciudad en la que vive. Al fin y al cabo, como señala Mariame, la práctica abolicionista implica conocer a sus vecinos.

Entonces, ¿por qué Mariame ha escrito tanto si detesta escribir? ¿Y a menudo, pero no siempre, por qué lo hace a solas? Además de escribir para el progreso de las organizaciones (como el Proyecto NIA o Interrumpiendo la Criminalización) y de escribir para apoyar las campañas, Mariame practica lo que predica a sus compañeros organizadores: documente su trabajo e inscríbase a sí mismo en el archivo. Mariame anima a los organizadores a hacerlo, a pesar de la atención que les prestan los periodistas, los expertos y los académicos, ya que muchos de los que vienen de fuera del trabajo de organización comunitaria pueden no entenderlo bien. Al hacerlo, Mariame se ha unido a la publicación histórica de mujeres negras organizadoras y activistas que se inscribieron en los archivos, como Mary Church Terrell e Ida B. Wells-Barnett.

Como Mariame comparte en su entrevista con Ewing, Wells-Barnett es un ejemplar importante. Al igual que Wells-Barnett, Mariame pasó muchos años de su formación en Chicago. Vergonzosamente, Wells-Barnett fue inicialmente excluida de la historiografía política de la organización contra el linchamiento por sus contemporáneos que eran conscientes de esto. Pero el trabajo político y los escritos de Mariame han recibido, al menos recientemente, una atención considerable, en parte gracias a su hábil y animada presencia en las redes sociales. Y, a diferencia de quienes intentaron escribir autobiografías que repasaron sus vidas, Mariame se inscribe a sí misma en el registro como una exploración simultánea de la organización, la archivación y la reflexión a través de las ideas y los próximos pasos a seguir.

Lea este libro urgente y revelador y compruebe por sí mismo que Mariame Kaba es una organizadora, pensadora y escritora seria. Se compromete y produce ideas en la tradición de la organización política, la construcción de relaciones y la realización de campañas. Ella piensa a través de la ejecución de su trabajo. Muchísimo. Estudia. Reflexiona. Lucha. Experimenta. Repiensa. Escribe. Ella y su obra siempre están «avanzando hacia el horizonte de la abolición». Lea este libro y avance hacia el horizonte con ella.

PARTE I

¿Está pensando en convertirse en abolicionista?

¿Está pensando en convertirse en abolicionista?

LEVEL, octubre del 2020

Hoy día y más que nunca, más personas se encuentran discutiendo y contemplando la abolición de las prisiones. Las décadas de organización colectiva nos han traído hasta este momento: algunos apenas se han dado cuenta que las prisiones, la vigilancia policial y el sistema de castigo penal en general son racistas, opresivos e ineficaces.

No obstante, algunos se preguntarán, «¿Es acaso la abolición muy drástica? ¿En realidad podemos deshacernos de las cárceles y de la vigilancia de una buena vez?». La respuesta breve es: Podemos. Debemos. Lo haremos.

La abolición del complejo industrial carcelario (CIC) es una visión política, un análisis estructural de opresión, y una estrategia práctica de organización. Aunque alguna gente podría pensar en la abolición como primariamente un proyecto negativo —«Mañana, vamos a destruirlo todo y ojalá que lo mejor acontezca»— la abolición del CIC es una visión de una sociedad restructurada en un mundo donde tenemos todo lo que necesitamos: comida, vivienda, educación, salud, arte, belleza, agua limpia y más cosas que son fundamentales para nuestra seguridad personal y comunitaria.

Toda visión es también un mapa. Como nos enseñó el luchador por la libertad Kwame Ture: «Cuando ves que las personas se llaman a sí mismas revolucionarias, pero solo hablan sobre destruir, destruir, destruir y nunca hablan sobre construir o crear, no son revolucionarias. No entienden el punto primordial de la revolución, que es la creación». La abolición del CIC es un proyecto positivo que se enfoca, en parte, en construir una sociedad donde es posible abordar el daño sin depender de formas estructurales de opresión o los sistemas violentos que lo aumentan.

Muchas personas se han preguntado, «¿Acaso esto significa que nunca debo llamar a la policía si mi vida se encuentra bajo serio peligro?» La abolición no se centra en esta pregunta. En su lugar, la abolición nos desafía a preguntarnos, «¿Por qué no tenemos otras opciones con buenos recursos?» y nos empuja a considerar de forma creativa cómo podemos crecer, construir e intentar otras vías para reducir el daño. Los repetidos intentos de mejorar la única opción ofrecida por el estado, a pesar de cuán corrupto y dañino han demostrado ser consistentemente, no van a reducir ni abordar el daño que realmente requirió la llamada. Necesitamos más y mejores opciones efectivas que lleguen hasta el mayor número de personas como sea posible.

La travesía abolicionista despierta otras preguntas, capaces de abrir caminos significativos y transformadores: ¿Qué función tienen realmente las prisiones y la vigilancia? La mayoría de las personas asume que el encarcelamiento ayuda a reducir la violencia y el crimen, pensando: «El sistema de castigo penal puede ser racista, sexista, clasista, discriminatorio contra las personas con discapacidades, e injusto, pero al menos me mantiene a salvo de la violencia y el crimen».

Los hechos y la historia cuentan una versión diferente: el aumento de las tasas de encarcelamiento tiene un impacto mínimo en las tasas de delincuencia. La investigación y el sentido común sugieren que la precariedad económica se correlaciona con las tasas de delincuencia más altas. Además, el crimen y el daño no son sinónimos. No todo lo que se criminaliza es dañino, y no todo daño causado es necesariamente criminalizado. Por ejemplo, el robo de salarios por parte de los empleadores generalmente no está penalizado, pero definitivamente es dañino.

Incluso, si el sistema de castigo penal estuviera libre de racismo, clasismo, sexismo y otros ismos, no sería capaz de abordar el daño de forma efectiva. Por ejemplo, si queremos reducir (o poner fin) a la violencia sexual y de género, el encarcelamiento de unos pocos perpetradores hace poco para detener a otros tantos. No hace nada para transformar la cultura que hace que este daño sea imaginable, para que la persona perpetradora rinda cuentas, para apoyar su transformación o para satisfacer las necesidades de quienes sobreviven.

Un movimiento de justicia transformadora liderado por sobrevivientes negros, de pueblos originarios y de color ha surgido en las últimas dos décadas para brindar una visión distinta para poner fin a la violencia y transformar nuestras comunidades.

Un mundo sin daños no es posible y no es lo que pretende lograr una visión abolicionista. Más bien, la política y la práctica abolicionista sostiene que deshacerse de las personas encerrándolas en cárceles y prisiones no hace nada significativo que prevenga, reduzca o transforme el daño en general. Solo en raras ocasiones, si alguna vez, alienta a la gente a rendir cuentas por sus acciones. En cambio, nuestro conflictivo sistema de tribunales desalienta a la gente a reconocer, y más aún, a nunca tomar responsabilidad por el daño que ha causado. A su vez, nos permite esquivar nuestros propios deberes de responsabilizarnos y de rendirnos cuentas los unos a otros, y así, se delega a un tercero, uno que ha sido construido para ocultar los fracasos sociales y políticos. Una imaginación abolicionista nos lleva por un camino distinto en vez de simplemente tratar de reemplazar el CIC con estructuras similares.

Nadie posee todas las respuestas, sino ya habríamos acabado con la opresión. Pero si continuamos construyendo el mundo que deseamos, intentando cosas nuevas y aprendiendo de nuestros errores, surgirán nuevas posibilidades.

Aquí le mostramos cómo comenzar.

Primero, cuando nos proponemos intentar transformar la sociedad, debemos recordar que nosotres también necesitamos transformarnos. Nuestra imaginación sobre lo que podría ser un mundo distinto, es limitada. Estamos profundamente envueltos en los mismos sistemas que estamos organizando para cambiar. La supremacía blanca, la misoginia, la discriminación contra personas discapacitadas, el clasismo, la homofobia y la transfobia existen por doquier. Hemos internalizado estas lógicas de opresión de forma tan profunda que, si la opresión terminara mañana, probablemente reproduciríamos las estructuras preexistentes. El relacionarnos intencionalmente los unos con otros y ser parte de un colectivo nos ayuda no tan solo a imaginar nuevos mundos, sino también a imaginarnos a nosotres de manera distinta. Únase a algunas de las tantas organizaciones, grupos religiosos y colectivos que están trabajando para aprender y desaprender, por ejemplo, cómo se siente estar realmente protegido o únase a aquellos que están nombrando y desafiando la supremacía blanca y el capitalismo racial.

En segundo lugar, debemos imaginar y experimentar con nuevas estructuras colectivas que nos permitan tomar más acciones basadas en principios, tales como aceptar la responsabilidad colectiva para resolver los conflictos. Podemos aprender lecciones de movimientos revolucionarios, como el Movimiento de Trabajadores Rurales sin Tierra de Brasil [*Movimento dos Trabalhadores Rurais Sem Terra*], que han señalado que cuando creamos estructuras sociales que son menos jerárquicas y más transparentes, reducimos la violencia y los daños.

En tercer lugar, debemos involucrarnos simultáneamente en estrategias que reduzcan el contacto entre las personas y el sistema jurídico penal. Los abolicionistas participan regularmente en la organización de campañas y esfuerzos de apoyo mutuo que nos acercan a nuestras metas. Debemos recordar que el objetivo no es crear un sistema penitenciario y de vigilancia más agradable porque, como he señalado, un sistema penitenciario y de vigilancia de esta índole no puede abordar de forma adecuada el daño. Por el contrario, queremos despojarnos de estos sistemas a medida que creamos el mundo en el que queremos vivir.

En cuarto lugar, como señala la académica y activista Ruth Wilson Gilmore, la construcción de un mundo distinto requiere que no solo transformemos la forma en que abordamos el daño, sino que también que lo cambiemos todo. El complejo industrial carcelario está vinculado a todos los demás sistemas mediante su lógica y operación: desde cómo se expulsa al estudiantado de las escuelas cuando no se desempeñan como se espera hasta cómo las personas con discapacidades son excluidas de nuestras comunidades y las formas en que los trabajadores son tratados como desechables en nuestro sistema capitalista.

Cambiarlo todo puede sonar desalentador, pero también significa que hay muchos puntos de partida, infinitas oportunidades para colaborar y un sinfín de intervenciones imaginativas y experimentos para crear. No comencemos nuestra travesía abolicionista con la pregunta, «¿Qué tenemos ahora y cómo podemos mejorarlo?» En su lugar, preguntémonos, «¿Qué podemos imaginar para nosotres y para el mundo?» Si hacemos esto, nos esperan un sinfín de posibilidades de un mundo más justo.

El sistema no está roto

The New Inquiry, junio del 2015

«Señorita K., me han agarrado nuevamente».

Seis palabras determinaron la rutina familiar. Un viaje en auto hacia la estación policiaca. Una conversación indeseable y no bienvenida con el oficial tras el escritorio. Rudeza, menosprecio y esa horrible sonrisa permanente. Esperando con anticipación; falsa alarma. Un indulto: una fuga sin rescate. Más espera. Finalmente, la cabeza agachada y los hombros caídos de un joven negro que viene caminando hacia mí. Sin lágrimas. ¿Dónde están las lágrimas? Otra cita en la corte o a lo mejor, no. Pero siempre, otro antecedente para eliminar. Entonces, todo comienza nuevamente.

Me aterra el verano. Es la temporada de hipervigilancia y de intervención policial extremadamente agresiva de los jóvenes de color en mi vecindario.

El carrusel de la criminalización urbana veraniega, una especie demente de juego infantil. El terrorismo cotidiano ante el servicio de la ley y el orden. Son disturbios policiales de baja intensidad en contra de la juventud negra. Mis observaciones anecdóticas están respaldadas por datos empíricos. La Unión Civil de Libertades Estadounidenses [*American Civil Liberties Union (ACLU)*] de Illinois establece que el verano pasado, según la población, la policía de Chicago hizo «muchas más detenciones en la calle que la policía de la ciudad de Nueva York durante el punto más alto del uso de detenciones y registros. El Departamento de Policía de Chicago detuvo a más de 250,000 personas inocentes». Como se era de esperar, la vasta mayoría de estas detenciones involucraron a personas negras que, si bien representan el 32 por ciento de la población de Chicago, fueron el 72 por ciento de estas intervenciones.

Algunos estudios sugieren una correlación entre el verano y el aumento en el «crimen». Puedo escuchar las justificaciones: «Si el crimen asciende durante el verano, entonces se justifica el aumento de la agresión policial». Esto no toma en consideración que las interacciones «rutinarias» entre la policía y la juventud de mi comunidad son tensas a través de todo el año. El verano exacerba estos contactos opresivos, debido a que más jóvenes se encuentran fuera de la escuela y, por lo general, sin trabajos, pasando el rato en espacios públicos.

Los espacios públicos urbanos y en pueblos suburbanos son lugares de disputa. Los residentes colaboran con los cuerpos policiales para vigilar y hacer cumplir los límites. La juventud de color no es tan solo criminalizada por la policía sino también por los miembros de la comunidad.

Ayer, otro video se volvió viral en las redes sociales. Este muestra a oficiales policiales en McKinney, Texas, arremolinando una fiesta en la piscina que estaba llena de adolescentes, y a un oficial en particular maltratando a una niña negra de catorce años que vestía un bikini. A los jóvenes se les maldice, se les apunta con un arma y se burlan de ellos por temerle a la policía. Miles Jai Thomas, de quince años, explica lo sucedido:

> «Un policía la agarró del brazo y la tiró al suelo luego de que ella y él estuvieran discutiendo porque el policía los insultaba y maldecía», dijo Thomas.
>
> Cuando dos adolescentes fueron hacia el policía para ayudar a la niña, fueron acusados de acercarse de forma sigilosa al policía, alegadamente para atacarlo.
>
> «Entonces, un policía gritó "atrapen a esos hijos de puta" y [nos] persiguieron con sus armas fuera. Es por eso por lo que en el video comencé a correr», dijo Thomas.
>
> «Estaba asustado porque todo lo que podía pensar era, "No me dispares"», señaló.

Al ver el video, me ha llamado la atención cómo a los jóvenes se les negó el derecho a tener miedo. Su miedo era ilegítimo. Y tiene sentido; sólo a los seres humanos se les permite tener miedo. Para los policías, la juventud de color (en su mayoría negra) no es humana.

Me aterra el verano.

Recientemente, asistí a una conferencia sobre las interacciones entre la juventud y la policía. Se discutió el tropo familiar sobre la necesidad de que los jóvenes y los guardias se conocieran entre sí, un sinfín de palabrería inútil se ofreció como solución para poner fin a la violencia policial, que se basa en una definición incorrecta del problema. Como una vez me dijo un joven: «Conozco muy bien a los policías aquí, y ellos me conocen a mí. Mutuamente, nos conocemos demasiado bien. Ese no es el problema. El problema es que me acosan a diario. Si detuvieran eso, estaríamos bien».

La juventud de mi comunidad que entra en contacto con la policía puede decir sus nombres y números de placa. Esos son inolvidables para ellos; la razón de sus pesadillas. No me queda claro cómo más conversaciones cambiarán la dinámica de tal opresión. Para la mayoría del público, ya sea liberal o conservador, el trabajo de la policía es arrestar a la gente y están incentivados para hacer ese trabajo. Presuntamente, entonces, lo que tendría que cambiar para modificar la dinámica son las descripciones de los puestos y los incentivos.

Una característica persistente y aparentemente endémica de la sociedad estadounidense es la fusión de la negritud y la criminalidad. William Patterson, un reconocido comunista negro, escribió en 1970: «Los tribunales impregnan de forma constante una etiqueta falsa de criminalidad en la frente de la juventud negra y la mantienen allí sistemáticamente, creando así la ficción de que los negros son personas de mentalidad criminal». Añadió que «las mentiras contra los negros están respaldadas ideológicamente». Yo sugeriría que también se sostienen y se hacen cumplir mediante la fuerza y la violencia.

Cuando unas semanas atrás la policía de Baltimore vestida con equipo antidisturbios dirigió su violencia contra el estudiantado de secundaria en el centro comercial Mondawmin, algunas personas se horrorizaron. «¡Son niños!», exclamaban los espectadores por las redes sociales. Pensé sombríamente en cómo la policía vería la situación. Aquí no hay niñez; sólo blancos y amenazas. La investigación en ciencias sociales sugiere que la policía ve a la niñez negra como mayor de lo que es y menos inocente que la niñez blanca. La investigación confirma lo que la mayoría de nosotres ya sabe: la niñez negra es considerada como desechable y como una versión de adultos peligrosos en miniatura.

Esto no es nuevo. Me encontré con la historia de Beverly Lee, de trece años, cuando hace mucho tiempo atrás leí la petición del 1951 de «Acusamos de Genocidio» [*We Charge Genocide*]. El 12 de octubre de 1947, un policía de Detroit le disparó a Lee en la espalda. Aquí está la publicación que llamó mi atención, tal y como apareció en «Acusamos de Genocidio»:

> Beverly Lee, juvenil de trece años, recibió impactos de bala por parte del policía Louis Begin de Detroit, Michigan que le causaron la muerte. La Sra. Francis Vonbatten del 1839 Pine testificó que vio a Lee y a otra persona caminando por la calle, y que vio acercarse la patrulla. Escuchó: «Detente, diminuto pedazo de tal y cual», y luego un disparo. Posteriormente, el oficial fue absuelto por el forense Lloyd K. Babcock.

Estaba particularmente interesada en el incidente porque pensé que Beverly era una niña, y los casos de violencia policial que involucran a niñas negras y mujeres jóvenes han sido pasados por alto. De hecho, no he encontrado ningún incidente histórico de violencia policial contra mujeres y niñas negras que condujera a una movilización masiva. Las campañas en el presente como *#Di su nombre,* apuntan a la erradicación perdurable de la violencia estatal contra las niñas y las mujeres negras.

El incidente en McKinney, Texas, presentaba violencia física contra una niña negra, lo que enfatiza el hecho de que las niñas (cis y trans) corren el riesgo constante de sufrir abusos por parte de los cuerpos policiales. Tras expandir mis investigaciones, supe que Beverly Lee era en realidad un niño. El día después que le dispararon a Beverly Lee, el *Noticiero de Detroit* [*Detroit News*] informó sobre el incidente:

> Tras ser disparado en la espalda cuando intentaba evadir su arresto, un niño de séptimo grado fue asesinado por un patrullero de Detroit el domingo por la noche. El niño, Beverly Lee, de trece años y residente del 2637 en la calle Twelfth, recibió un disparo del patrullero Louis Begin, de la estación Trumbull, cuando hizo caso omiso a las órdenes de detenerse. Begin y su compañero, el patrullero William Owens, fueron llamados a las avenidas Temple y Vermont, donde la Sra. Mabel Gee, del 1930 Temple, denunció que le habían robado su bolso. Cuando se acercaban a la intersección, vieron a Lee, le ordenaron que se detuviera

y Owens disparó un tiro de advertencia. Begin le disparó mientras Lee seguía huyendo del auto de vigilancia. En los bolsillos del niño se encontró un reloj perteneciente a la Sra. Gee y $18, cantidad que, según ella, estaba en su bolso. El bolso fue recuperado en las cercanías. Begin y Owens hicieron declaraciones a William D. Brusstar, asistente de la fiscalía. Estos establecieron que la Sra. Gee se refirió a su asaltante como un *hombre* y que cuando se encontraron con este, pensaron que era un adulto [énfasis mío]. Lee medía unos cinco pies y seis pulgadas de alto. Se invitó a otras víctimas recientes de robos de bolsos a ver el cuerpo en la morgue del condado. Lee asistió a la escuela intermedia Condon. Su cuerpo fue identificado por su madre, la Sra. Leah Lee.

La discrepancia entre estos dos relatos no es sorprendente. Como a menudo hemos visto, suele haber una variación entre los informes iniciales de prensa y los relatos oficiales de la policía, y las narrativas de la comunidad. Tome en consideración que tanto la policía como la presunta víctima del robo dijeron que pensaban que Lee era un adulto. La adultificación de la niñez negra tiene raíces profundas y muy largas que se remontan a la esclavitud. De hecho, antes de la Guerra Civil, la mitad de toda la gente esclavizada tenía menos de dieciséis años. La niñez esclavizada era propiedad y se esperaba que trabajara; la niñez de edades tan jóvenes como seis años trabajaba en los campos.

Beverly Lee fue el tercer niño negro asesinado ese año por la policía en Detroit. Los miembros de la comunidad estaban furiosos y organizaron protestas por el asesinato de Lee. A pesar del alboroto, y tras solo ocho días del tiroteo, el fiscal cerró la investigación sobre la muerte de Lee calificándola de «homicidio justificable». La Asociación Nacional para el Progreso de la Gente de Color [*National Association for the Advancement of Colored People (NAACP)*] de Detroit se reunió con el fiscal y pidió una investigación sobre los hechos del caso. Le presentaron declaraciones firmadas de testigos que contradecían sus hallazgos. Al parecer la comunidad, dirigida por la NAACP, prosiguió movilizándose en torno al caso de Lee sin éxito; nunca se presentaron cargos en contra del oficial Begin. La impunidad policial tiene una larga historia en este país. A fin de cuentas, un niño negro de trece años fue tiroteado en la espalda por la policía y murió. Para citar a Ossie Davis, las personas negras comprenden que «vivimos con la muerte y es nuestra».

En la mayoría de los casos, son los tiroteos y asesinatos por parte de la policía los que desencadenan los levantamientos urbanos. No obstante, las humillaciones diarias y los daños más invisibles están siempre presentes y son la base de las hostilidades entre la gente joven de color y la policía. La violencia estatal rutinaria llevada a cabo por la policía ocurre fuera de la vista del público, bajo el pretexto de abordar la temática de las armas y de otras formas de violencia. Si el pasado es un prefacio, mi comunidad puede esperar otro verano de acoso policial intenso, implacable y seguramente ilegal de la juventud de color y específicamente de hombres jóvenes negros.

En lugar de ser multada como lo prescribe la ley, la juventud que anda en bicicleta en las aceras será llevada a las celdas policíacas. Será acusada de resistirse al arresto y luego canalizada a la cárcel del condado de Cook. Los adolescentes que salen de la programación de verano serán seguidos por los autos de la policía y se les preguntará hacia dónde se dirigen. Un intercambio de palabras los llevará a que les arrojen de forma brusca sobre los capós de los autos frente a todo el vecindario. Mientras caminan por los callejones que sirven de atajo para regresar a casa desde su trabajo, la juventud será acosada, provocada y arrastrada hacia la estación. Pero no sin antes ser golpeada en el auto, sin ninguna preocupación por condiciones de salud, tales como las convulsiones. La juventud trans y no conforme con el género será intimidada y acosada verbalmente por caminar por la calle. La gente joven será detenida sin causa alguna y conducida al territorio de la pandilla rival para ser arrojada allí sin billeteras ni teléfonos, solo para escuchar a la policía anunciando y para que todo el mundo escuche, que estos pertenecen a la pandilla rival. Las mujeres jóvenes que caminan por la calle ocupándose de sus propios asuntos serán acosadas sexualmente por quienes juraron «proteger y servir».

Me aterra el verano.

Aparte de las detenciones y registros y de otras infracciones, la juventud en mi comunidad también está sujeta a registros de sus hogares sin órdenes judiciales. Una persona joven a la que conozco narró su experiencia en el informe del 2014 de *Acusamos de Genocidio* al Comité de las Naciones Unidas contra la Tortura [*United Nations Committee against Torture*]:

Estamos sentados en una casa jugando videojuegos y escuchamos golpes en la puerta. Antes de que nos percatáramos, la puerta es derribada y hay cinco oficiales de operaciones especiales apuntándonos con sus enormes rifles M-16 a nosotres, tres jóvenes de quince años que nos encontrábamos jugando videojuegos. Y nos dicen que nos tiremos al suelo. Nos dicen que, si nos movemos, nos van a matar: «¡No me miren, los mataremos en un segundo, carajo!» Estaban apuntándonos con sus armas. Entonces no encuentran nada. Nos dejan ir, se ríen, intentan bromear con nosotres, se disculpan y se marchan. Y estábamos sentados allí como, «¿Qué acaba de pasar?» Destrozaron la casa. Robaron dinero.

Para que no piense que esto se trata de una innovación de la cero tolerancia de la vigilancia militarizada que nació tras la guerra en contra de las drogas, aquí le brindo un ejemplo de hace ochenta años atrás. Cuando la gente de Harlem se amotinó en 1935, fue precisamente un incidente de violencia policial lo que motivó este incidente. El rumor de que Lino Rivera, un joven puertorriqueño negro de dieciséis años, fue asesinado por la policía de la ciudad de Nueva York llevó a que casi 4,000 personas de Harlem tomaran las calles. Setecientos oficiales policiacos fueron enviados a la comunidad. Cuando todo estuvo dicho y hecho, tres personas habían muerto y hubo más de $200 millones en daños causados por los disturbios.

Posteriormente, el alcalde La Guardia encargó que se hiciera un informe para comprender las causas del levantamiento. En una sección titulada *La policía en Harlem* [*The Police in Harlem*], los autores del informe sostuvieron que los policías ingresaban de forma rutinaria a los hogares de las personas negras de Harlem «sin orden judicial y las registraban a voluntad». En lugar de drogas, la policía de Harlem en la década de 1930 buscaba deslices en las políticas en su esfuerzo por eliminar las apuestas ilegales. En el informe se reimprimió una carta de un residente de Harlem dirigida al alcalde. A continuación, se muestran algunos extractos:

Durante la mañana del martes, 16 de abril de 1935, entre las 10 y las 11, el guardián de la casa golpeó a mi puerta. Tras abrirla, fui confrontado por tres hombres (hombres vestidos en ropa civil) que el guardián dijo que eran policías. Me explicó que los hombres estaban registrando la casa, por algo que él no sabía.

Los hombres entraron a la habitación y procedieron a registrar sin mostrar sus placas ni una orden de registro. Les pregunté dos veces a dos de los hombres cuál era la razón de tal acción. No recibí respuesta de ninguno de ellos.

Las gavetas de mi tocador fueron revisadas a fondo, incluso levantaron la cubierta del tocador. Mi cama fue registrada de forma similar, sacaron las sábanas y volcaron el colchón. Sacaron la maleta de debajo de mi cama y la registraron. Mi abrigo que colgaba de la puerta lo revisaron por dentro y por fuera. Abrieron mi armario y examinaron la cristalería. Después de este acto sorprendente, los hombres salieron de mi habitación sin decir una palabra.

Estos tipos de violaciones abarcan siglos para las personas negras y son una de las razones de las desconexiones raciales que existen en las discusiones sobre la privacidad y las libertades civiles. La gente negra siempre ha estado bajo el escrutinio del estado y sabemos que nuestros derechos son violados de manera constante. Las libertades civiles y los derechos individuales tienen significados distintos para diferentes grupos de personas. También tienen prioridades divergentes, dependiendo de los contextos sociales. Una revisión de la historia negra sugiere que las consideraciones sobre las libertades civiles están siempre entrelazadas con los conceptos de igualdad y justicia social. En otras palabras, ya sea por diseño o necesidad, la gente negra hemos centrado nuestros derechos colectivos ante nuestras libertades individuales. Esto hace sentido en una sociedad en la que no solo asumimos la culpabilidad y la sospecha individual del sujeto negro; todos somos culpables y todos somos sospechosos (aunque queramos negar esta realidad). En ese contexto, las libertades y los derechos individuales pasan a un segundo plano ante una lucha colectiva por la emancipación y la libertad. Además, como pueblo, siempre hemos sabido que es imposible ejercer nuestros derechos individuales en un contexto más generalizado de opresión social, económica y política.

La historia nos brinda evidencia de la intratabilidad del problema de la violencia policial. ¿Qué debemos hacer entonces? Sencillamente, debemos acabar con la policía. La hegemonía de la policía es tan completa que a menudo no podemos imaginar un mundo sin la institución. Somos demasiado dependientes de la policía. De hecho, la policía aumenta su legitimidad a través de todo el trabajo no relacionado con la policía que estos asumen, incluido el control del bienestar y de la salud mental. ¿Por qué se debe desplegar a gente armada para hacer el trabajo de los miembros de la comunidad y de los trabajadores sociales? ¿Por qué nos hemos sentido tan cómodos cediendo tanto poder a la policía? Cualquier discusión sobre la reforma debe comenzar con las siguientes preguntas: ¿Cómo disminuimos el número de policías y cómo eliminaremos los fondos de la institución?

En el trayecto hacia la abolición, podemos tomar una serie de pasos intermedios para reducir la fuerza policial y reestructurar nuestras relaciones entre nosotres. Éstos incluyen:

1) Organizar reducciones drásticas de los presupuestos policiales y redirigir esos fondos a otros bienes sociales (desfinanciar a la policía).

2) Eliminar la fianza en efectivo.

3) Anular las declaraciones de los derechos de la policía.

4) Abolir los sindicatos policiales.

5) Desplazar a la policía de nuestras comunidades.

6) Desarmar a la policía.

7) Crear mensajes abolicionistas que penetren en la conciencia pública para interrumpir la idea de que la policía equivale a seguridad.

8) Desarrollar intervenciones basadas en la comunidad que aborden los daños sin depender de la policía.

9) Evaluar cualquier reforma en base a estos criterios.

10) Pensar en el fin de la policía e imaginar alternativas.

Es importante destacar que debemos rechazar todo tipo de discurso sobre la vigilancia y del sistema de castigo penal que alegue que está «roto» o que «no funciona». La construcción retórica del sistema de castigo penal como algo que está «roto», es reafirmar la reforma y describir la abolición como poco realista y no viable. Aquellos que sostenemos que la reforma es realmente imposible en el contexto actual se nos posiciona como irrazonables e ingenuos. Las formaciones ideológicas a menudo operan de manera invisible para delinear y definir qué es un discurso aceptable. Cualquier reto a las formaciones ideológicas dominantes sobre la «justicia» son enfrentadas con ira, ridiculización o simplemente ignoradas. Esto sirve a quienes se benefician del sistema actual y trabajan para hacer cumplir la supremacía blanca y la anti negritud. Los perdedores bajo este sistema de injusticia son la juventud que conozco y amo.

Me aterra el verano . . .

Sí, literalmente queremos
decir abolir a la policía

The New York Times, junio del 2020

Los demócratas del Congreso quieren que se facilite la identificación y el enjuiciamiento de la mala conducta policial. Joe Biden quiere brindarles a los departamentos policiales 300 millones de dólares. No obstante, los esfuerzos para resolver la violencia policial a través de reformas liberales como estas han fracasado durante casi un siglo.

Es suficiente. No podemos reformar a la policía. La única forma de disminuir la violencia policial es reduciendo el contacto entre el público y la policía.

No ha existido una sola era en la historia estadounidense en la que la policía no haya sido una fuerza de violencia en contra de las personas negras. La vigilancia en el sur nace de las «patrullas de esclavos» que capturaban y devolvían a la gente esclavizada fugitiva, allá por los años 1700 y 1800. En el norte, los primeros departamentos de policía municipal ayudaron a suprimir las huelgas laborales y los disturbios en contra de la gente rica, allá para mediados de 1800. En todas partes, la policía ha reprimido a las poblaciones marginadas para proteger el *statu quo*.

Entonces, cuando usted ve a un oficial policíaco presionando su rodilla contra el cuello de un hombre negro hasta que este muere, ese es el resultado lógico de la vigilancia estadounidense. Cuando un oficial policíaco brutaliza a una persona negra, está haciendo lo que considera que es su labor. Ahora, tras dos semanas de protestas en todo el país han llevado a que algunos pidan que se elimine el financiamiento de la policía, mientras que otros argumentan que, al hacerlo, estaríamos menos seguros.

Lo primero que hay que señalar es que los oficiales policíacos no hacen lo que usted cree que es su función. Pasan la mayor parte de su tiempo respondiendo a las quejas por ruido, emitiendo multas de tránsito y de estacionamiento y lidiando con otros asuntos no criminales. Alex Vitale, coordinador del Proyecto de Vigilancia y Justicia Social [*Policing and Social Justice Project*] en el Brooklyn College señaló en una entrevista con el *Jacobino* [*Jacobin*] que nos han enseñado a pensar que estos «atrapan a la gente mala; persiguen a los atracadores de bancos; y encuentran a los asesinos en serie». Pero esto es «un gran mito», señaló. «La gran mayoría de los oficiales de policía hacen un arresto por delito grave al año. Si hicieran dos, son elegidos policía del mes».

Sencillamente no podemos cambiar sus descripciones de trabajo para enfocarnos en los peores criminales. Eso no es lo que están preparados para hacer. En segundo lugar, un mundo seguro no es uno en el que la policía mantiene en su lugar a la gente negra y a otras personas marginadas mediante amenazas de arresto, encarcelamiento, violencia y muerte.

Llevo años abogando por la abolición de la policía. Independientemente de su punto de vista acerca del poder policial —ya sea que quiera deshacerse de la policía o simplemente hacerla menos violenta— he aquí una demanda inmediata que podemos hacer: reduzcamos a la mitad tanto el número de policías como su presupuesto. Una menor cantidad de oficiales policíacos equivale a menos oportunidades para que maltraten y maten a la gente. La idea está ganando terreno en Minneapolis, Dallas, Los Ángeles y otras ciudades.

La historia es instructiva, no sólo porque nos ofrece un modelo de cómo actuar en el presente, sino también porque puede ayudarnos a plantear mejores preguntas para el futuro.

En 1894, el Comité Lexow en la ciudad de Nueva York llevó a cabo la primera gran investigación sobre la mala conducta policial. Durante ese momento, la queja continua en contra de la policía era respecto el «apaleo»: «patrulleros quienes armados de macanas o cachiporras golpeaban de forma rutinaria a la ciudadanía», según ha escrito la historiadora Marilynn Johnson.

La Comisión Wickersham, convocada para estudiar el sistema jurídico penal y examinar el problema de la aplicación de la Prohibición, presentó una acusación mordaz en 1931, que incluía evidencia de las estrategias brutales de interrogación. Esto culpabiliza a la falta de profesionalismo entre la policía.

Después de los levantamientos urbanos de 1967, la Comisión Kerner encontró que «las acciones policiales fueron incidentes "decisivos" previo al estallido de violencia en 12 de los 24 desórdenes sondeados». Su informe enumeró un conjunto de recomendaciones hoy día familiares, como trabajar para construir «apoyo comunitario para la policía» y revisar las operaciones policiales «en el gueto, para garantizar la conducta adecuada de los agentes policiales».

Estas comisiones no detuvieron la violencia; simplemente sirvieron como una especie de función contrainsurgente cada vez que la violencia policial resultaba en protestas. En 1991, se lanzaron llamados a reformas similares en respuesta a la brutal golpiza policial en contra de Rodney King y la rebelión subsecuente, y nuevamente, tras los asesinatos de Michael Brown y Eric Garner.

El *Informe final del grupo de trabajo del presidente sobre la vigilancia policial del siglo XXI* [*Final Report of the President's Task Force on 21st Century Policing*] de la administración de Obama resultó en ajustes de procedimiento tales como la capacitación sobre prejuicios implícitos, sesiones de diálogo entre la policía y la comunidad, ligeras alteraciones de las políticas del uso de la fuerza, y sistemas para identificar de manera temprana a oficiales potencialmente problemáticos.

Pero incluso un miembro del grupo de trabajo, Tracey Meares, señaló en el 2017 que: «La vigilancia tal y como la conocemos debe ser abolida antes de que pueda ser transformada».

La filosofía que sustenta estas reformas es, cuanto mayor cantidad de reglas, menos violencia. Pero la policía rompe las reglas todo el tiempo. Mire lo que ha transcurrido durante las últimas semanas: agentes policíacos pinchando neumáticos, empujando a un hombre anciano ante la cámara y arrestando y lesionando a periodistas y a manifestantes. A estos oficiales les preocupan tanto las repercusiones como a Daniel Pantaleo, el ex oficial de policía de la ciudad de Nueva York cuya técnica de inmovilización alrededor del cuello de Eric Garner, le provocó la muerte. Este saludó a una cámara que se encontraba filmando el incidente. Sabía que el sindicato policial lo respaldaría y en efecto, tuvo razón. Permaneció en su puesto, tras cinco años de lo sucedido.

Minneapolis había instituido muchas de estas «prácticas adecuadas», pero aun así no logró remover a Derek Chauvin de la fuerza a pesar de las diecisiete denuncias de mala conducta durante casi dos décadas. Estas culminaron con el mundo entero viendo cómo él se arrodillaba sobre el cuello de George Floyd durante casi nueve minutos. ¿Por qué demonios pensaríamos que las mismas reformas funcionarían ahora? Tenemos que cambiar nuestras demandas. La forma más segura de reducir la violencia policial es disminuyendo el poder de la policía mediante el recorte de sus presupuestos y del número de agentes.

Pero no me malinterpreten. No estamos abandonando nuestras comunidades a la violencia. No queremos simplemente cerrar los departamentos policíacos. Queremos hacerlos obsoletos.

Deberíamos redirigir los miles de millones que ahora se destinan a los departamentos de policía para brindar atención médica, vivienda, educación y buenos empleos. Si en primer lugar, hiciéramos esto, habría menos necesidad de la policía.

Podemos construir otras formas de responder a los daños que ocurren en nuestra sociedad. Los trabajadores de cuidado comunitario que estén capacitados podrían realizar revisiones de salud mental si alguien necesita ayuda. Los pueblos podrían usar modelos de justicia restaurativa en lugar de encarcelar a la gente.

¿Qué pasa con la violación? El enfoque actual no lo ha erradicado. De hecho, la mayoría de las personas que cometen la violación nunca han pisado una sala de tribunal. Dos terceras partes de las personas que experimentan violencia sexual, nunca la han denunciado a nadie. Y a menudo, quienes presentan denuncias ante la policía no encuentran satisfacción con la respuesta. Además, los propios agentes policiacos cometen agresiones sexuales con una frecuencia alarmante. Un estudio realizado en el 2010 encontró que la mala conducta sexual era la segunda forma de mala conducta policial denunciada con más frecuencia. En el 2015, el *Noticiero de Buffalo* [*Buffalo News*] descubrió que cada cinco días un oficial era pillado por conducta sexual inapropiada.

Cuando las personas, especialmente la gente blanca, considera un mundo sin policía, imaginan una sociedad tan violenta como la actual, simplemente sin aplicación de la ley, y se estremecen. Como sociedad, hemos sido tan adoctrinados con la idea de que los problemas se resuelven vigilando y enjaulando a las personas que muchos no pueden imaginar otra cosa que no sean las prisiones y la policía como únicas soluciones a la violencia y al daño.

No empero, las personas como yo que quieren abolir las prisiones y la policía, tenemos una visión de una sociedad distinta, construida sobre los cimientos de la cooperación en lugar del individualismo, del apoyo mutuo en lugar de la autoconservación. ¿Cómo sería el país si tuviera miles de millones de dólares adicionales para gastar en vivienda, alimentación y educación para todes? Este cambio en la sociedad no ocurriría de inmediato, pero las manifestaciones muestran que mucha gente está lista para adoptar una visión distinta de protección y justicia.

Cuando las calles se calmen y la gente sugiera una vez más que contratemos más policías negros o que se establezcan más juntas de revisión civiles, espero que recordemos todas las ocasiones en que esos esfuerzos han fracasado.

Una fuga de la imaginación:
Viendo a las prisiones por lo que
son y exigir una transformación

con Kelly Hayes

Truthout, mayo del 2018

Nuestro presente momento histórico exige una reinvención radical de cómo abordamos varios daños. Las nivelaciones de poder se encuentran en la actualidad en manos de una administración abiertamente hostil ante los más marginados en nuestra sociedad (la gente negra, la gente indígenas, pobres, LGBTQ comunidades de inmigrantes y más). Aunque nos protegemos de sus golpes constantes y consistentes, también debemos luchar por una visión del mundo en el que queremos habitar.

Para nosotres, ese es un mundo en el que las personas como Tiffany Rusher, que en el 2013 comenzó una sentencia de cinco años en el Centro Correccional Logan de Broadwell Township, Illinois, no se les torture hasta la muerte en nombre de la «seguridad». Nuestra visión insiste en la abolición del complejo industrial carcelario como pilar crítico de la creación de una nueva sociedad.

Tiffany Rusher fue encarcelada por cargos relacionados al trabajo sexual y eventualmente colocada en confinamiento solitario por haberse envuelto en un enfrentamiento físico con una de sus compañeras de celda. Durante su tiempo en confinamiento solitario, la salud mental de Rusher comenzó a deteriorarse, iniciando un ciclo donde se auto lastimaba. Tras una serie de intentos de suicidio y de períodos de confinamiento solitario, Rusher fue puesta en «vigilancia de crisis» durante un período de ocho meses.

Según su abogado, Alan Mills, estar bajo vigilancia de crisis significaba que ella fue despojada de toda su ropa y sus pertenencias, y fue colocada en una celda vacía con sólo un «blusón suicida» (es una pieza de tejido nailon grueso, demasiado rígido para ser doblado, con agujeros para la cabeza y los brazos). Durante este tiempo, Rusher era monitoreada a través de una pared de plexiglás, con las luces encendidas las 24 horas del día. En lugar de recibir atención de salud mental, a Rusher la mantuvieron en una celda vacía, desnuda, excepto por su rígido blusón. Se le dieron instrucciones estrictas y deshumanizantes sobre cómo limpiarse y manejar su higiene menstrual, que incluía el requisito de que sus manos estuvieran visibles al guardia que la vigilaba en todo momento. Para poder leer, Rusher tuvo que convencer a un guardia de la prisión para que sostuviera un libro abierto contra el cristal de su celda y que volteara cada página una vez terminaba de leerla.

A medida que pasaba el tiempo, Rusher le preguntó a su abogado: «¿Quién en la misma situación no querría suicidarse?»

A fin de cuentas, Rusher fue transferida a una institución de salud mental. Rusher, les reveló a sus médicos que había sufrido abuso sexual infantil, que había recibido docenas de diagnósticos a través de los años, incluidos el trastorno esquizoafectivo. A pesar de esto, hizo grandes avances mientras estuvo bajo tratamiento. Sin embargo, ocho meses después de su hospitalización, Rusher tuvo un altercado con otro paciente. En lugar de tratar el episodio como un síntoma de sus problemas de salud mental, ella fue enviada de regreso a la cárcel, donde continuó el ciclo de violencia carcelaria.

Luego de la muerte de Rusher, su madre, Kelli Andrews, dijo en un comunicado: «Tiffany era un alma hermosa con esperanzas para su futuro. Ella estaba emocionada de poder regresar a casa para poder estar con su familia. La extrañamos a diario». La cárcel del condado de Sangamon devolvió a Rusher al confinamiento solitario, donde permaneció durante tres meses antes de que fuera hallada inconsciente con un retazo de toalla alrededor de su cuello. Rusher falleció doce días después cuando el hospital la retiró del soporte vital. En palabras de Mills: «Primero la torturaron, y luego la asesinaron».

Al momento de su muerte, Tiffany Rusher tenía veintisiete años.

Lamentablemente, lo que atravesó Rusher no fue la excepción. El sistema carcelario de EE. UU. está diseñado para a diario destrozar a la gente como Tiffany Rusher, con solo una pequeña parte de la sociedad que trabaja para ayudar a que los prisioneros se salven a sí mismos de morir. En el caso de Rusher, los abogados y el personal del Centro Legal para el Pueblo de Uptown [*Uptown People's Law Center*] en Chicago fueron sus defensores, pero, al final, las heridas infligidas por el sistema eran demasiado profundas y el ciclo de violencia carcelaria simplemente estaba demasiado atrincherado como para poderlo interrumpir. Rusher, ahora una estadística para el mundo —y un archivo de la corte a quienes sus abogados harán responsables de su muerte— se le negó cualquier reconocimiento de su humanidad mientras estaba encarcelada. Pero Rusher no era un número. Ella era un ser humano y la restauración de nuestra conciencia sobre la humanidad de la gente encarcelada es un paso crucial para deshacernos de los daños del encarcelamiento masivo.

Como abolicionistas de las prisiones, movilizadores de luchas populares y practicantes de justicia transformadora, nuestra visión para el 2018 es una de conciencia lúcida, de discusión sobre los horrores del sistema penitenciario, y de la acción que la concienciación requiere. Como sociedad, hace mucho que nos hemos alejado de cualquier preocupación social que nos abruma. Ya sea la guerra, el cambio climático o el complejo industrial carcelario, los estadounidenses han sido condicionados a simplemente hacerse de la vista larga ante los daños profundos. Tras tantos años de incurrir en esta práctica, esto nos ha dejado con guerras interminables, océanos moribundos y millones de personas en cautiverio y vigiladas de forma opresiva. Es hora de un examen minucioso e inquebrantable de lo que nuestra sociedad ha hecho y en lo que nos hemos convertido. Es tiempo de imaginar y crear alternativas a las condiciones infernales que nuestra sociedad ha traído para su existencia.

La ilusión de una nueva idea

Los opositores vocales a la abolición del complejo industrial carcelario típicamente representan a los abolicionistas como académicos políticamente inactivos que vociferan ideas imposibles. Nada de esto podría estar más lejos de la realidad. Las personas abolicionistas provienen de todo lugar, y la mayoría son políticamente activas. Desde el trabajo de reformas a la fianza hasta intervenciones electorales estratégicas y de apoyo mutuo, los abolicionistas carcelarios se encuentran trabajando constantemente en nuestras comunidades, empleando tácticas de reducción de daños, cabildeando a favor y en contra de legislaciones, defendiendo los derechos de la gente encarcelada en solidaridad con quienes hacen trabajo de movilización desde adentro y trabajan para movilizar una visión de transformación social.

Como marco político, la abolición ha ganado un terreno significativo en los últimos años, con grupos como el Gremio Nacional de Abogados [National Lawyers Guild] quienes han adoptado la filosofía en su trabajo. Un número creciente de movilizadores abolicionistas de lucha popular han coorganizado campañas reconocidas a nivel nacional como por ejemplo la de #Adiós Anita [#ByeAnita] en Chicago. Esta ayudó a remover exitosamente de su cargo a la exprocuradora estatal Anita Álvarez. Los organizadores abolicionistas también ayudaron a liderar los esfuerzos para obtener reparaciones para los sobrevivientes de tortura que ocurrió bajo el ahora infame comandante de policía, Jon Burge en Chicago, una ciudad que, durante las últimas dos décadas, se ha convertido en un centro de movilización abolicionista. La abolición es una estrategia organizativa práctica.

Como cualquier empresa que emerge de una demanda manufacturada, las prisiones se perpetúan a sí mismas, y eso requiere el mantenimiento de las condiciones que fomentan el crimen. De 1978 al 2014, la población carcelaria de EE. UU. aumentó un 408 por ciento, llenando en gran medida sus jaulas con personas a las que se les niega el acceso a la educación, el empleo y los servicios humanos. Aproximadamente el 70 por ciento de la gente encarcelada en California proviene de hogares de crianza. Y dado que el sistema se basa en la reincidencia, no puede haber ningún argumento de que el sistema penitenciario apoya la seguridad pública o el bien público. Nuestro fracaso de construir una cultura de cuidado que nutra el crecimiento y el potencial humano —en lugar de incubar la desesperación— garantiza la creación de más «criminales» que serán castigados posteriormente. Esto para el gran beneficio de quienes obtienen ganancias de las industrias asociadas con el encarcelamiento. La cárcel es simplemente una forma mala e ineficaz de abordar la violencia y la delincuencia.

No obstante, cuando hablamos de la abolición del complejo industrial carcelario, muchos reaccionan como si la idea fuera ajena e impensable: como si, para ellos, las prisiones, la policía y la vigilancia fuera parte de un orden natural que simplemente no se puede deshacer. En realidad, no fue sino hasta la década de 1980 que el sistema penitenciario vio su mayor aumento de esta población, cuando la desindustrialización creó la necesidad para que las economías carcelarias reemplazaran los trabajos que se perdieron, y que una reacción violenta en oposición del Movimiento de los Derechos Civiles y de otros logros sociales obtenidos por la gente negra incrementó los esfuerzos de control social.

Como sociedad, se nos ha enseñado a adoptar el control social, que es a menudo impuesto por personas con armas de fuego, porque nos han enseñado a tenernos miedo los unos a los otros y a aceptar la autoridad. Vivimos en una cultura que celebra la criminalización, la policía y las cárceles. Los agentes de policía abusivos y tortuosos se transforman en personajes compasivos de la televisión cuyos daños cometidos en contra del público llegan a ser comprendidos e incluso, llegan a merecer nuestra simpatía. Pero cuando un civil ha cometido un daño atroz, el consuelo nacional que se nos ha enseñado es la búsqueda de su sufrimiento. Las personas deben ser arrojadas a una jaula y, una vez que lo están, se considera que la justicia se ha hecho, y todes podemos seguir adelante con nuestras vidas sin hacernos preguntas como: ¿Por qué esto sucedió? ¿Por qué sigue ocurriendo? Y, ante todo, ¿hay algo que podamos cambiar que hiciera esta tragedia impensable?

Una ovación para el encarcelamiento

Incluso aquellos que reconocen que el encarcelamiento masivo en los EE. UU. es una pesadilla e injusto, a menudo se sienten obligados a celebrar y aplaudir cuando el sistema atrapa a alguien cuyos daños nos repugnan. Cuando Martin Shkreli, un ex administrador de cobertura de fondos fue sentenciado a servir siete años por fraude de valores, abundaron los memes y las risas. Shkreli, quien se dedicó a la medición de precios farmacéuticos, elevando el precio del fármaco Daraprim de

$13.50 a $750 por pastilla, fue una vez descrito como el «hombre más odiado de EE. UU.», convirtiéndolo en un modelo ideal para el estado carcelario. Pero al igual que la mayoría de las ideas que nos permiten desviar la mirada e ignorar el sistema más amplio, esta noción está llena de problemas.

Por un lado, Shkreli no estaba siendo castigado por obligar a los pacientes con SIDA a pagar cientos de miles de dólares al año por un medicamento que salva vidas, porque en EE. UU. la gente rica simplemente no es castigada por su capitalismo. Siempre y cuando su cambio de dinero asesine de acuerdo con las reglas del libre mercado, estas personas no ven ningún tipo de penalización. Shkreli fue castigado por fraude de valores. En suma, jugó al Monopolio con gente asquerosamente rica y rompió las normas. No empero, debido a que también le hizo daño a la gente común, este instante se considera uno donde el sistema funcionó porque alguien por quien sentimos desprecio fue castigado. El sistema ofrecerá de forma ocasional tales cosas, pero no le añade nada a lo que realmente es la justicia.

Tras los daños cometidos por Shkreli, ninguna reforma ha sido impuesta a la industria farmacéutica, y los ejecutivos que están haciendo subir los precios de la insulina y de otros medicamentos que salvan vidas no han enfrentado ninguna pena de cárcel (si este es nuestro marcador de justicia). La práctica de la «justicia» de nuestra sociedad no se preocupa de crear condiciones justas y nuestro sistema de castigo no penaliza a quien tiene poder para aplastar a quienes no lo tienen. El que la gente rica siga enriqueciéndose mientras otras personas continúan bajo tierra es parte del orden «justo» de nuestra sociedad. El sistema no ofrece soluciones, solo la demostración ocasional del sufrimiento o de la muerte civil para satisfacer a las masas.

Dadas estas condiciones, debemos entender que cuando ovacionamos la violencia penitenciaria, también ovacionamos un fracaso grotesco y establecido por la civilización occidental.

Las historias como la de Tiffany Rusher están enterradas bajo los titulares de personas como Shkreli y el violador en serie Larry Nassar: historias que le aseguran al público que la retribución es necesaria y que sacia el deseo popular de venganza ante el rostro de la tragedia y del daño. Las historias de crímenes estadounidenses no son historias del bien contra el mal, porque el sistema no es y nunca ha sido bueno o heroico, y los daños criminales suelen ser mucho más complejos de lo que nos gustaría reconocer. Los delitos por los que Tiffany Rusher fue condenada involucraron sexo con un menor, pero, primero que todo, ¿por qué Rusher estaba involucrada sexualmente con un menor?

La prisión es simplemente una forma mala e ineficaz de abordar la violencia y el crimen. Los casos como el de Rusher nos exigen que reconozcamos los daños que nuestro sistema ha infligido para así crear el tipo de condiciones sociales y económicas en donde una mujer joven nunca tenga que enfrentarse a las opciones que le fueron presentadas. Según Rusher, ella estaba haciendo trabajo sexual de supervivencia cuando se le solicitó que brindara servicios sexuales en una fiesta. Resultó ser, que el joven para quien el pariente quería comprar los favores sexuales era un menor de edad. Rusher tenía veintiún años. Cuando la madre del joven se enteró de la fiesta, se indignó y presentó un informe ante la policía. Y fue así como Rusher se convirtió en una delincuente sexual ante los ojos de la ley. Por muy diferentes que hayan sido sus experiencias de quienes son caracterizados típicamente como depredadores, Rusher fue atrapada por una marca de criminalización inflexible y condenada.

«Gente peligrosa»

Cuando nos enfrentamos a las estadísticas sobre cuán desiguales son las penas criminales aplicadas en EE. UU., o con evidencia histórica de que la vigilancia y el encarcelamiento siempre se han basado en la anti negritud, la eliminación de los pueblos originarios y la protección de la propiedad, la mayoría de los izquierdistas condenarán el sistema y estarán de acuerdo de que desde hace muchísimo tiempo se necesita un cambio. Pero este reconocimiento suele ser seguido por una insistencia de que simplemente no podemos arrancar de raíz el sistema porque no poseemos soluciones pulidas, universalizadas y completamente formadas para abordar los peligros que algunos individuos, que con frecuencia son caracterizados como depredadores, pueden representar para nuestras comunidades.

Pero la idea de los «depredadores» y la «gente peligrosa» se complica por las condiciones que nuestra sociedad impone: condiciones sociales y económicas que sabemos que generan crimen y desespero. Las comunidades cuyas necesidades son satisfechas no se llenan de crímenes de desesperación, mientras que en las que se lucha de forma constante sí lo están; y las personas de las comunidades que son altamente criminalizadas por nuestro sistema racista tienen mucha más probabilidad de ser introducidas dentro del sistema carcelario.

De forma habitual, los políticos fingen ignorancia con respecto a estas dinámicas y presentan agendas de «mano dura contra el crimen» que mejorarían las sentencias de prisión y que ampliarían el conducto de la escuela a la prisión como una solución a los daños que la sociedad genera. Si los políticos reconocieran que la mayoría de los actos que causan daño que son criminalizados tienen sus raíces en las desigualdades sociales y económicas, se esperaría entonces que abordaran esas desigualdades que la mayoría se niega a hacer. En EE. UU. las carreras políticas de los funcionarios electos son financiadas en gran parte por aquellos que se benefician de forma directa de las desigualdades de nuestra sociedad. Probablemente, esos financiadores abandonarían a sus funcionarios marionetas si estos decidieran ir por algo que les recordara un poco la justicia económica.

El sistema carcelario siempre ha utilizado casos sensacionalistas y el espectro del daño inimaginable para crear nuevos mecanismos de desecho. Estos mecanismos son los que alimentan con cuerpos a las hambrientas economías carcelarias, mientras nos distraen con nuestros propios miedos hacia la «gente mala» y lo que podrían hacer si no se le mantiene atrapada. Por supuesto, un sistema que nunca aborda el *por qué* ha ocurrido el daño nunca puede realmente contener el daño en sí. Las jaulas mantienen en confinamiento a las personas, pero no a las condiciones que facilitaron sus daños o las mentalidades que perpetúan la violencia. Sin embargo, por alguna razón, incluso las personas que conocen bien la dinámica del sistema a menudo creen que los momentos de *Ley y orden* [*Law and Order*] son posibles, cuando, sólo por un instante, un instrumento de violencia estatal puede ser usado para bien.

En su ensayo sobre *La universidad y la comuna subalterna* [*The University and the Undercommons*], los escritores y eruditos Fred Moten y Stefano Harney subrayan por qué la abolición es importante como marco político y estrategia de movilización: «¿Qué es, por decir, el propósito de la abolición? No es tanto la abolición de las cárceles, sino la abolición de una sociedad que pueda tener prisiones, que pueda tener esclavitud, que pueda tener salario, y que, por lo tanto, no sea la abolición como la eliminación de cualquier cosa, sino la abolición como la fundación de una nueva sociedad». Cuando miramos más allá del sensacionalismo de los principales titulares y examinamos las dinámicas reales del encarcelamiento masivo, se torna cada vez más imposible la justificación de esta perspectiva. Si bien algunos brindan un llamado hacia la reforma, tales llamados ignoran la realidad de que una institución que se basa en la mercantilización de los seres humanos mediante la tortura y la privación de su libertad no puede rehacerse como algo bueno. La lógica del uso de la vigilancia, el castigo y la prisión no ha demostrado abordar las causas sistémicas de la violencia. Es en este ambiente en el que argüimos que la abolición del complejo industrial carcelario es la postura política de mayor moralidad disponible para nosotros. Porque la deconstrucción del sistema de encarcelamiento masivo estadounidense es posible, y ahora es el momento.

¿Cómo luce la transformación?

Nuestra visión para el 2018 es un estado de imaginación libre de ataduras. Cuando se está lidiando con sistemas opresivos, el cinismo es una alianza envidiable, y se extrae de personas cuyas mentes —que, de alguna otra forma, podrían abrir nuevas puertas— pueden hacer nuevas demandas y evoquen visiones sobre cómo luciría un mundo mejor. Las interrogantes como «¿Qué pasa entonces con las personas realmente peligrosas?» no son preguntas que un abolicionista carcelario debe responder para insistir que el complejo industrial carcelario debe ser desecho.

Estas son preguntas que debemos responder colectivamente, incluso cuando problematizamos la noción de la «peligrosidad». La incapacidad de ofrecer una solución que sea fácilmente digerible y pulcramente elaborada no nos excluye de ofrecer críticas o análisis de los males de nuestro sistema actual.

Vivimos en una sociedad que ha estado encerrada en un falso sentido de inevitabilidad. Es hora de que se analice detenidamente cómo surgió este sistema, quién se beneficia, cómo funciona y por qué. Y es hora de imaginar cómo luciría el que se haga justicia sin tener que depender del castigo y la barbarie de los sistemas carcelarios. Así como Erica Meiners sugiere en sus escritos y a través de su educación: «La liberación bajo la opresión es por diseño, impensable». Es hora de una fuga de la imaginación para hacer posible lo imposible.

La esperanza es una disciplina

Entrevista por Kim Wilson y Brian Sonenstein

Beyond Prisons, enero del 2018

Kim Wilson: *Creo que alguien retuiteó algo que publicaste el otro día, y realmente resonó conmigo y me ha ayudado enormemente . . . Es algo que escribiste sobre la esperanza como disciplina. Tengo que decirte que me alegró el día, si no la semana, absolutamente. Porque es fácil deprimirse por todo lo que está pasando.*

Mariame Kaba: Claro.

Wilson: *Es muy fácil mirar a tu alrededor y decir: «¡Dios mío, préndele fuego a todo y acabemos!» [risas] Especialmente ahora, y creo que conectarse con la gente y leer cosas y escuchar cosas que son afirmativas y edificantes y te permiten centrarte en el lado esperanzador de las cosas son parte de la abolición. Me gustaría que dijeras algo sobre eso, pero tengo otra parte de la pregunta, que es sobre el autocuidado para los que hacemos este trabajo. Es algo en lo que paso mucho tiempo pensando y hablando.*

Kaba: Siempre le digo a la gente que, para mí, la esperanza no excluye el sentimiento de tristeza o frustración o ira o cualquier otra emoción que tenga sentido. La esperanza no es una emoción, ¿sabes? La esperanza no es optimismo.

Creo que, para mí, entender eso es realmente útil en mi práctica de organización. Creo que siempre hay un potencial de transformación y de cambio. Y eso es en cualquier dirección, buena o mala. La idea de que la esperanza es una disciplina es algo que escuché de una monja hace muchos años que hablaba de ello junto con asegurarse de que

31

éramos del mundo y en el mundo. Vivir en el más allá estando en el presente, era una especie de escape, pero era muy, muy importante para nosotres vivir en el mundo y ser del mundo. La esperanza a la que ella se refería era esta esperanza fundamentada que se practicaba todos los días, que la gente realmente practicaba todo el tiempo.

Me he sometido ante eso. Lo escuché hace muchos años, y entonces tuve la sensación de: «¡Dios mío, eso me resuena como filosofía de vida, que la esperanza es una disciplina y que tenemos que practicarla todos los días!». Porque en el mundo en el que vivimos, es fácil tener una sensación de desesperanza, de que todo es malo todo el tiempo, de que nada va a cambiar nunca, de que la gente es malvada y mala en el fondo. A veces da la sensación de que se está demostrando de diferentes maneras, así que lo entiendo de verdad. Entiendo por qué la gente se siente así. Sólo que yo elijo otra cosa. Elijo pensar de una manera distinta y elijo actuar de una manera diferente. Elijo confiar en las personas hasta que demuestren que no son dignas de confianza.

Jim Wallace, a quien la gente conoce como un evangélico liberal, que piensa mucho en la fe y habla mucho de la fe, siempre habla del hecho de que la esperanza es realmente creer a pesar de la evidencia y ver cómo cambia la evidencia. Y eso, para mí, tiene mucho sentido. Creo que, en última instancia, vamos a vencer, porque creo que hay más gente que quiere la justicia, la verdadera justicia, que los que trabajan en contra de ella.

Y no tengo una visión a corto plazo. Tengo una visión a largo plazo, entendiendo perfectamente que sólo soy una pequeña parte de una historia que ya tiene un enorme antecedente y que tiene algo que va a venir después. Definitivamente, no voy a estar ni siquiera cerca de ver el final. Eso también me hace pensar que las pequeñas cosas que estoy haciendo son bastante insignificantes en la historia del mundo, pero si son importantes para una o dos personas, me siento bien. Si estoy haciendo mi función en el mundo y eso beneficia a mi comunidad particular de personas, las personas que designo como mi comunidad, y veo que se benefician de mi trabajo, me siento bien. Eso es suficiente para mí.

Tal vez yo tenga una perspectiva distinta. Hablo con muchos organizadores juveniles —la gente se acerca mucho a mí porque llevo mucho tiempo organizando— y siempre les digo: «Su línea de tiempo no es la línea de tiempo en la que se producen los movimientos. Su línea de tiempo es incidental. Su línea de tiempo es sólo para ustedes, para marcar su crecimiento y su vida». Pero eso es una fracción de la vida que va a ser hecha por el universo y que ya ha sido hecha por el universo. Cuando comprendes que eres realmente insignificante en el gran esquema de las cosas, entonces es una libertad, en mi opinión, para poder hacer el trabajo que es necesario según lo ves y para contribuir en las formas que consideras adecuadas.

Y el autocuidado es realmente complicado para mí porque no creo en el «yo» de la forma en que la gente lo determina aquí en esta sociedad capitalista en la que vivimos. No creo en el autocuidado: creo en el cuidado colectivo, en colectivizar nuestro cuidado y en pensar más en cómo podemos ayudarnos mutuamente. ¿Cómo podemos colectivizar el cuidado de la niñez para que más personas sientan que pueden tener a sus criaturas, pero también vivir en el mundo y contribuir y participar de diferentes maneras? ¿Cómo podemos hacerlo?

¿Cómo podemos colectivizar el cuidado para que, cuando estemos enfermos y no nos sintamos bien, tengamos un grupo de personas que no sólo sean nuestros guerreros de la oración, sino también nuestros guerreros de la acción, que piensen con nosotros? Por ejemplo, yo no voy a poder cocinar esta semana, y tú tienes un montón de gente que está haciendo una lista para ti y trayendo comida todos los días de esa semana, y tú también estás haciendo lo mismo para tu comunidad.

Quiero que eso sea el centro de mi actuación y eso viene realmente del hecho de que crecí como hija de emigrantes retornados, emigrantes africanos que regresaron. No veo el mundo como lo hace la gente aquí. No estoy de acuerdo. Creo que el capitalismo nos aleja continuamente de los demás, pero también de nosotres, y simplemente no me suscribo a eso. Para mí, es demasiado, «Sí, voy a ir a hacer yoga, y luego voy a hacer algunos abdominales y tal vez voy a ir . . .». No tienes que ir a ninguna parte para cuidarte a ti mismo. Puedes cuidar de ti y de tu comunidad a la vez y, por cierto, eso puede ser mucho más saludable para ti. Porque toda esta reflexión interiorizada no es buena para la gente. Sí, piensa en ti, reflexiona sobre tu práctica, bien. Pero luego tienes que probarlo en el mundo; tienes que estar con la gente. Eso es importante. ¡Y yo odio a la gente! Lo digo como alguien que es realmente antisocial.

[*Wilson y Sonenstein se ríen*]

Kaba: Y yo digo: «Odio a la gente». No quiero socializar de esa manera, pero sí quiero ser social con otras personas en lo que se refiere a la colectivización de los cuidados.

PARTE II

No hay
víctimas perfectas

Liberen a Marissa y a toda la gente negra

In These Times, noviembre del 2014

«¿Y si ella regresa a la cárcel nuevamente? ¿Cómo te sentirías?»

Las preguntas me hacen detenerme. Previamente, mi ahijada no había expresado interés en Marissa Alexander. Ella sabe que he estado involucrada en un comité de defensa local para respaldar a Marissa en su lucha por su libertad. Pero hasta ese momento, ella no había hecho ninguna pregunta. Su madre, sin embargo, me dice que Nina (nombre ficticio) ha estado siguiendo mis actualizaciones en las redes sociales.

Aún sigo considerando cómo responder y he debido estar en silencio por mucho tiempo porque Nina se disculpa. «Olvídalo, tía», dice ella. «No quise enojarte».

Es interesante que ella piense que estoy molesta. Ella sabe que no tengo fe en el sistema jurídico penal de EE. UU. y tal vez asume que ando pesimista ante las posibilidades de Marissa en la corte. Le digo que, aunque no tengo fe en el sistema de castigo penal, tengo la esperanza de una victoria legal en el caso de Marissa.

Le digo que, aunque el sistema en general es injusto, en algunos casos aislados se pueden lograr victorias legales. Le digo que esto es particularmente cierto para la gente acusada que tiene buena representación legal y recursos. El dinero marca la diferencia a la hora de obtener victorias legales. Le explico que es por eso por lo que he trabajado de forma tan ardua para recaudar fondos para la defensa legal de Marissa.

Nina insiste: «Pero ¿cómo te sentirías si la condenan nuevamente?»

«Definitivamente estaré triste por ella y su familia», le respondo.

«Creo que estarías más que triste», responde.

¿Acaso la tristeza tiene niveles? Supongo que sí. No estoy segura de cómo se siente «más que triste», así que permanezco en silencio.

Recientemente, una amiga que ha pasado años apoyando a Marissa Alexander mediante la Campaña de Movilización Nacional Liberen a Marissa, AHORA [*Free Marissa NOW National Mobilization Campaign*], me ha admitido que no podría contemplar otra condena para Marissa en su nuevo juicio en diciembre. Muchos de los que hemos estado apoyando a Marissa nos hemos estado preparando. Estamos tratando de sobrellevarlo lo mejor que podemos. Durante las últimas semanas, me dio por preguntarle a mis camaradas si creían que Marissa sería liberada. Algunos, sin dudarlo, respondieron de forma afirmativa, pero eran una minoría. La mayoría me miró con cautela y lentamente dijeron que tenían la esperanza de una absolución. Pienso que no creían lo que estaban diciendo.

El sistema de castigo penal de EE. UU. no puede brindar ninguna «justicia». Marissa ya ha cumplido más de mil días en la cárcel y en la prisión. Pasó otro año bajo estricto arresto domiciliario utilizando un monitor de tobillo con costo de $105 bisemanales a su familia.

Marissa disparó un tiro de advertencia para protegerse de su esposo abusivo y nadie resultó herido. Por esto, si era declarada culpable en su nuevo juicio, enfrentaría una sentencia de sesenta años. La verdadera justicia no es ser arrestada y arrebatada de sus hijos, familiares y amistades. Justicia significa vivir una vida libre de abuso doméstico. Justicia es beneficiarse de la protección estatal en lugar de sufrir violencia estatal. Justicia es tener un yo que defender, ante todo.

Ayer por la mañana, recibí noticias de que Marissa había aceptado un acuerdo de culpabilidad. Un par de horas después, la noticia salió en las redes sociales. Vi una mezcla de personas celebrando este resultado y otras expresando su enojo porque Marissa se vio obligada a tomar una «decisión» faustiana. Recibí llamadas, mensajes de texto y correos electrónicos de amistades y familiares que se comunicaban conmigo para ver cómo yo estaba. Aprecié la preocupación de la gente, pero desafortunadamente ya me había lanzado a la acción cuando escuché que más tarde ese día, el gran jurado en St. Louis anunciaría su decisión de acusación por el asesinato de Mike Brown. Fue una locura hacer arreglos para combinar eventos solidarios ya que ya teníamos uno planificado para Marissa durante la tarde de ayer.

Los paralelismos entre el injusto enjuiciamiento y encarcelamiento de Marissa y el asesinato de Mike Brown a manos de los cuerpos policiales son evidentes para mí. Sin embargo, soy muy consciente de que, para muchos, estos se tratan como sucesos distintos y separados. No lo son. De hecho, la lógica de la anti negritud y el castigo los conecta.

A fines del siglo XIX, se atribuyó un comentario a un jefe de policía del sur que sugirió que había tres tipos de homicidios: «Si un negro de mierda mata a un hombre blanco, eso es asesinato. Si un hombre blanco mata a un negro de mierda, eso es un homicidio justificable. Si un negro de mierda mata a otro, esto es un negro de mierda menos».*

La devaluación de la vida negra en este país tiene sus raíces en la Norteamérica colonial. En el libro *Justicia popular: Una historia del linchamiento en EE. UU.* [*Popular Justice: A History of Lynching in America*], Manfred Berg plantea el caso convincente de que «los códigos de "esclavos" señalaron exclusivamente a los negros por castigos extremadamente crueles, marcando así a los cuerpos negros como inherentemente inferiores». Berg arguye: «La esclavitud colonial estableció patrones claros para la futura violencia racial en EE. UU.».

Los cuerpos «inherentemente inferiores» pueden ser degradados, castigados y asesinados sin consecuencias. La distorsión es que la gente negra siempre ha sido considerada peligrosa y desechable. El cuerpo (desechable) de Mike Brown es un arma letal, por lo que este es una amenaza justificada. El cuerpo (desechable) de Marissa es merecedor de abusos y es incapaz de reclamar una defensa propia que valga la pena. Mike Brown fue descrito por su asesino, Darren Wilson, como un «demonio» y se refirió a Mike como «eso». En EE. UU. la doctrina de la matanza y del cautiverio preventivo se manifiesta en la vida cotidiana de toda persona negra. La gente negra nunca es «inocente». Ese lenguaje o concepto no tiene validez. Siempre somos culpables hasta que se demuestre algo menos sospechoso o peligroso.

Marissa y Mike están intrínsecamente interconectados. Solo pueden ser percibidos como agresores y nunca como víctimas. Mike es representado como un súper subhumano y Marissa es descrita como alguien que no tiene miedo. La piel negra es un repelente de la empatía, lo que dificulta

---

* La versión original utiliza la palabra «*nigger*» para de forma peyorativa aludir a las personas negras. En esta traducción se incluye la frase «negro de mierda» para capturar la crudeza de la versión original.

la búsqueda de la reparación en los tribunales de justicia y de la opinión pública. Si no podemos generar empatía en la gente, entonces la humanidad que se nos niega estará en perpetuidad fuera de nuestro alcance.

Entonces, ayer juntamos nuestras movilizaciones de solidaridad para Marissa y Mike porque damos por sentado que todas #*Las vidas negras importan* [*#BlackLivesMatter*]. Charlene Carruthers del Proyecto Juventud Negra 100 [*Black Youth Project (BYP100)*] dejó esto claro cuando mencionó el nombre de Islan Nettles junto con los de Marissa y Mike.

Sin embargo, no soy ingenua. Sé que nuestra reacción ante la no acusación de Darren Wilson por parte del gran jurado, lamentablemente nos distingue de otras personas. Ayer recordé algunas líneas de uno de mis poemas favoritos *Hermana forastera* [*Sister Outsider*] de Opal Palmer Adisa:

> nosotres
> negras mujeres
> nosotres
> negras mujeres
> estamos siempre
> fuera
> incluso cuando
> creemos que
> estamos adentro

Marissa, CeCe, Islan, Monica, Tanesha y muchas otras están frecuentemente fuera de nuestro discurso sobre la violencia interpersonal y estatal, por lo que también se encuentran fuera de nuestras protestas. Es imperativo que se les lleve adentro y al centro.

Marissa decidió que ya estaba cansada de vivir en un limbo. No se encontraba tras los muros de la prisión, pero tampoco en la libre comunidad. Ella tomó una decisión para sí misma y su familia para acelerar la posibilidad de que pudiera experimentar nuevamente la libertad (no libre) que tenemos todos los que vivimos como negros en EE. UU. cuando no estamos formalmente tras las rejas. Ella debió haberse encontrado en el lugar de exigir su libertad plena, pero esto debió haberse sentido como escalar el monte Everest. Por ende, aceptó un acuerdo que le asegurara no pasar el resto de su vida natural tras las rejas. Ayer, Alisa Bierria de Liberen a Marissa, AHORA estableció que:

El acuerdo ayudará a Marissa y a su familia a evitar otro juicio muy costoso y emocionalmente agotador que podría haber llevado al devastador fallo de pasar el resto de su vida en la prisión. Sus hijos, familiares y comunidad necesitan que sea liberada lo antes posible. No obstante, lo absurdo en el caso de Marissa siempre fue el hecho de que los tribunales la castigaron y criminalizaron por sobrevivir a la violencia doméstica, por salvar su propia vida. Las sentencias compulsorias mínimas de veinte años, y luego de sesenta años, hicieron que el enjuiciamiento por parte del estado fuera cada vez más estremecedor. Pero siempre hemos creído que obligar a Marissa a cumplir un solo día en la prisión representa un ataque profundo y sistémico al derecho a la existencia de las mujeres negras y al derecho de toda mujer a autodefenderse.

Cuando he estado presentando o facilitando seminarios sobre Marissa, la gente a veces me pregunta si la conozco personalmente. No. Puedo notar las interrogantes en sus rostros. «¿Entonces por qué está hablando de su caso? ¿Por qué está comprometida con su libertad?» Dediqué muchísimas horas para concientizar y recaudar fondos para la defensa legal de Marissa porque es un ser humano que ha sido injustamente atacado y *aún* continúa luchando por su liberación. Siempre estoy del lado de la libertad. El cautiverio de Marissa también me aprisiona. ¿Quién no cuidará a nuestras hermanas si no nosotras mismas?

Si no hubiera ayudado a mi hermana
¡Ellos me habrían puesto esas cadenas!
Ellos ataron su cuerpo a un árbol y la dejaron sangrando hasta que
nosotras la desatamos y la llevamos a casa
Como a una hija.

—Niobeh Tsaba, *Canción de la liberación de una hermana* [*Song of a Sister's Freedom*]

Ayer, me paré en la gélida noche de Chicago con cientos de personas para mostrar nuestra solidaridad con Marissa. A nuestra manera, la estábamos desatando del árbol para llevárnosla a casa como a una hermana.

Hasta que Marissa sea libre . . .

No es una silueta de cartón:
Cyntoia Brown y
la estructuración de una víctima

con Brit Schulte

The Appeal, diciembre del 2017

La noche del 6 de agosto del 2004, Cyntoia Brown, de dieciséis años, le disparó y asesinó a Johnny Allen, un residente de Nashville de cuarenta y tres años que la recogió para tener relaciones sexuales. Más tarde, ella le explicó a la policía que fue un acto de defensa propia. Luego de que Allen la llevó a su casa, le mostró varias armas a Cyntoia, incluyendo escopetas y rifles. Más tarde, en la cama, como ella describiera ante el tribunal, él la agarró violentamente de los genitales, su comportamiento se volvió amenazador y, temiendo por su vida, esta sacó un arma de su bolso y le disparó.

Aunque Cyntoia actuó para protegerse de la violencia de un cliente adulto, los fiscales de Nashville arguyeron que ella le disparó a Allen como parte de un robo. Cyntoia fue juzgada como adulta y condenada por homicidio premeditado en primer grado, homicidio grave en primer grado y «robo especialmente agravado» dos años después de su arresto inicial el 25 de agosto del 2006. Actualmente se encuentra cumpliendo cadenas perpetuas simultáneas en Tennessee y solo será elegible para libertad condicional luego de cumplir cincuenta y un años en prisión.

A finales de noviembre, el caso de Cyntoia volvió a reaparecer de forma estruendosa en los titulares cuando celebridades como Rihanna, Kim Kardashian y LeBron James compartieron detalles de su condena en las redes sociales. Rihanna publicó en Instagram: «¿Acaso cambiamos la definición de #JUSTICIA en el camino? ¡Algo anda terriblemente mal cuando el sistema protege a estos violadores y la víctima es encerrada de por vida! A cada uno de ustedes responsables por la sentencia de esta niña, espero en Dios que no tengan hijos, ¡porque esta podría ser su hija siendo castigada por solo castigarla!» Kim Kardashian compartió en Twitter que se había comunicado con sus abogados personales para preguntarles cómo podían #Liberen a Cyntoia Brown [#FreeCyntoiaBrown].

No queda claro por qué tras trece años de su arresto, el caso de Cyntoia resurgió para capturar la atención del público. Charles Bone, uno de los abogados de Cyntoia, le dijo a BuzzFeed que no sabía por qué las celebridades apenas estaban descubriendo el caso de Cyntoia, pero que agradecía la atención. «En general, esta problemática merece mucha publicidad», dijo Bone, «especialmente en la cultura en la que hoy vivimos». A medida que siguen circulando en línea las peticiones por la liberación de Cyntoia y las cartas que exigen clemencia, vale la pena considerar los problemas planteados en la condena de Cyntoia y el empuje colectivo por liberarla de la prisión.

He aquí lo que se ha establecido sobre su caso en el expediente judicial: Cyntoia, quien al momento del incidente vivía en una habitación en Nashville InTown Suites, dijo que se fue a casa con Allen porque su proxeneta y novio Garion McGlothen, apodado Kut Throat [el Corta garganta], le insistió que necesitaba ganar dinero. Durante el período de tres semanas en el que aproximadamente vivió con él, Kut Throat abusaba de ella de forma física y sexual.

La propia Cyntoia pudo hablar sobre la noche que fue atacada y de la muerte de Allen en el documental de PBS del 2011, Yo ante una sentencia de por vida: La historia de Cyntoia [Me Facing Life: Cyntoia's Story]. Cyntoia explicó que estaba buscando quien la llevara al este de Nashville para laborar como trabajadora sexual en la calle cuando conoció a Allen, quien merodeaba por un estacionamiento de Sonic Drive-In en busca de trabajadoras sexuales. Allen le hizo un avance sexual e intentó regatear el precio de $200 a $100. Llegaron a un acuerdo de $150.

Cyntoia caracterizó sus estrategias de supervivencia como trabajo sexual de sobrevivencia o prostitución de adolescentes para un proxe-

neta adulto. Aunque ella señala que Kut Throat la obligó a realizar trabajo sexual, Cyntoia nunca se describió a sí misma como una esclava
sexual infantil. Este es un término que ahora utilizan algunos activistas para caracterizar su experiencia en las redes sociales. Este lenguaje
sensacionalista es reduccionista y oscurece las complejidades inherentes a las experiencias de la gente joven envuelta en el comercio sexual
y las economías callejeras. Sería más útil recurrir a las propias mujeres
jóvenes en el comercio sexual para tener un mejor entendimiento del
lenguaje que utilizan para describir sus propias experiencias.

Shira Hassan, anterior codirectora del ahora desaparecido Proyecto
de Empoderamiento para Mujeres Jóvenes [*Young Women's Empower-
ment Project*] con sede en Chicago, ha trabajado con niñas que están involucradas en el comercio sexual y las economías callejeras. Ella define
el comercio sexual como «cualquier forma en que las niñas intercam-
bian sexo o sexualidad, o se ven obligadas a intercambiar sexo o sexualidad, por cosas como dinero, regalos, necesidades de supervivencia,
documentos, lugares donde hospedarse y drogas».

El sexo de supervivencia y la participación en el comercio sexual
son a menudo los únicos medios de auto manutención para la gente
joven que deja el hogar. Esto es especialmente cierto para la juventud
de color, cuir y trans, que tiene menos acceso a recursos y oportunidades. Las realidades que enfrentan la mayoría de los adolescentes que
practica sexo de supervivencia están moldeadas por hogares y viviendas inseguras, falta de acceso al empleo, viviendas asequibles, atención
médica, incluyendo el cuidado médico que afirma el género, recursos
de salud mental y la pobreza, el racismo, la fobia cuir y la misoginia.

La economía callejera, explicó Hassan, abarca «cualquier cosa
que se haga por dinero en efectivo y que no esté sujeto a la rendición
de impuestos. Ya sea trenzar el cabello, vender discos compactos en
la esquina, en general, algo que se vaya a hacer que genere dinero que
no sea reportable. Ambos métodos son formas en que las niñas han
encontrado para sobrevivir cuando se encuentran en la calle». La trata,
por otro lado, se refiere a cualquier forma de trabajo, incluyendo, el trabajo sexual forzado, por fraude, o por medio de coerción. Es cierto que
hay juventud que es traficada y que vive una violencia extraordinaria
en el comercio sexual. Pero es importante que no asumamos que toda

persona joven que intercambia sexo por dinero es objeto de trata. Esto, inclusive, cuando la ley define a cualquier persona menor de dieciocho años que intercambia sexo como víctima de la trata, independientemente de su experiencia. El hacerlo pasa por alto la complejidad de sus experiencias y les perjudica al negarles cualquier agencia o autodeterminación, incluso para definir sus propias experiencias y exigir sus propias soluciones. Sus vidas no deben ser reducidas al servicio de las narrativas de víctimas perfectas.

Cyntoia no es una silueta de cartón sobre la que otros adultos pueden proyectar sus narrativas del involucramiento de jóvenes en el comercio sexual. Ella es una mujer joven que ha experimentado una violencia horrible, pero eso no es todo lo que es. Ella posee su propia historia que contar y al representarla como una víctima sin agencia, algunos de sus defensores dificultan el que se respete su historia de autodefensa, su lucha por sobrevivir y su resistencia ante la violencia. Necesitamos hallar una forma de describir todas sus realidades: tanto como una sobreviviente de violencia con derecho a defenderse, como una mujer joven que estaba haciendo todo lo posible para sobrevivir.

¿Servirá este nuevo enfoque en Cyntoia para mejorar las vidas de la juventud envuelta en el comercio sexual y las economías callejeras? ¿O acaso esta atención y su representación como una víctima de la «esclavitud» sexual o de la trata servirán para marginarlas aún más al silenciar sus voces y complejidades al servicio de la narrativa de una víctima perfecta, una en la que las mujeres negras son excluidas de manera rutinaria?

Las consecuencias para las mujeres jóvenes que no encajan dentro de la narrativa de la víctima perfecta son significativas, tanto en términos de ser castigadas de forma severa por defensa propia como de ser representadas como «traficantes» y luego amenazadas con largas sentencias bajo nuevas leyes aparentemente aprobadas para su propia protección. Incluso si no son sujetas al castigo por lo que llamamos el sistema jurídico penal —porque creemos que no hay justicia dentro del sistema— cualquiera de las nuevas leyes estatales de trata aprobadas durante la última década puede obligarlas a regresar a hogares de crianza y otros sistemas de los que han escapado debido al daño que experimentaron. O bien, estas leyes pueden obligarlas a recibir un «tratamiento» que no hace nada para abordar las condiciones bajo las cuales las hicieron adentrarse al comercio sexual. Si no «cumplen» con lo que se espera de ellas como víctimas perfectas, entonces, como tantos otros sobrevivientes de violencia, podrían verse encerradas en una celda en vez de recibir el apoyo que necesitan y merecen. El enjuiciamiento y encarcelamiento de quienes sobreviven la violencia coloca a los tribunales y a las prisiones en el mismo rol punitivo que sus abusadores, lo que agrava y prolonga la experiencia de trauma y abuso continuo de las víctimas.

El esfuerzo para seguir preservando a Cyntoia como una niña es también preocupante. Desde el recién surgimiento en el interés de su caso, un sin número de artistas gráficos han creado imágenes de Brown con las coletas de cabello que llevaba durante su juicio, cuando tenía dieciséis años y acompañadas del texto «Liberen a Cyntoia». Otra imagen de ella con edad similar ha sido circulada como un meme y en yuxtaposición con la foto del arresto policial del violador, Brock Turner. Se utiliza una edad incorrecta para Cyntoia así también como para las circunstancias del caso. Otros memes han sostenido que una «red de tráfico sexual de pedófilos» ha sido responsable por la violencia infligida en Cyntoia. ¿Por qué circulan estas imágenes y memes? ¿Acaso es una mujer negra adulta de veintinueve años una víctima por la que no se puede sentir empatía? De ser esto cierto, ¿por qué? El reconocimiento del trauma y la resiliencia a menudo se ignoran en favor del deseo motivador de los medios de comunicación y del público de sólo proveer respaldo a las víctimas perfectas. Las víctimas perfectas son sumisas, no agresivas; no poseen antecedentes de uso de drogas ni contacto previo con el sistema jurídico penal; y son «inocentes» y respetables.

Sin embargo, la realidad es que no hay víctimas perfectas. La Cyntoia, de veintinueve años, es tan merecedora de su libertad de la prisión y absuelta de este «crimen» como la Cyntoia de dieciséis años.

Su historia, aunque trágica e injusta, no es excepcional. Mientras escribíamos este artículo, Alisha Walker, otra sobreviviente criminalizada, nos llamó desde el Centro Correccional de Decatur, una prisión de Illinois donde ha estado encarcelada desde marzo de este año (y, a menos que sea liberada, tendrá que pasar allí otros diez años más). «Es una mujer increíble, muy valiente», dijo Alisha sobre el caso de Cyntoia. «Carajo, ¿tenía dieciséis años? Nadie debería ser castigado por enfrentar daños. Esa chica solo estaba haciendo lo que tenía que hacer».

Alisha Walker solo tenía diecinueve años cuando en el 2014 se vio obligada a defenderse a sí misma y a una amiga, de un cliente violento que exigía que tuvieran sexo sin protección. Este las amenazó con un cuchillo y de violarlas. Alisha, al igual que Cyntoia y otras tantas antes que ella, se defendió. Su acto de autodefensa fue enfrentado por la violencia de un sistema judicial racista que la tildó como una mente criminal manipuladora. Alisha y Cyntoia eran mujeres jóvenes negras en cuyos cuerpos les fue inscrito una criminalidad inherente y, hasta cierto punto, una presunción de culpabilidad hasta que se probara su inocencia. El sistema jurídico, tal y como está constituido en el presente, no habría podido permitir que fueran vistas como inocentes. Por el contrario, los actos radicales de amor propio y de preservación de Cyntoia y Alisha fueron criminalizados por quienes poseen autoridad. Cada uno de estos tenía el peso carcelario del racismo y de la fobia a la prostitución en su contra.

Históricamente, los tribunales han asignado castigos desproporcionados a los actos en defensa propia por parte de las mujeres negras, las personas femme y la gente trans. Esta criminalización de la autodefensa antecede a Cyntoia. Por ejemplo, podemos ver esto en los casos de las sobrevivientes Lena Baker, Dessie Woods y Rosa Lee Ingram. Esto ha proseguido mucho después de la sentencia de Cyntoia, que fue hace trece años atrás. Asimismo, continúa sucediendo, como en los recientes castigos desproporcionados en los casos de GiGi Thomas, CeCe McDonald y Ky Peterson. Estos son solo los nombres y las historias que conocemos. Existen un sinfín que nunca ocuparán los titulares de las noticias, ni inspirarán campañas de defensa en las redes sociales ni en los movimientos sociales.

Vamos a #*Liberar a Cyntoia Brown*, no solo de las rejas tras las que ha sido injustamente retenida durante los últimos trece años por luchar por su vida, sino también de las narrativas que le remueven la agencia y que vigilan y controlan lo que significa ser una sobreviviente de la violencia. Hagamos lo mismo por toda la juventud envuelta en el comercio sexual y para todas las personas que son sobrevivientes de la violencia.

Citando las palabras del Proyecto de Empoderamiento para Mujeres Jóvenes, «La justicia social para niñas y mujeres jóvenes envueltas en el comercio sexual significa tener el poder de tomar todas las decisiones sobre nuestros propios cuerpos y vidas, sin la necesidad de ser vigiladas, castigadas ni violentadas . . . No somos el problema, somos la solución».*

---

* Proyecto de Empoderamiento para Mujeres Jóvenes, *Las niñas hacen lo que tienen que hacer para sobrevivir: Métodos instructivos de lucha y sanación usados por niñas involucradas en el comercio sexual y las economías callejeras* [«*Girls Do What They Have to Do to Survive: Illuminating Methods Used by Girls in the Sex Trade and Street Economy to Fight Back and Heal*»] (2009).

Desde el «Yo también» al «Todes nosotres»: Organizándonos para poner fin a la violencia sexual, sin prisiones

Entrevista por Sarah Jaffe con Mariame Kaba y Shira Hassan

enero del 2017

Sarah Jaffe: *El acoso y la agresión sexual son noticia por causa de un hombre poderoso y famoso. Quería empezar con una pregunta para ustedes, que llevan tiempo haciendo este trabajo. ¿Les parece que la conversación pública en torno a estas personas —en los medios de comunicación, en las redes sociales o dondequiera que la escuchen— ha progresado en lo absoluto? ¿O les parece distinto, ahora mismo, de cuando empezaron a hacer este trabajo?*

Mariame Kaba: La conversación es absolutamente diferente de cuando empecé a trabajar acerca de la agresión sexual. Empecé a trabajar contra las agresiones sexuales en mi campus universitario. Eso fue a finales de los años 80 y principios de los 90. En aquel momento, el tema central era la cuestión de las violaciones en el campus, y la conversación giraba sobre todo acerca de la gente que bebía y luego agredía a otras personas.

También crecí antes de las redes sociales. La conversación se limitaba en gran medida a mantener pláticas con tus amistades. No era este tipo de conversación generalizada que ni siquiera es realmente una conversación, que es más bien una arenga unidireccional, una bronca unidireccional, o simplemente un desahogo. Realmente no era así. Tenías que hablar con gente que conocías.

Más allá de eso, hablábamos con la gente en grupos de apoyo, contando historias y divulgando que uno había sido violado. No era un entorno de confesión obligatoria, en el que se nos obligaba a revelar que éramos supervivientes de la violencia sexual. No parecía que tuviéramos que poner como premisa en nuestras conversaciones la revelación de nuestras experiencias antes de poder hablar de ello de forma real. Yo, de hecho, soy una superviviente de la violencia y la agresión sexual, pero en aquel momento me pareció diferente. Se sentía de alguna manera más íntima y menos ligada a los medios de comunicación y a las redes sociales.

No sé cuándo se estrenó la película *El acusado* [*The Accused*]. Con frecuencia veo esa película en mi trayectoria de llegar a comprender la violencia sexual. Esa película me pareció un momento que hizo que la violencia sexual se conectara con una conversación mediática más amplia. Pero tal vez estoy recordando mal.

Shira Hassan: Recuerdo perfectamente cuando se estrenó esa película y realmente cambió la conversación. Bendita sea Jodie Foster. Creo que la conversación ha cambiado definitivamente. Tenemos la conversación mucho más públicamente. Es muy diferente a escribir los nombres de la gente en las paredes del baño, que es lo que hacíamos en los años 90. En cierto modo, Facebook se ha convertido en la pared del baño. Creo que la forma de mantener la conversación cambia. Además, creo que, al ser una plataforma más democratizada, hasta cierto punto, hay gente distinta en la conversación de la que solía haber. Sin embargo, creo que, en general, las personas que mantienen la conversación siguen siendo las mismas.

No veo que esta conversación se produzca de la misma manera cuando se trata de las personas jóvenes que ejercen el comercio sexual, por ejemplo. Muchas de las personas jóvenes que conozco son más de la calle: la idea del acoso sexual es algo en lo que la gente piensa y se enfada. Gwyneth Paltrow no está comentando sus experiencias. Se refiere a las actrices de Hollywood. No quiero restar importancia a esas experiencias de violencia. Al mismo tiempo, es un cierto tipo de superviviente y un cierto tipo de violencia de la que todo el mundo está hablando. Creo que esa parte aún es la misma.

Jaffe: *Una de las cosas de esta gran conversación pública es que, para mí, se siente más agobiante. Lo que Mariame llamó esta cultura de la confesión obligatoria se siente asfixiante. Parece que no hay nada que podamos hacer. Ustedes llevan tiempo trabajando en esto y tratando directamente con las personas que son supervivientes. ¿Cómo luchan contra esa sensación de que esto nunca va a terminar?*

Hassan: Hay historias que me agobian y me detienen. Pero también son las historias de las personas que quiero, y la mayoría de las veces la historia tiene un rostro para mí. La sensación de agobio es algo que contrarresto con la acción y la sanación. Esta idea de la justicia sanadora, en la que hablar es parte de esa recuperación, me siento conectada a ella como una acción y no tanto como una carga. Siento que es una bendición estar entre historias de supervivientes. En realidad, no me siento agobiada por las historias de supervivientes. Me siento agobiada por la inacción en torno a las historias de supervivientes.

Kaba: La diferencia para mí está entre la pregunta de qué puedo hacer personalmente, versus a qué podemos hacer nosotres. Cuando pienso en lo que puedo hacer como persona individual, me parece más abrumador. Es como: «Bueno, muchas de mis amistades son supervivientes. Muchas de las personas a las que quiero son supervivientes. No puedo hacerme responsable personalmente de todas sus vidas y su dolor, no puedo asumir todo eso».

Tampoco se puede asumir la alegría de todo el mundo. Cuando pienso de esa manera tan individualista, puede resultar abrumador. Pero he trabajado hacia una idea colectiva de sanación y una idea colectiva de acción y organización.

No creo que el problema que tenemos ahora mismo sea que tenemos demasiadas personas organizando. Creo que tenemos muy pocas personas organizando y eso también puede resultar muy debilitante cuando hay muchas quejas o mucha indignación, pero sin ninguna dirección. Creo que eso puede resultar abrumador. Desde 1988, desde que estoy en esta labor, lo que me ha hecho seguir adelante es esa colectividad y la búsqueda de entender y recuperar y ser parte de ese proceso de sanación con otras personas.

Jaffe: *Y llegamos a esta historia de una persona sobreviviente que tiene que presentarse y presentar cargos a la policía, y entonces este único infractor será responsabilizado. Pero eso no funciona.*

Kaba: Y eso no ocurre. Creo que ese es otro aspecto de esto para las personas que cuentan con una respuesta de castigo penal para esto. Entiendo la sensación de plena depresión y debilitación, porque ese sistema no sabe realmente cómo mantenerse firme para los supervivientes. No sabe cómo transformar el daño que se produce. Es un sistema al que la mayoría de la gente no accede, y la mayoría de las personas que son supervivientes todavía no acceden nunca por muchas razones: porque no quieren, porque han sido traumatizados en el pasado por el sistema, porque no quieren que la persona que les hizo daño quede necesariamente atrapada en el sistema. Hay un millón de razones. Porque no quieren ser arrastrados por las brasas. Porque intentan resolver los problemas en comunidad. Cuando la gente accede al sistema, se ve perjudicada por él, literalmente, de todas las formas posibles.

Hassan: No sólo el sistema no puede hacerlo, sino que creo que nuestra creencia de que sí puede hacerlo es parte de la razón por la que nos sentimos tan traicionados. Algunos hemos dejado de lado esa traición, porque simplemente hemos dejado de intentar sacar agua de una piedra. Francamente, la piedra se nos echa encima. Así que ahora intentamos construir un refugio desde la piedra, y hablar con todo el mundo que entra al refugio sobre lo que podemos hacer. Esto, para mí, es quizás la razón por la que me siento menos agobiada.

No es que no me sienta como, «Diantre, tenemos una cantidad increíble de cosas que hacer», porque sí lo siento así. Pero siento que tenemos muchas más cosas que intentar fuera del sistema que con éste. Lo que hemos empezado a crear en unión, es este refugio, en el que realmente podemos centrarnos en quién está dentro de este grupo y trabajar con cada persona que está allí de una manera más significativa para ir hacia adelante.

Jaffe: *Tras las revelaciones sobre Weinstein, una de las cosas de las que algunas personas han hablado es sobre la red de los rumores. Es la forma en que las mujeres se advierten unas a otras sobre ciertos hombres en sus círculos políticos o en sus círculos de trabajo. Sin embargo, éstas formas* *también se sienten inadecuadas: no son particularmente responsables de las personas que hacen las acusaciones, lo cual es menos un problema que el hecho de que terminen asumiendo que, sigue siendo nuestro trabajo evitar a los perpetradores.*

Kaba: No se le puede obligar a alguien a rendir cuentas por las cosas que hace. Eso no es posible. La gente tiene que responsabilizarse de las cosas que realmente hace mal. Tienen que decidir que esto está mal. Tienen que decir: «Esto está mal y quiero formar parte de algún tipo de enmienda o reparar esto o no volver a hacerlo». La pregunta es: ¿Qué existe en nuestra cultura que le permita a la gente hacer eso? ¿Cuáles son las cosas estructurales que existen? ¿Qué de nuestra cultura anima a las personas que agreden y dañan a la gente a asumir su responsabilidad? Lo que veo es casi nada. Eso significa, por ejemplo, que se sigue recompensando a la gente cuando hace cosas malas a otras personas o cuando emprende acciones negativas contra la gente.

Nos encontramos en una situación en la que la gente trata de discutir sobre la semántica. No tenemos el sentido de que la gente esté preparada para decir: «Hay un espectro de daños sexuales. No todo es violación. Sin embargo, todo lo que se siente como una violación es un daño». Simplemente no tenemos eso dentro de la cultura general que permite que la gente sienta que puede asumir la responsabilidad y que puede rendir cuentas.

La otra cosa es que tenemos la amenaza de que, si admites que hiciste esto, podrías ser atrapado en el sistema de castigo penal. Podrías ver el interior de una cárcel. Así que tu inclinación es negar, negar, negar hasta el final. No hay ningún incentivo para que uno sea sincero y diga: «Realmente lo hice. Sí, violé a esta persona. La agredí sexualmente. La acosé. Yo abusé de ellos». Estamos en este modelo adversario en el que tú no lo admites y la persona que está siendo juzgada es la sobreviviente, para probar que tú realmente lo hiciste. Así que entiendo, dentro de eso, por qué la gente siente que tiene que susurrar y por qué los supervivientes tienen que asumir el peso de averiguar realmente cómo llevar a alguien a que asuma la responsabilidad por sus actos. La estructura de incentivos está establecida de esta manera.

Jaffe: *Y, por supuesto, no todas las personas supervivientes son mujeres.*

Kaba: Exactamente. Este es, para mí, el trabajo que tenemos que hacer. Tenemos que hacer que los miembros de la comunidad entiendan cómo es el daño sexual, cómo se siente, por qué es inaceptable. Tenemos que hacer que la violencia sea impensable en nuestra cultura. Tenemos que hacer que la violencia interpersonal sea impensable. Ese es el punto desde el que tenemos que trabajar si realmente queremos transformar esto en algo en lo que no sean los supervivientes o las víctimas quienes tengan que llevar la carga todo el tiempo.

Hassan: Quiero añadir una cosa: la historia de dónde vienen esas listas. Este tipo de listas se iniciaron con las personas que trabajaban en el comercio del sexo, en particular las mujeres transgénero de color, que empezaron a crear hojas de malas citas. Eran hojas informales, literalmente, que se escribían y se pasaban por la comunidad. Las fotocopiábamos, las copiábamos y las repartíamos con las descripciones físicas de las personas. El resto del mundo considera a la gente del comercio sexual como completamente desechable, pero nosotres tomamos prestadas sus herramientas todo el tiempo cuando nos sentimos desechables.

Quiero asegurarme de que reconocemos la historia y el legado de las herramientas que se utilizan, cómo se utilizan y por qué se han venido utilizando antes de decir que no funcionan o que no son importantes. Porque lo siguiente tiene que surgir de esto. ¿Qué es lo próximo que vamos a hacer con esas listas? Pasamos de la pared del baño a Facebook. Pasamos de fotocopiar la hoja con las descripciones a pasarla por internet. Tenemos el poder y la capacidad de pensar en «¿qué será lo siguiente?», pero aún no lo hemos hecho. En parte, se debe a que no somos solidarios entre nosotres, y no reconocemos que el espectro de la violencia sexual es algo que nos ocurre a todes nosotres. Vivimos en la cultura de la violación y todo esto nos va a seguir ocurriendo hasta que podamos resolver colectivamente lo que estamos haciendo aquí.

Kaba: Como mencionó Shira al principio, ¿quiénes son los supervivientes a los que realmente estamos ayudando? ¿Quiénes son las personas? ¿Qué es la violencia sexual? Cuando metemos a la gente en las prisiones y en las cárceles, con frecuencia los estamos condenando a la violación judicial porque sabemos que van a ser agredidos cuando entren. Sin embargo, seguimos poniendo a la gente en ese entorno para que sea agredida. ¿Cómo vas a ser un defensor u organizador contra la violación y seguir presionando para que la gente sea puesta en fábricas de violación?

Tenemos que complicar esta conversación en torno a la violencia sexual y ver todas las formas distintas en que se utiliza como una forma de control social, en todos los ámbitos, con muchas personas diferentes de todos los géneros, todas las razas y todas las distintas ubicaciones sociales. Si entendemos el problema de esa manera, tenemos más posibilidades de desarraigar todas las condiciones que conducen a esto y de abordar todas las formas en que la violencia sexual refuerza otras formas de violencia. Nuestro trabajo durante un par de décadas se ha dedicado a complicar las narrativas que son demasiado fáciles, estas narrativas realmente simples en torno a víctimas perfectas que son agredidas por monstruos malvados, y ese es el final de la historia. La conversación sobre «matar a toda la gente violadora», que simplemente aplana lo que realmente es la violencia sexual, que no tiene en cuenta el espectro de la violencia sexual, minimiza las experiencias de ciertas personas y hace que las experiencias de otras personas sean más válidas. Quiero insistir en mi preocupación por la narrativa de la víctima perfecta, pero también desafiar la suposición de que todes nosotres tenemos la misma experiencia porque hemos sido violados, y que todes pensamos de la misma manera sobre cómo abordarlo, y que para todes nosotres ser un sobreviviente de violación se convierte en tu identidad. Hemos sido violados. Nos ha pasado algo malo. Intentamos abordarlo, pero no asumimos la de superviviente como una identidad totalizadora para todo lo que hacemos en nuestras vidas y eso importa. Quiero que haya más conversaciones de este tipo en público, pero de alguna manera no podemos tenerlas. No podemos tener conversaciones complicadas sobre la violencia sexual porque entonces acusan a las personas de hacer apologías de la violación, o acusan a las personas de mimar a quienes violan. Eso es muy, muy limitante. Significa que, en última instancia, no vamos a ser capaces de desarraigar y resolver realmente el problema.

Hassan: No sé lo que va a pasar con el Sr. Weinstein, pero sé que tiene suficiente dinero para hacer que lo que quiere que pase sea una posibilidad. Las consecuencias que le van a ocurrir, puede que nunca estén a la altura del daño que ha creado. Sin embargo, vemos cómo se producen daños a gran escala para personas que, en última instancia, pueden querer rendir cuentas. La violencia sexual tiene muchos matices y el sistema que tenemos no los tiene. La prisión no es feminista. Este es uno de los famosos puntos de Mariame. La prisión no es feminista, porque recrea la misma violencia sexual y el mismo miedo, los mismos tipos de opresión. Es el alfiler en la cabeza del sistema racista y sexista en el que vivimos.

Sin embargo, eso no significa que no haya consecuencias. Significa consecuencias reales. Consecuencias que realmente importan. Significa transformar las condiciones originales causantes para que esto haya sucedido. Es muy importante que la gente piense en la diferencia entre castigo y consecuencias. El castigo no es lo mismo que la transformación. Aunque se sienta bien llevar la camiseta de «maten a los violadores», eso no es lo que realmente va a conseguir el mundo en el que queremos vivir.

Kaba: También quiero hablar un poco sobre lo que es esperanzador de lo que está sucediendo actualmente en el mundo acerca de estos temas. Shira y yo acabamos de pasar tres días y medio en Chicago con cincuenta personas de todo el país, impartiendo cursos y facilitando el diálogo sobre la forma de rendir cuentas en la comunidad para abordar los daños sexuales y la violencia interpersonal. Estas personas vinieron de todo el país y dedicaron mucho tiempo de su día, porque entendemos que este es un momento oportuno para algo distinto. Mucha gente está hablando ahora, y hay mucha más conciencia sobre el hecho de que el complejo industrial carcelario ha descuartizado a las comunidades y a las personas, devastando a la gente. Sin embargo, la gente no se siente más protegida. La gente no tiene la sensación de que la violencia se haya «frenado» de ninguna manera.

Tenemos que desarrollar nuestra capacidad para poder hacer preguntas como: ¿Qué significa realmente centrar el proceso de justicia en un superviviente que ha sufrido daños? ¿Qué significa apoyar realmente a las personas que han causado daños? ¿Qué significa asumir la responsabilidad de decir: «En nuestra comunidad nos negamos a consentir que esto ocurra»? Una de las cosas más importantes es que el daño causa heridas que necesitan ser sanadas. Eso es lo que mucha gente busca: una forma de empezar a sanar. ¿Cómo vamos a crear espacios en nuestras comunidades que permitan a la gente una verdadera oportunidad de sanar?

De nuevo, esto no se logrará necesariamente a través de la confesión obligatoria de forma pública. Pero ¿cómo sostenemos que las personas que han sido lastimadas merecen una oportunidad para que ese daño sea abordado de manera real? Con frecuencia, eso es todo lo que la gente quiere, un reconocimiento real de que: «Me han hecho daño. Alguien lo hizo. Quiero que sepan que lo han hecho. Quiero ver que tienen algún remordimiento por haberlo hecho, y quiero que inicien un proceso por el que se aseguren a sí mismos, al menos, y sean responsables ante su comunidad, de no volver a hacerlo. Eso es lo que intento conseguir como superviviente». Creo que hay esperanza en eso.

Las mujeres negras castigadas por actuar en defensa propia deben ser liberadas de sus jaulas

The Guardian, enero del 2019

Tras cinco años de sobrevivir violencia sexual, Celia, una mujer esclavizada de diecinueve años, mató a su esclavizador, Robert Newsom el 23 de junio del 1855 en Missouri. Newsom era un viudo de sesenta años que había comprado a Celia cuando esta tenía catorce años. El día que la compró, la violó camino a su finca. El control sexual de las mujeres esclavizadas por parte de sus propietarios blancos fue fundamental para la perdurabilidad de la esclavitud. Dichos propietarios dependieron del abuso sexual y de otras formas de brutalidad rutinarias.

Ya para la fecha cuando ella asesinó a Newsom, Celia había tenido dos de sus hijos y estaba embarazada de un tercero. Ella había iniciado una relación con George, uno de los hombres esclavizados por Newsom. George le insistió que, si ellos iban a continuar con su relación, Celia debería terminar su «relación» sexual con Newsom.

Celia les hizo un acercamiento a las hijas de Newsom, rogándoles que le pidieran a su padre que pusiera fin a las agresiones sexuales. Sin embargo, nadie pudo protegerla. Por lo tanto, esta enfrentó a Newsom cuando este quería obligarla a tener otro encuentro sexual no deseado. Ella lo apaleó hasta matarlo y luego quemó su cuerpo en su chimenea.

Los abogados que el tribunal le designó sugirieron que una ley de Missouri que permitía que una mujer usara la fuerza letal para defenderse de avances sexuales, fuera extendida tanto a las mujeres esclavizadas como a las libres. A pesar de su rotunda defensa, el tribunal no estuvo de acuerdo. Este determinó que Celia era propiedad y no una persona. No obstante, si bien Celia no era considerada una persona bajo la ley y, por lo tanto, no podía ser violada, sí tenía suficiente agencia para ser juzgada como una asesina y castigada por su acto de resistencia. Ella fue declarada culpable de asesinato y sentenciada a muerte en la horca. Celia fue ahorcada el 21 de diciembre del 1855, luego de que no procediera una apelación de su caso.

En este país, las mujeres negras siempre han sido vulnerables a la violencia y por mucho tiempo han sido juzgadas por «no tener a un yo que defender», un término que concebí y que di por título a una antología sobre el tema. Allá para fines del siglo XIX, unas décadas después del ahorcamiento de Celia, Ida B. Wells comenzó sus campañas en contra de los linchamientos y las violaciones. Ella estaba decidida a exponer públicamente los mitos de que los hombres negros eran violadores y que las mujeres negras no podían ser violadas. Wells insistió que las mujeres negras tenían derecho a la protección estatal, y al recurso de la autodefensa, como un derecho de ciudadanía. En el 2018, este derecho aún resulta esquivo.

¿Qué ha cambiado desde la época de Celia? Pregúntenle a Marissa Alexander. A fines de enero del 2017, Alexander fue liberada de los grilletes de su monitor de tobillo tras pasar dos años de arresto domiciliario y tres de encarcelamiento. Su libertad fue asegurada a través de una buena abogacía y una movilización de campaña nacional participativa de defensa legal. La tortuosa travesía de Alexander a través del sistema de castigo penal comenzó en el 2010, cuando fue confrontada en su casa por su exesposo, de quien estaba separada. Esto ocurrió un poco después de haber dado a luz a su tercera criatura, una niña, nueve días antes. Alexander usó un arma para la que poseía licencia y disparó un solo tiro de advertencia al aire para alejar a su esposo abusivo, quien admitió en una declaración posterior haber abusado de todas las mujeres con las que había estado (exceptuando a una).

Por esto y tras una deliberación de doce minutos, un jurado la encontró culpable de asalto agravado con un arma mortal. Fue precisamente el cargo de arma mortal que los fiscales luego usaron para recomendar que Marissa fuera condenada obligatoriamente a una sentencia mínima de 20 años, bajo la ley de Florida de 10-20-a-cadena-perpetua. El juez, que previamente había dictaminado que Marissa no era elegible para apelar la defensa de la Ley de Legítima Defensa [*Stand Your Ground*] porque no parecía tener miedo, dijo que tenía sus manos atadas por la ley y ratificó la sentencia de 20 años.

Las leyes de autodefensa se interpretan con generosidad, cuando se aplican a los hombres blancos que se sienten amenazados por los hombres de color. No obstante, estas se aplican de una forma muy restringida, en especial, cuando se trata de mujeres y de personas no conformes con el género que intentan protegerse en los casos de violencia en el hogar y de agresión sexual. Las mujeres negras han sido excluidas de las definiciones de feminidad, sexualidad y belleza «respetables» o «adecuadas», lo que influye en cómo se perciben sus derechos a la autonomía corporal y su agencia.

En el 2017, había 219,000 mujeres en prisiones y cárceles de EE. UU., la mayoría de ellas pobres y de color. Según el Proyecto de Imposición de Sentencia [*Sentencing Project*], en el 2014 las mujeres negras no hispanas tenían una tasa de encarcelamiento que sobrepasaba el doble que el de las mujeres blancas no hispanas.

La socióloga Beth Richie ha sugerido que un punto clave para responder a las mujeres envueltas en problemas con la ley, es comprender su condición como víctimas de delitos. Muchos estudios han indicado que entre el 71 y el 95 por ciento de las mujeres encarceladas han sufrido violencia física por parte de su pareja. Asimismo, muchas han experimentado múltiples formas de abuso físico y sexual durante su niñez y adultez. Esta realidad se ha denominado como el conducto del abuso hacia la prisión.

Estas cifras son altas porque las personas que sobreviven son castigadas sistemáticamente por tomar medidas para protegerse a sí y a sus hijos mientras se encuentran viviendo bajo condiciones inestables y peligrosas. La gente sobreviviente es criminalizada por actos de defensa propia, por no poder controlar la violencia de sus abusadores, por migrar, por remover a sus hijos de situaciones de abuso, por realizar actividades criminalizadas de forma obligada y por asegurar los recursos necesarios para poder vivir día tras día, mientras que sufren abuso económico.

Hace tres años, cofundé una organización llamada Sobreviviendo y Recibiendo Castigo [*Survived & Punished (S&P)*]. Nuestro trabajo se enfoca en liberar a las personas sobrevivientes criminalizadas por la violencia de género. Hay demasiadas mujeres y personas no conformes con el género encarceladas por defenderse de sus abusadores, y exigimos que los gobernadores Jerry Brown y Andrew Cuomo usen sus poderes de clemencia para liberar a esta gente sobreviviente de sus jaulas. Como sugiere la Dra. Alisa Bierria, cofundadora de S&P: «Nuestras estrategias políticas deben reconocer que la violencia de género racializada y la violencia estatal no son situaciones aisladas ni opuestas, sino integradas la una con la otra». Hemos decidido asegurarnos de que más personas entiendan estas conexiones.

El 6 de diciembre, la Corte Suprema de Tennessee emitió su decisión declarando que Cyntoia Brown —quien a los dieciséis años fue sentenciada a cadena perpetua por matar a un hombre en defensa propia que la había recogido para tener relaciones sexuales— debe cumplir al menos cincuenta y un años de su sentencia antes de convertirse elegible para libertad condicional. Cuando su caso regresó al ojo público, las personas en EE. UU. se indignaron una vez más y algunas se han movilizado para exigirle al gobernador Bill Haslam que conmute su sentencia antes de que deje su cargo, el 19 de enero del 2019. Se dice que el gobernador está considerando la clemencia en su caso, que, desafortunadamente, no es excepcional. Existen miles de Cyntoia Brown injustamente encerradas en jaulas a través de todos los estados. Tenemos que abordar los problemas sistémicos y culturales que contribuyen a la criminalización de la supervivencia mientras trabajamos para #Liberar a Cyntoia Brown y al resto que se encuentra tras las rejas en el presente. Hace ciento sesenta y cinco años, Celia fue asesinada por defender su autonomía corporal. Cyntoia Brown no debería morir en la prisión por hacer lo mismo.[*]

---

[*] Tras años de resistencia por parte de Cyntoia Brown y de organizaciones, activistas y celebridades que exigían su liberación, el 7 de enero del 2019, el gobernador de Tennessee le otorgó el indulto total. Cyntoia Brown-Long escribió y publicó su autobiografía a finales del 2019. Consulte: *Liberen a Cyntoia: Mi búsqueda por la redención en el sistema penitenciario estadounidense* [*Free Cyntoia: My Search for Redemption in the American Prison System*], por Cyntoia Brown-Long con Bethany Mauger.

PARTE III

El estado no puede darnos justicia transformativa

Independientemente de que
Darren Wilson sea o no acusado,
todo el sistema es culpable

In These Times, noviembre del 2014

Toda la gente que conozco anda nerviosa. ¿Acaso un gran jurado en St. Louis acusará o no lo hará?

Por un lado, ¿cómo reaccionarán los residentes de Ferguson si (como muchos esperan) el gran jurado recomienda no acusar formalmente a Darren Wilson, el oficial que mató a Mike Brown?

¿Cuál será la respuesta de la policía de St. Louis y de Ferguson?

Las fotos de los MRAP (Vehículos policiales resistentes a las minas y protegidos de las emboscadas) y de los negocios protegidos por tablones proliferan en las redes sociales. Los artículos sugieren que recientemente, la policía de St. Louis ha almacenado equipo antidisturbios y armas de calibre militar. Es la guerra, pero esto no es nada nuevo. Todo el mundo se mantiene en la espera.

Por otro lado, ¿qué nos depara si el gran jurado decide que Wilson debe ser juzgado? Hay tanta energía psíquica, emocional y espiritual concentrada en la espera de una acusación exitosa. Imagino los suspiros de alivio. Y anticipo las innumerables publicaciones en las redes sociales gritando: «¡Justicia!» Imagino que muchos manifestantes exhaustos decidirán que su trabajo ya ha culminado. Temo un retorno a nuestro seductivo periodo de inactividad y de indiferencia.

No me interesa que acusen a Darren Wilson, aunque comprendo la importancia (simbólica) para mucha gente, especialmente para la familia y las amistades de Mike Brown. Vincent Warren, del Centro para los Derechos Constitucionales [*Center for Constitutional Rights*], pienso que, habla por muchos de nosotres cuando escribe:

> Sin la rendición de cuentas, no puede haber cumplimiento de la ley. Si Wilson no es acusado, o es imputado, el mensaje que se envía es que estamos en temporada abierta en contra de las personas de color. Que St. Louis ha declarado que Darren Wilson no es un criminal, pero que las personas que viven bajo los dedos pulgares de los Darren Wilson de este país lo son. Esto le dejaría claro al grito de «Las vidas negras importan» que no, que, de hecho, no importan.

Comprendo el sentimiento que expresa Warren. No obstante, no creo que una acusación en contra de Wilson sea evidencia de que las vidas de los negros realmente le importen, sino a nadie más que a la gente negra misma. Tampoco creo que su acusación signifique que ya no sea temporada abierta en contra de las personas de color de este país. Si vamos a tomarnos en serio que la vigilancia policial opresiva no es un problema aislado de algunas «manzanas podridas», entonces proseguirá el hecho de que una sola acusación va a tener poco o ningún impacto cuando se trata de poner fin a la violencia policial.

Mientras escribo, puedo sentir la impaciencia y la frustración de alguna gente que leerá estas palabras.

Se siente como una blasfemia sugerir que uno está desvinculado del resultado de las deliberaciones del gran jurado. Habrá quienes preguntarán: «¿Acaso no te importa la rendición de cuentas por los daños causados?» Otras personas acusarán: «¿Y qué de la justicia?» Mi respuesta es siempre la misma: no estoy en contra de acusar a policías asesinos. Solo sé que las acusaciones ni terminarán, ni podrán acabar con la vigilancia policial opresiva que tiene sus raíces en la anti negritud, el control social y la contención. La vigilancia es un derivado de una injusticia social más amplia. Es imposible que exista una vigilancia no opresiva en una sociedad que es en principios, opresiva e injusta. Lo cierto es que, como escribieron los autores de *La lucha por la justicia* [*Struggle for Justice*] en el 1971, «sin un cambio radical en nuestros valores y sin una reestructuración drástica de nuestras instituciones sociales y económicas», sólo podemos lograr reformas modestas del sistema de castigo penal (incluyendo la vigilancia).

El patrón que emerge luego de los asesinatos cometidos por la policía es demasiado familiar. La persona X recibe un disparo y muere. La persona X suele ser negra (o, con menos frecuencia, morena). (A veces) los miembros de la comunidad se lanzan a las calles para protestar. (A veces) son brutalmente reprimidos. La prensa pide investigaciones. Los defensores piden reformas, sugiriendo que las prácticas y los sistemas actuales están «rotos» y/o son injustos. De inmediato surge una reacción violenta (racista) por parte de la gente que apoya a la policía. Un grupo muy pequeño de personas susurra que esencialmente, la naturaleza de la vigilancia es opresiva y que no es susceptible a ninguna reforma, por lo tanto, sólo la abolición es realista. Estas personas son consideradas herejes por la mayoría. De una forma u otra, llevo años siendo parte de este ciclo.

Sabiendo todo esto, ¿qué podemos y debemos hacer para poner fin a la vigilancia policial opresiva? Tenemos que tomar varias acciones a corto, medio y largo plazo. Tenemos que actuar a nivel individual, comunitario, institucional y social. Por mi parte, doy comienzo al nunca llamar a la policía. Espero que más personas puedan unirse a esta práctica. Esto requiere que vayamos más allá del límite de nuestra imaginación para dejar de depender de la policía. Y se requiere práctica para hacerlo. Por ende, necesitamos educación popular dentro de nuestras comunidades que discutan alternativas distintas a la vigilancia policial.

Me opongo de forma abierta y activa a cualquier llamado que solicite una mayor presencia policial como respuesta al daño en mi comunidad y en mi ciudad. Durante el momento de los presupuestos, presto atención a cuánto dinero se asigna para los cuerpos policiales. Presiono a mis funcionarios locales electos para que se opongan a cualquier aumento en el presupuesto del departamento de policía y, a que, en cambio, aboguen por su *disminución*. Apoyo las campañas de reparación para las víctimas de tortura y de violencia policial. Apoyo a los concejales y a los miembros civiles electos de las juntas de rendición de cuentas de la policía (a sabiendas de que solo son soluciones a corto plazo). Creo que necesitamos organizaciones de base en cada pueblo y ciudad que documenten y divulguen los casos de las personas que han sido impactadas por la violencia policial. Estas organizaciones deberían usar todas las formas posibles de nivelar el poder en su búsqueda por la reparación para las víctimas y sus familias.

Enumero estas acciones comprendiendo que juntas no son suficientes para poner fin a la vigilancia policial opresiva. Sin duda alguna, disminuirán el daño, pero recordemos que la única forma que la sociedad tiene la posibilidad de una transformación radical es construyendo poder entre los más marginados. Esta es una búsqueda interminable de justicia. Esta no es una meta sino una lucha. Sólo los movimientos pueden generar poder. Necesitamos un movimiento por la justicia transformativa.

Para la gente joven que ha ocupado las calles de todo el país y que en este momento está pidiendo por algo de «justicia», espero que no se involucren demasiado en la decisión de la acusación de Ferguson. No dejen que una no acusación pulverice sus espíritus y les robe su esperanza. La esperanza es una disciplina. Y, honestamente, las acciones que han tomado y que están tomando, siguen inspirando a muchísimos a diario.

Por otro lado, la decisión de acusar a Darren Wilson no es una victoria para la justicia ni un medio para obtenerla. Como mencioné, una acusación no acabará con la violencia policial ni evitará la muerte de otro Mike Brown o Rekia Boyd o Dominique Franklin. Debemos organizarnos junto con los que se ven más afectados por la opresión, al mismo tiempo que también abrimos espacio para quienes quieran unirse a la lucha como camaradas. Como solía decir Kwame Ture: «Nos necesitamos mutuamente. Tenemos que contar los unos con los otros para nuestra supervivencia». Tome este consejo seriamente. Deberíamos aprovechar la ocasión del anuncio de esta acusación para reunirnos y seguir construyendo el poder, juntos. Es así como venceremos.

La condena de Larry Nassar no fue «justicia transformativa». He aquí el por qué

con Kelly Hayes

The Appeal, febrero del 2018

Para quienes creemos que nuestro sistema de «justicia» debe ser transformado, momentos como este son pruebas de nuestra convicción.

El 24 de enero de 2018, Larry Gerard Nassar, ex médico de la selección nacional de gimnasia de EE. UU., recibió una condena de 40 a 175 años de prisión por la agresión sexual en contra de menores. Luego de una semana de declaraciones intensas y conmovedoras por parte de las víctimas de Nassar, la sentencia fue pronunciada con palabras mordaces de la jueza Rosemarie Aquilina. Aquilina señaló que, si la Constitución no prohibiera los castigos crueles e inusuales, ella lo hubiera sentenciado a ser víctima de violencia sexual. Ella selló la disputa con una sentencia de prisión de la que este no podrá sobrevivir, expresando, ante una gran ovación pública: «Acabo de firmar su sentencia de muerte».

En medio de la agitación cultural actual de nuestra sociedad en torno a la violencia sexual, Aquilina llegó hasta lo más profundo de muchos sobrevivientes que desean y necesitan creer que la justicia bajo este sistema es posible. Aquilina ha sido recompensada con el estatus de ícono instantáneo al dejar que los sobrevivientes se expresen y al dirigir un lenguaje violento y vengativo a un acusado ampliamente odiado.

Según los informes y como era de esperarse, ella también está considerando postularse para un puesto en la Corte Suprema de Michigan.

El caso generó numerosos artículos de opinión, incluyendo una alabanza errada y engañosa, publicada en el *Atlántico* [*Atlantic*] titulada: *La justicia transformativa de la juez Aquilina* [*The Transformative Justice of Judge Aquilina*], por Sophie Gilbert.

El artículo de Gilbert destaca cómo este momento desafía a quienes están comprometidos con la transformación de nuestro sistema penitenciario—incluyéndonos a quienes estamos comprometidos con la justicia para los sobrevivientes de agresión sexual pero que también creemos que las prisiones son la respuesta equivocada a la violencia y deben ser abolidas. Denunciamos el sistema y abogamos por un cambio que se debió haber hecho desde hace mucho tiempo. Y, sin embargo, cuando ese sistema atrapa a gente que detestamos, podríamos sentir una sensación de satisfacción. Cuando vemos a la gente acusada como símbolo de lo que más tememos y despreciamos, nos enfrentamos a una verdadera prueba de nuestra creencia de que no se puede hacer justicia bajo este sistema.

Sin embargo, como todas las pruebas de fe, este momento nos llama a volver a comprometernos con la verdadera justicia transformativa. Y para hacer esto, debemos seguir recordándonos lo que es la justicia transformativa y por qué no se parece en nada a la muerte civil que Aquilina dictaminó el mes pasado.

La justicia transformadora no es una frase bonita que se le otorga a un procedimiento judicial que produce un resultado que nos guste. Es un proceso comunitario desarrollado por activistas de color que trabajan en contra de la violencia, y en particular, que quieren crear respuestas a la violencia para hacer lo que los sistemas de castigo penal no logran: generar apoyo y más seguridad para la persona perjudicada; averiguar cómo es que se desarrolló el complejo contexto de la situación que permitió que sucediera el daño; y cómo este contexto puede ser transformado para que sea menos probable que el daño vuelva a suceder. Es un trabajo difícil, que requiere mucho tiempo, y que lleva realizándose por organizaciones como Generación 5 [*Generation 5*], Intervenciones Creativas [*Creative Interventions*] y El Colectivo de Justicia Transformadora del Área de la Bahía [*Bay Area Transformative Justice Collective*]. No se basa en la justicia punitiva y, de hecho, requiere que desafiemos nuestros impulsos por el castigo, a la vez que damos prioridad a la sanación, la reparación y la rendición de cuentas.

Una justicia verdaderamente transformativa significaría que, si un sobreviviente decidiera compartir y contar la historia de su daño que ocurrió hace años, se le hubiera creído (desde la primera vez). Inmediatamente nos enfocaríamos en abordar los daños perpetrados, centrándonos en las preocupaciones y las experiencias de la persona que fue lastimada. Luego, también nos centraríamos en la persona responsable de haber cometido el daño, pero sin descuidar su humanidad. Esto significa que tenemos que reconocer la realidad de que a menudo, son las personas lastimadas las que les hacen daño a otras. Si entendemos que el daño tiene su origen en situaciones dominadas por el estrés, la escasez y la opresión, tal vez se podría prevenir la violencia si nos aseguráramos de que las personas tuvieran apoyo para obtener las cosas que necesitan. También debemos crear una cultura que realmente les permita a las personas asumir su responsabilidad por la violencia y el daño cometido. El sistema de castigo penal promete que se rendirán cuentas por un acto de violencia que se ha cometido, pero sabemos que en realidad es una forma de violencia dirigida contra las personas pobres, las personas con discapacidades y las personas de color; este no reduce la violencia en nuestra sociedad.

Si la persona responsable por infligir daño se encontraba lidiando con una enfermedad mental, una verdadera rendición de cuentas nos llamaría a responder al daño, proporcionando un tratamiento de alta calidad. Si la violencia surgió a raíz de la pobreza y la desesperación, entonces se deben crear condiciones de supervivencia que puedan evitar daños futuros. Si la violencia se originó debido a que se había pasado por alto la misoginia o el sexismo previamente aprendido en la familia o dentro de un contexto cultural, es más probable que un proceso comunitario que invite a la persona responsable del acto a examinar su conducta resulte en algo positivo. Sabemos que el encarcelamiento solo aumenta las probabilidades a que se experimente más violencia.

Finalmente, en un modelo de justicia verdaderamente transformador, no se permitiría que los daños fueran solapados por la gente o por las instituciones poderosas. Insistiríamos en centrarnos no solo en los individuos, sino también en las instituciones y estructuras que perpetúan, fomentan y sostienen la violencia interpersonal. En el caso de Nassar, esto hubiera incluido a los administradores de la Universidad

Estatal de Michigan y de Gimnasia Estadounidense, quienes ignoraron las divulgaciones iniciales de agresión sexual, y que no tomaron medidas para detener su violento comportamiento. El fallo de la juez Aquilina no cumplió con ninguno de estos objetivos.

Pero, alguna gente afirma, que aun cuando el sistema de por sí es injusto, a veces puede darnos justicia, y debemos reconocerla cuando llega. Seamos claros: nuestro sistema de castigo, que se basa en el genocidio y la esclavitud, y que ha seguido reproduciendo las funciones y los temas de esas atrocidades, nunca podrá ser justo. Las prisiones son una iteración del racismo estructural en EE. UU., que permite que alguna gente sea tratada de forma deshumanizada y lógicamente, sujeta a todo tipo de explotación, tortura y abuso. Este es el legado de la anti negritud estadounidense. Incluso cuando el sistema atrapa a una persona que no es negra, el complejo industrial carcelario sigue siendo un aparato estructuralmente anti negro, arraigado de forma firme en la continua dependencia de EE. UU. de la explotación financiera y el control social de la gente negra. Esto es evidente en las disparidades persistentes que existen en todos los niveles del sistema jurídico penal, desde el arresto hasta el encarcelamiento.

Incluso si creemos firmemente que la sentencia de Nassar es injusta, podemos preguntarnos: ¿Deberíamos permanecer sentados mientras el público ovaciona la sentencia de Nassar? ¿Quién quiere ser considerado defensor de un violador en serie? Después de todo, la realidad es que la mayoría de las personas que violan nunca enfrentarán juicio, y mucho menos serán condenadas y sentenciadas a prisión. Así que nos preguntamos si deberíamos permanecer callados y dejar que el sistema «funcione» en esta ocasión, mediante la imposición de una sentencia draconiana.

Pero, quizás, ante todo, podríamos temerles a las preguntas que nos harán si nos oponemos a la sentencia de Nassar. ¿Qué diremos cuando las personas que ya de por sí son hostiles a la justicia transformativa exijan agresivamente una «solución» para abordar las abominables acciones violentas de Nassar? Habrá quienes dirán en tono burlón, «¿Cuál es su alternativa a la pena de muerte para alguien que comete unos actos tan atroces como los de Nassar?»; como si la responsabilidad de crear una sociedad más segura solo recayera sobre los hombros de individuos en lugar de ser un proyecto colectivo que se delibera conjuntamente en comunidad. Uno podría estar tentado a hacerse el desentendido y decir: «¿Sabes qué? Más vale diablo conocido que diablo por conocer». En otras palabras, seguiremos atrapados en un ineficaz sistema penitenciario como remedio cuando, por ejemplo, se perpetre la violencia sexual. En nuestra opinión, esto no es viable. Debemos apartarnos de la multitud que favorece la aprobación de las «sentencias de muerte». Ahora, más que nunca, debemos hacer un llamado a las personas para encaminarnos hacia una nueva visión de la justicia.

Claro está, nuestra visión es incompleta. No existe un manual para la justicia, porque bajo este sistema nunca la hemos visto. Pero el sistema actual ha sido delineado minuciosamente y ya ha fallado. Si bien tenemos temores sobre lo que significa caminar entre «personas peligrosas», sabemos que en realidad esas personas nunca han dejado de hacerlo. Y sabemos que el propósito del sistema carcelario nunca ha sido distanciar a los «buenos» de los «malos».

También debemos reconocer que simplemente no sabemos, y no podemos saber, cómo podría ser la ocurrencia, prevención o resolución del daño en una sociedad bajo condiciones más justas. Así que mientras se mantengan las estructuras que inculcan la desesperación, algunas personas serán moldeadas por la desesperación. Y mientras perpetuemos la criminalización masiva —una manta de seguridad con toda la esencia del «Traje nuevo del emperador»— no sabremos cómo sería vivir de una forma distinta. Si nuestra rabia y disgusto pueden llevarnos a respaldar la violencia del estado carcelario, ¿cómo podemos llegar a aquellos que son escépticos de nuestro punto de vista?

La justicia transformativa se compone de experimentos creativos y dinámicos que se llevan a cabo a través de todo el mundo. También es un renacimiento de las herramientas que nos fueron arrebatadas por una sociedad que no confiaba en nuestra capacidad para resolver el daño sin brutalidad. Tal y como ha escrito el educador y organizador James Kilgore: «Los tribunales tribales que anteceden a 1824 encarnaban un enfoque restaurativo que difería mucho del sistema punitivo y antagonista de EE. UU.». Dado que la justicia de los pueblos originarios no se consideraba lo suficientemente punitiva y, por ende, incivilizada, el gobierno federal asumió la jurisdicción sobre todas las violaciones de la Ley de Delitos

Mayores [*Major Crimes Act*] en las reservas de los pueblos originarios. Los resultados para la gente de los pueblos originarios han sido devastadores. Las complicadas condiciones de vida en las reservas han facilitado una fácil criminalización de su gente, lo que genera altas tasas de encarcelamiento.

Eso no significa que la esperanza está perdida. Existen esfuerzos como el Círculo de Sanación Holística de la Comunidad de las Primeras Naciones de Hollow Water [*Hollow Water First Nations Community Holistic Healing Circle*], una iniciativa de justicia comunitaria orientada hacia la reconciliación. Esto demuestra que la recuperación es posible. La comunidad de Hollow Water ha desarrollado los métodos para interrumpir los ciclos de abuso y encarcelamiento dentro de la comunidad a través del establecimiento de una práctica de justicia sanadora basada en las enseñanzas Anishinaabe.

Ante la pérdida de tantas infraestructuras de justicia debido a la violencia colonial, no estamos hablando simplemente de la necesidad de desmantelar un sistema más amplio. Nos referimos a un proceso de construcción y creatividad, para todos los pueblos cuyos sistemas de justicia han sido cambiados drásticamente o erradicados por el proyecto político estadounidense. La neutralización de lo que se percibe como una amenaza dentro de un juego interminable de «toma y dame» legal, no es un camino hacia la seguridad. Para crear entornos más seguros, debe haber una transformación de la gente y sus circunstancias. No podemos generar discusión sobre la vigilancia, los procesamientos, los jueces o las prisiones sin antes reconocer que el sistema penitenciario es un mecanismo de muerte social y explotación.

Cuando usted dice: «¿Qué nos haríamos sin las prisiones?» lo que realmente está queriendo decir es: «¿Qué nos haríamos sin la muerte civil, la explotación y la violencia sancionada por el estado?». Es una vieja pregunta y la respuesta sigue siendo la misma: cualquier cosa que sea necesaria para construir una sociedad que no pueda reorganizar continuamente las trampas de la aniquilación y la esclavitud y que siga llamándose a sí, «libre». Para conocer la libertad y la seguridad, y para poder lidiar con nuestros propios miedos, los castigos pasivos deben ser reemplazados por enmiendas activas y la rendición de cuentas. La transformación es posible, pero no será televisada, ni podrá ser facilitada por el número de aprobaciones dadas a la jueza Rosemarie Aquilina.

Queremos más justicia para Breonna Taylor de lo que el sistema que la asesinó nos ofrece en el presente

con Andrea J. Ritchie

Essence, julio del 2020

Los pedidos de arresto de los oficiales que mataron a Breonna Taylor se intensifican a diario: la familia, la comunidad, las celebridades, las redes sociales, las mujeres negras y los aliados de Breonna a través de todo EE. UU. exigen justicia equitativa para nuestra hermana asesinada por la policía. Muchos de estos reclamos apuntan a los arrestos de los oficiales que mataron a George Floyd y a Rayshard Brooks, días y semanas después de sus muertes. No obstante, esto resalta al compararse con el hecho de que tras cien días de haber asesinado a Breonna mientras ésta dormía en su casa, no ha habido ningún arresto. Un oficial, Brett Hankison, fue despedido; los otros dos permanecen ausentes bajo licencia administrativa. Tanto el FBI como un fiscal especial de Kentucky están investigando el asesinato de Breonna y si se pueden presentar cargos contra los oficiales.

Apoyamos plenamente las demandas de responsabilización y de rendición de cuentas por la muerte de Breonna y la búsqueda de justicia por parte de su familia y sus seres queridos. Cuando los agentes del estado actúan de forma violenta contra un individuo y, como en este caso, le quitan la vida de manera cruel y negligente, no cabe duda de que las respuestas colectivas son esenciales y están absolutamente justificadas. Las respuestas colectivas pueden incluir levantamientos, demandas para que los oficiales involucrados sean despedidos y nunca se les permita servir en posiciones de poder, campañas comunitarias para desfinanciar a la policía y pedidos de compensación, sanación y reparaciones para las personas lastimadas o los familiares que les sobrevivieron. Los pedidos de enjuiciamiento y encarcelamiento son solo una de las muchas posibles respuestas colectivas ante una injusticia. Por supuesto, las personas, los familiares y las comunidades, incluidas las de Breonna, tienen el derecho a decidir su propio trayecto hacia la justicia, incluyendo la búsqueda de la justicia en los tribunales y el castigo penal.

Como abolicionistas del complejo industrial carcelario, queremos mucho más de lo que puede ofrecer el sistema que mató a Breonna Taylor, porque el sistema que la asesinó no está diseñado para brindar justicia a su familia y a sus seres queridos. Los hechos demuestran que en raras ocasiones que los oficiales cometen daño, estos son arrestados por los departamentos que los emplean. Sus enjuiciamientos y procesamiento de condenas son aún más improbables.

Mientras que la policía ha asesinado un promedio de 1,000 personas anualmente desde el 2014, solo ha habido 110 procesamientos de policías que le dispararon a las personas, desde el 2005. Hubo condenas en menos de 42 casos, generalmente por cargos menores. Incluso, cuando son declarados culpables, las sentencias de los policías —como la sentencia de dos años impuesta a Johannes Mesherle por matar a Oscar Grant cuando le disparó a quemarropa en la parte posterior de la cabeza en una plataforma del metro mientras él yacía en el suelo; la sentencia de tres años al excomandante policíaco de Chicago Jon Burge, quien torturó a más de 100 personas negras para que ofrecieran confesiones; o la sentencia de siete años que al corriente cumple Jason Van Dyke por el asesinato de Laquan McDonald— rara vez traen satisfacción o sanación a los familiares y a las comunidades lastimadas.

El número de enjuiciamientos de policías no ha aumentado a pesar de los levantamientos constantes y la atención prestada a los casos de violencia policial durante la última década, porque la ley les provee protección en última instancia. Los oficiales que asesinaron a Breonna Taylor alegarán defensa propia porque una persona medio dormida y aturdida lanzó unos disparos en defensa de su hogar y de su prometida, tras este pensar razonablemente que la situación era una invasión de su casa. E, incluso si son arrestados y llevados a juicio, si las experiencias pasadas nos sirven como un indicador, una vez más la ley les proporcionará protección a los policías por haber matado a otra persona negra. Mientras tanto, un sinfín de mujeres negras y personas trans que actúan en defensa propia tras no recibir protección policial se pudren en la prisión. Se les niega el derecho de hacer valer su defensa propia porque nuestro sistema legal considera que no tienen un «yo» legítimo que defender. Esto ocurre a la par que de forma consistente se legitima el uso de la fuerza letal por parte de oficiales que creen que sus vidas han estado «razonablemente» en peligro, sin importar que estas narrativas profundamente arraigadas en la criminalización de la gente negra son poco convincentes.

¿Por qué le estamos pidiendo a la policía que deje de ser la policía una y otra vez? En última instancia, es probable que los llamados a respuestas colectivas basadas en arrestos y enjuiciamientos conduzcan a callejones sin salida y decepciones profundas. Inclusive si se tiene éxito, el arresto, la condena y la sentencia de algunos policías representan una excepción a la regla: la regla es la impunidad. El centrarse en los arrestos deja intacto a todo el sistema. Como dice el cántico popular, «Acuse, condene, envíe a los policías asesinos a la cárcel, *todo el maldito sistema es culpable*». La respuesta a por qué es poco probable que los llamados a los arrestos y los procesamientos rindan frutos, o que generen un cambio fundamental que prevenga futuros asesinatos, reside en la segunda mitad del cántico. Este destaca la falla fundamental en la demanda, expuesta en la primera mitad. Queremos dirigir nuestras energías hacia estrategias colectivas que tengan más probabilidades de tener éxito en la obtención de la sanación y la transformación y en la prevención de daños futuros. Las familias y las comunidades merecen mucho más que las angustias que una y otra vez les da el sistema cada vez que este niega asumir su responsabilidad.

Más allá de las evaluaciones estratégicas de lo que es más probable que brinde justicia, en última instancia, debemos elegir apoyar respuestas colectivas que se alineen con nuestros valores. Las demandas de los arrestos y enjuiciamientos de policías asesinos son inconsistentes con las demandas de *#Desfinancien la policía* [*#DefundPolice*] porque han demostrado ser fuentes de violencia y no de seguridad. No podemos afirmar que el sistema debe ser desmantelado porque es un peligro para las vidas de la gente negra y al mismo tiempo hacerlo legítimo cuando recurrimos a este en búsqueda de justicia. Como señala Angela Y. Davis, «tenemos que ser consistentes» en nuestro análisis y no responder a la violencia de una manera que la agrave. Necesitamos ir más allá del sistema que estamos trabajando para desmantelar y usar nuestra imaginación radical para idear nuevas estructuras de rendición de cuentas.

Esta no es una postura popular ni una fácil de tomar. Es muy, muy difícil. Las personas que han sido o que han visto a sus seres queridos arrestados, procesados, encarcelados y asesinados por la más mínima infracción, o por ninguna, quieren que el sistema actúe de manera justa cuando se arresta, procesa y encarcela a quienes nos lastiman y matan. Las personas a las que se les ha negado consistentemente la protección bajo la ley desean de forma desesperada que esta cumpla con sus promesas. Hay formas de respaldar a las familias que piden arrestos sin la legitimación del sistema, tales como satisfaciendo sus necesidades materiales, brindando seguridad a las familias y las comunidades y trabajando para despojar de poder a la policía.

El apartarse de los sistemas de vigilancia y castigo no significa que nos alejemos de la rendición de cuentas por nuestros actos. Simplemente significa que dejamos de establecer el valor de una vida basado en la cantidad de tiempo que otra pasa en una jaula por violar o tomar la de otra. Y aún más, cuando consistentemente el sistema de castigo penal ha dejado claro qué vidas valorará y qué vidas enjaulará.

Queremos invitar a una concepción más amplia y profunda de la justicia para Breonna Taylor y otros sobrevivientes y familiares lastimados por la violencia policial. Una basada en las reparaciones e inspirada en la reciente lucha exitosa en Chicago que reclamaba reparaciones para los sobrevivientes y las familias de los que fueron torturados por el ex comandante de la policía de Chicago, Jon Burge. El marco de las reparaciones resume cinco elementos: reparación, restauración, reconocimiento, cesación y la no repetición.

Bajo este marco, no hay duda de que la familia de Breonna tiene derecho a un proceso de rendición de cuentas. Esto incluye el despido inmediato de los oficiales involucrados en su asesinato y la prohibición de cualquier puesto futuro que les permita portar un arma u ocupar un puesto de poder en el que puedan cometer abusos como lo hicieron en el caso de Breonna. También tienen derecho a un proceso a través del cual los oficiales deben escuchar y rendir cuentas por su dolor, conocer el valor pleno de la vida que arrebataron y hacer reparaciones para nuestra satisfacción colectiva. La familia de Breonna tiene derecho a la reparación: a que reciban compensación por su dolor y sufrimiento, sin la necesidad de tener que pasar por largos litigios durante los cuales se atacará la reputación, la historia, las asociaciones y el carácter de su ser querido; sin tener que mirar una y otra vez los informes del incidente que establecen que nadie resultó herido cuando su hija y hermana se desangró en su cama bajo una ráfaga de balas; y sin tener que pagar costos exorbitantes de litigio ni sufrir más durante el proceso. También tienen derecho a los servicios de restauración y sanación.

Bajo un marco de reparaciones, la familia de Breonna, y todes nosotres, también tenemos derecho a más que una respuesta individualizada a lo que es un problema sistémico. Tenemos derecho al cese inmediato de las acciones que causaron su muerte: no más órdenes de arresto en las puertas de los hogares de las personas, y para cerciorarnos, no más órdenes de arresto rápido ni allanamientos peligrosos de cualquier índole. Y todes tenemos derecho a la no repetición, a la erradicación de las condiciones que produjeron su muerte, incluyendo el fin de la guerra contra las drogas que la mató y las fuerzas de aburguesamiento que llevaron a la policía a su vecindario. Ya es hora de que utilicemos un acercamiento al uso de drogas que salve vidas en lugar de acabar con ellas en una redada o en una celda. Necesitamos un ajuste de cuentas con las formas en que las políticas económicas están impulsando prácticas policiales mortales.

El Movimiento por las Vidas Negras [*Movement for Black Lives (M4LB)*] presentó recientemente la Ley RESPIRA [*BREATHE Act*], que reconoce firmemente las demandas de la Visión para las Vidas Negras 2020 [*Vision for Black Lives 2020*] y exige reparaciones para los sobrevivientes de la violencia policial—y los familiares de quienes no sobrevivieron y las personas afectadas por la guerra contra las drogas—que ofrecerían mucho más que enjuiciamientos, como sucedió en el caso de Breonna. El kit de herramientas de M4BL Reparaciones, Ahora [*M4BL Reparations Now*] ofrece un entendimiento de cómo se ejecutaron estas demandas en Chicago. También discute cómo encajan en las demandas más amplias de reparaciones por el largo legado de la esclavitud y sus continuos impactos que produjeron no solo la muerte de Breonna sino también la de George Floyd, Tony McDade, Remmie Fells, Breonna Hill, Rayshard Brooks, Elijah McClain, Brayla Stone y muchas más personas.

Recientemente, el ayuntamiento de Louisville anunció una resolución que pide una investigación sobre la administración del alcalde y los eventos que llevaron al asesinato de Breonna, así como las respuestas de la policía a las protestas que demandaban justicia en su caso. Este proceso podría servir como un primer paso hacia un enfoque de justicia más integral y basado en reparaciones para Breonna.

Breonna y todes nosotres, merecemos mucho más de lo que pueden ofrecer los arrestos y los enjuiciamientos de solo algunos agentes por separado. Exigimos una versión audaz y expansiva de la justicia en su nombre.

PARTE IV

Haciendo demandas: Reformas a favor y en contra de la abolición

«Reformas» policiales a las que siempre nos debemos oponer

Truthout, diciembre del 2014

A continuación, se ofrece una guía para evaluar cualquier propuesta de reforma de la policía y vigilancia estadounidense en este momento histórico:

1) ¿Las reformas propuestas destinan más dinero a la policía? Si la respuesta es afirmativa, debería oponerse a ellas.

2) ¿Las reformas propuestas abogan por *más* policía y vigilancia (bajo términos eufemísticos como «patrullaje comunitario» gestionado fuera de los distritos policiales corrientes)? Si la respuesta es afirmativa, debería oponerse a ellas.

3) ¿Las reformas propuestas se centran principalmente en la tecnología? Si la respuesta es afirmativa, debería oponerse a ellas, porque significan más dinero para la policía. Es más probable que dicha tecnología se vuelva contra el público que contra los policías. La violencia policial no acabará con los avances tecnológicos (no importa lo que alguien intente decirle).

4) ¿Las reformas propuestas se centran en diálogos individuales con policías individuales? ¿Y se financiarán estos «diálogos» con dinero de los impuestos? Nunca estoy en contra del diálogo. Es bueno hablar con la gente. Sin embargo, estas conversaciones no deberían financiarse con el dinero de los contribuyentes. Ese dinero se puede gastar de mejor forma en otra parte.

5) Además, la violencia es endémica en la propia policía estadounidense. Hay algunas personas agradables que trabajan en los

departamentos de policía. He conocido a algunas de ellas. Pero los proyectos de diálogo individuales refuerzan la teoría de las «manzanas podridas» de la policía opresora. No se trata de un problema de agentes individualmente terribles; más bien es un problema de un sistema policial corrupto y opresivo basado en el control y manejo de las personas marginadas mientras se protege la propiedad.

¿Qué reformas debería apoyar (en el ínterin), entonces?

1) Propuestas y legislación para ofrecer reparaciones a las víctimas de la violencia policial y a sus familias.

2) Propuestas y legislación para la disminución y reorientación de los fondos policiales y penitenciarios hacia otros bienes sociales.

3) Propuestas y legislación para crear comisiones civiles independientes (elegidas) para la rendición de cuentas de la policía, con poder para investigar, disciplinar y despedir a los agentes y administradores de la policía (*con algunas patentes importantes*).*

4) Propuestas y legislación para desarmar a la policía.

5) Propuestas para simplificar el proceso de disolución de los departamentos de policía existentes.

6) Propuestas y legislación para la transparencia de datos (paradas, detenciones, presupuestos, armas, etc.).

En fin, la única manera de hacer frente a la opresión policial es aboliendo la policía. Por lo tanto, hay que oponerse a todas las «reformas» que se centran en el fortalecimiento de la policía o en la «transformación» de la policía en algo más invisible pero igual de mortífero.

---

* Ver a Beth Richie, Dylan Rodríguez, Mariame Kaba, Melissa Burch, Rachel Herzing y Shana Agid, *Problemas con el control comunitario de la policía y propuestas para otras alternativas* [*Problems with Community Control of Police and Proposals for Alternatives*], Resistencia Crítica, https://bit.ly/CRBProblems.

La historia de las prisiones del pueblo estadounidense

Entrevista por Jeremy Scahill

Intercepted, mayo del 2017

Jeremy Scahill: *Te refieres a ti misma como una abolicionista. ¿Qué quieres decir con eso?*

Mariame Kaba: La abolición, para mí, es un proyecto a largo plazo y una práctica en torno a la creación de las condiciones que permitan el desmantelamiento de las prisiones, la policía y la vigilancia y la creación de nuevas instituciones que realmente funcionen para mantener a las personas protegidas y que no sean fundamentalmente opresivas. Para que esas condiciones se den, hay que estar dispuesto a tener en cuenta los problemas medioambientales, hay que asegurarse de que la gente tenga un salario digno económicamente. Sé que para mí es importante ser anticapitalista.

Scahill: *Para las personas que no tienen un ser querido que haya estado tras las rejas, o que no hayan estado en la cárcel, sólo la ven como un lugar al que van las personas que cometen delitos, ¿puedes establecer un contexto para la gente sobre la institución de la cárcel en EE. UU. y como luce?*

Kaba: La prisión en sí misma es una reforma. Creo que es algo en lo que la mayoría de la gente no piensa. Las prisiones no siempre han existido. Surgieron, sobre todo en EE. UU., porque la gente reaccionaba contra la pena capital y los castigos corporales, que en aquella época eran considerados, sobre todo por los cuáqueros, como increíblemente

81

inhumanos. Al principio, la reforma no pretendía ser algo brutal, pero el aislamiento en sí mismo es realmente brutal. A lo largo de los años, las prisiones han sido espacios donde hemos enviado a la gente que no nos gusta, o a la gente que queremos manejar y controlar socialmente.

Al principio, antes de la Guerra Civil, la mayoría de las personas encerradas no eran realmente personas negras, porque casi todas las personas negras del país eran esclavizadas. De repente, inmediatamente después de la emancipación, la complexión literal de las prisiones cambió y la gente negra se convirtió en hiperobjetivo de ese sistema al crear nuevas leyes como los Códigos Negros. El sistema de arrendamiento de convictos surge como una forma de seguir explotando la mano de obra de las personas que ahora son libres.

La razón para hablar de esa historia es para desmitificar cómo y por qué inicialmente la gente acabó tras las rejas. En realidad, no se trataba de la delincuencia, sino de la percepción de que la gente negra era intrínsecamente criminal, de que la gente negra no podía gestionar la libertad. Esa fue la historia que se contó y la prisión se convirtió en un lugar para seguir controlando la negritud.

A finales de los años 60, los crímenes violentos aumentan al mismo tiempo que el movimiento del Poder Negro [*Black Power*] se expande y estas dos cosas se juntan.

Entre 1825 y finales de los 60, la población carcelaria es estable y bastante baja. A finales de los años 60, ves a toda esta gente académica y activista hablando del fin de la prisión. La gente habla de que la prisión ha terminado. Tenemos que pensar en cómo EE. UU. pasó del fin de la prisión a, de repente, ser el mayor carcelero de todo el mundo. Y eso se debe a un conjunto de políticas bipartidistas, pero realmente despega y alza vuelo con Lyndon B. Johnson. Johnson quiere combatir la guerra contra la pobreza, y termina creando la guerra contra la pobreza como una rama del proyecto de la guerra contra el crimen. ¿Y qué hacen los republicanos, que siempre hacen tan bien? Desfinancian el aspecto de la pobreza y mantienen la guerra contra el crimen.

Scahill: *¿Cuál fue la motivación, en tu opinión, de estos políticos, tanto demócratas como republicanos?*

Kaba: Fueron los «disturbios». Fueron las imágenes de la juventud negra en Harlem en 1964 y en Watts en 1965. En todos esos lugares donde había «desorden y disturbios urbanos», y la cara de eso era la juventud negra. No se puede hablar de criminalización en este país sin entender la historia de la negritud y de la gente negra. La clase política nos ha utilizado como combustible para hacer que las cosas sucedan. Siempre somos los canarios en la mina de carbón.

Por ejemplo, veamos a Bill Clinton y la Ley del Crimen de 1994. Clinton da a la gente una base ideológica para seguir haciendo lo que ha estado haciendo. Fue uno de los presidentes más destructivos para la gente negra y todavía estamos tratando de recuperarnos de su mandato, incluso en términos de lo que puso en marcha en torno a la inmigración y la detención de inmigrantes; mucha gente no piensa en eso como un tema negro, pero las personas que fueron mayormente encarceladas dentro de las detenciones de inmigrantes fueron de forma desproporcionada, inmigrantes negros.

Scahill: *Y, por supuesto, se produjo esta atrocidad masiva en Guantánamo con las personas haitianas que huían de la violencia que EE. UU. patrocinó en forma de derrocamiento de Jean Bertrand Aristide. Y luego hubo, y creo que mucha gente, especialmente las personas jóvenes, no conocen esta historia, antes de que Guantánamo fuera el lugar donde Bush metió a la gente extrajudicialmente en la llamada guerra contra el terror, Clinton amontonó los cuerpos dentro de Guantánamo de la primera república negra independiente en el hemisferio occidental, ¿verdad?*

Kaba: Así es. Esto persiguió a Hillary Clinton en Miami, ya que la comunidad haitiana no votó por ella, así que la gente tiene una larga memoria. Pero la reforma de la asistencia social de Clinton, o lo que llamamos la deformación de la asistencia social, tuvo un gran impacto, especialmente en las madres solteras negras. El estado carcelario se reforzó y se hizo mucho más brutal a través de las leyes de los tres-errores, a través de las sentencias mínimas obligatorias —que fueron aumentadas— a través de su horrible comportamiento cuando regresó de inmediato a Arkansas durante su elección para ejecutar a alguien que era mentalmente discapacitado. Él realmente puso en marcha el aparato que todavía estamos tratando de desmantelar en el presente.

Scahill: *Bajo Obama, hubo varios asesinatos incendiarios que ocurrieron. George Zimmerman asesinó a Trayvon Martin. Hubo el asesinato de Mike*

Brown, y podemos seguir con toda la lista de personas. Recuerdo que durante mi niñez cuando me criaba en Milwaukee, la policía le disparó a un hombre negro desarmado llamado Ernest Lacy... ¿Qué hubo en esta serie de incidentes que pareció rejuvenecer una atmósfera rebelde en este país que fue en gran parte liderada por la juventud afroamericana y otras personas de color en todo el país? Y no fueron organizados por Al Sharpton o alguna red nacional; fue una respuesta espontánea. Dado que esto ha sucedido desde el principio de esta república a la gente negra por parte de la gente blanca con autoridad o con una placa, ¿qué fue lo que tuvo ese momento en particular que pareció desencadenar este levantamiento?

Kaba: Casi todos los levantamientos urbanos de la historia del país tienen como raíz la violencia policial. Si nos fijamos en los «disturbios» de Harlem de 1935, o en la revuelta de Harlem, en el centro está el rumor de que un joven puertorriqueño fue asesinado, pero en realidad no lo fue, y eso desencadena la conflagración. En 1943, esa rebelión en Harlem, también en la raíz estaba Marjorie Polite, y este joven y la policía básicamente acusados de haberle disparado; eso es una conflagración. Mil novecientos sesenta y cuatro es también un joven negro que fue baleado por la policía en la ciudad de Nueva York.

Si miras la historia de todos los diferentes levantamientos que se remontan a principios del siglo XX, todos son provocados por la brutalidad policial. La razón por lo que esto es así y siempre ha sido así en este país, es porque es el ejemplo más claro de ser tratado de forma injusta en el país. Es la forma más clara en que casi todas las personas negras pueden ver que son de segunda clase. En otras cosas es difuso. Sabemos que hay personas pobres, pero si no eres pobre en este país puedes hacer como si no existieran. Y eso incluye a la gente negra. Puedes vivir de forma que ignores a las personas negras pobres, salvo que muchas, muchas personas negras están vinculadas a la pobreza de todas formas. Aunque hayan abandonado sus comunidades, muchas de sus familias siguen luchando, así que lo vemos de otra manera. Pero el mero hecho de no tener el derecho a existir, a caminar por la calle sin ser perjudicado, ese conocimiento constante de eso es algo que...

Scahill: *Por las personas que los contribuyentes están financiando para supuestamente mantener el orden y la protección.*

Kaba: Exactamente, los guardianes del estado están girando, literalmente, sus armas contra nosotres. Así que es una visión que tiene sentido, donde la gente siente una sensación directa y visceral de que, «Esto es injusto. ¿Qué nos están haciendo?». Y eso ha sido a lo largo del camino. Creo que por eso es importante situar el Movimiento por las Vidas Negras, que sigue ocurriendo ahora mismo, en su contexto adecuado. Es sólo una parte de una larga lucha por la libertad que ha estado en curso en este país desde que la gente negra está aquí.

Arrestando al estado carcelario

con Erica Meiners

Jacobin, febrero del 2014

En el 2013, la Unión Civil de Libertades Estadounidense publicó una lista en *BuzzFeed* que destacaba las formas atroces en que la juventud ha sido criminalizada en las escuelas estadounidenses.

En la publicación titulada *Once estudiantes cuyos castigos hubiéramos deseado que fueran cosas inventadas* [*Eleven Students Whose Punishments We Wish Were Made Up*], incluía ejemplos como el de «una estudiante de doce años en Texas que fue acusada de un delito menor por rociarse perfume e "interrumpir la clase"». En otro caso, un pedazo de pastel que se cayó al suelo, propulsó el arresto de un estudiante de dieciséis años de California, quien como «cortesía» de un oficial de policía de la escuela, terminó con una muñeca rota.

En todo el país, proliferan este tipo de historias similares y espeluznantes. El alumnado, en particular el de color, está siendo expulsado de la escuela e ingresado al sistema jurídico penal mediante suspensiones excesivas, expulsiones, arrestos y una dependencia excesiva de las pruebas estandarizadas. O se les pone en clases de educación especial, lo que es un boleto de ida hacia un plan de educación individualizado.

Un número cada vez mayor de legisladores, defensores, académicos, educadores, padres, estudiantes y organizadores se están enfocando de forma explícita en las relaciones entre la educación y el encarcelamiento, también conocido como el conducto de la escuela a la cárcel (CEC), por sus siglas en inglés. Similar a la conexión hacia un pantano en vez que a la de un conducto, el CEC se usa generalmente para referirse a la interrelación de una serie de relaciones estructurales e individuales interconectadas en las que la juventud, en su mayoría de color, es canalizada desde las escuelas y los vecindarios hacia el subempleo, el desempleo y las prisiones.

Históricamente el sistema de educación pública de EE. UU. ha desviado a las comunidades no blancas hacia el camino de una educación insuficiente, el empleo con salarios indignos, la participación de una economía de guerra constante y/ o el encarcelamiento. A su vez, el desarrollo de la mayor nación carcelaria a nivel mundial durante las últimas tres décadas ha fortalecido la política, la práctica y los vínculos ideológicos entre las escuelas y las prisiones. El estudiantado no blanco, no heterosexual y no conforme con el género es objeto de vigilancia, con suspensiones y expulsiones en proporciones más altas, y es también más propenso a que se les acuse, condene y expulse de sus hogares o a que reciban sentencias más largas.

La criminalización de la conducta estudiantil no es nada nuevo. El concepto del «oficial de recursos escolares» surgió en la década de los 60 en Flint, Michigan, como parte de una estrategia para integrar a los agentes de policía dentro de los contextos comunitarios. En 1975, sólo el uno por ciento de las escuelas de EE. UU. informó que tenía oficiales policíacos. A partir del 2009, las escuelas de la ciudad de Nueva York emplearon a más de 5,000 mil agentes de seguridad escolar y 191 policías armados, lo que convirtió al distrito escolar en el quinto distrito policial más grande del país.

Esta cultura de control y vigilancia refleja la intensificación del castigo estatal. A partir de la década de los 70 —a pesar de una disminución en las tasas de delincuencia (que no siempre son una medida del daño)— los estados implementaron políticas de «mano dura contra el crimen» que crearon la población carcelaria más grande del mundo y que no hicieron nada para que las comunidades fueran más fuertes o seguras. Una lógica carcelaria, o una mentalidad de castigo, se coló y se insertó en casi todas las funciones del gobierno, incluyendo aquellas que están aparentemente desligadas de las prisiones. La gente que solicita cupones de alimentos está sujeta a pruebas obligatorias y/ o aleatorias de drogas. El Servicio de Inmigración y de Control de Aduanas [*Immigration and Customs Enforcement (ICE)*] se ha convertido en la agencia de control más grande de EE. UU. Las solicitudes de educación postsecundaria preguntan sobre los antecedentes penales, y muchos estados le prohíben votar a quienes han sido convictos por delitos graves.

En la educación K–12, las pruebas estandarizadas son un indicador de la «rendición de cuentas», y las escuelas de bajo rendimiento son castigadas con el cierre mientras que los planteles chárteres permanecen abiertos. Tras algunos tiroteos escolares de alto perfil a principios de la década de los 90, los estados introdujeron políticas disciplinarias de «cero tolerancia» para abordar una amplia gama de conductas que las escuelas identificaron como indeseables. El aumento posterior de cámaras de vigilancia, guardias de seguridad, detectores de metales y políticas de disciplina escolar punitivas duplicó el número de estudiantes suspendidos de la escuela de 1.7 millones al año en 1974 a 3.7 millones en el 2010. El impacto de las suspensiones es claro. El alumnado suspendido tiene tres veces más probabilidades de abandonar los estudios en el décimo grado que sus colegas que nunca han sido suspendidos.

Paralelamente a nuestro injusto sistema jurídico penal, el estudiantado de color es, como era de esperar, el punto de objetivo en las escuelas. Uno de cada cuatro estudiantes afroamericanos de las escuelas públicas en Illinois fue suspendido al menos una vez por razones disciplinarias durante el año escolar 2009–10. Esta es la tasa más alta entre los 47 estados examinados por el Centro para las Soluciones de Derechos Civiles [*Center for Civil Rights Remedies*].

Si bien la suma total de los arrestos escolares juveniles en las escuelas públicas de Chicago (EPC) ha disminuido desde cuando en el 2003 alcanzaron su cifra máxima de más de 8,000, la juventud negra aún sigue siendo arrestada de manera desproporcionada. El alumnado negro, que representa alrededor del 42 por ciento de la población total de las EPC totalizó el 75.5 por ciento de los arrestos escolares en el 2012. Una vez más, e imitando lo que está sucediendo en el sistema de justicia juvenil, la gran mayoría de estos arrestos escolares son por delitos menores (84 por ciento) en lugar de delitos graves (16 por ciento).

En otras palabras, la juventud no está siendo arrestada por actos violentos graves o por llevar un arma a la escuela, sino por faltas de respeto o por «pelear». Con frecuencia, el término utilizado para describir las diferencias entre las suspensiones y los arrestos entre blancos y negros es «de forma desproporcionada», pero esta frase enmascara el rol central que desempeña la supremacía blanca y el racismo contra la gente negra a la hora de formar ideas y prácticas disciplinarias escolares.

Sin embargo, no resolveremos el problema del conducto de la escuela a la cárcel simplemente cambiando las políticas disciplinarias escolares. Debido a que muchos estados invierten más dinero en prisiones que en la educación, debemos también hacer un cambio a las prioridades de financiación. Tomemos a Illinois, por ejemplo. Entre 1985 y 2005, el estado construyó más de 25 prisiones o centros de detención nuevos. Durante el mismo lapso, no se establecieron nuevos recintos de educación postsecundaria ni universidades públicas. Las iniciativas de reforma de financiamiento para la educación de K–12 ordenadas por la Corte Suprema de Illinois se han estancado durante décadas, lo que garantiza que las comunidades pobres y las de color van a recibir mucho menos dinero de lo ya esperado.

El incremento en la dependencia de las pruebas estandarizadas también contribuye al CEC ya que fomenta una cultura de práctica para tomar la prueba, dentro de las escuelas que tienden a suplantar el arte, la música y la educación física. La estudiantina encuentra este plan de estudios cada vez más irrelevante, y se desconecta. Posteriormente se les expulsa de la escuela. Algunas escuelas que apenas se encuentran a flote tenderán a eliminar de forma activa al estudiante que no cumpla con los requisitos de esta prueba. Esto se debe a que hoy día, la educación existe dentro de un panorama donde las reformas han sido basadas en el mercado que ha naturalizado la competencia entre el estudiantado y entre los distritos, y donde el fracaso siempre termina en sanciones. En Florida, por ejemplo, las escuelas han suspendido al alumnado de bajo rendimiento para mejorar sus resultados generales en las pruebas. De manera alentadora, el estudiantado, el profesorado y los padres han protestado por esta práctica de impartir enseñanza para pasar la prueba, con llamados y reclamos a que se les trate como a algo «más que solo un puntaje».

Además, los ataques a los derechos laborales están ligados a la lógica carcelaria. Las reformas impulsadas por las corporaciones que reconfiguran las escuelas como lugares de empleo temporal y sin protección restringen la capacidad del personal escolar para interrumpir el CEC. Sabemos que el estudiantado se beneficia cuando el profesorado tiene protecciones en un lugar de trabajo que fomenta la libertad de expresión, el pensamiento independiente y la defensa. El empuje para desprofesionalizar y desindicalizar al personal escolar —y reformular al profesorado como trabajadores de bien, tal y como los del Cuerpo de Paz [*Peace Corps*]— convierte a los maestros en trabajadores caritativos empleados de forma precaria con muy pocos derechos y escasa compensación.

En las circulaciones actuales de las reformas de la educación corporativa, la imagen específica de la maestra, mujer, perezosa, negligente y sindicalizada ha emergido como una figura a ser despreciada. Al mismo tiempo, la niñez rebelde negra y morena requiere la disciplina y el orden que solo se logra a través de la asociación íntima de las escuelas con la policía, el ejército y la comunidad empresarial. Esto puede ser simplemente desastroso. Como nos recordó repetidamente el Sindicato de Maestros de Chicago en su exitosa huelga de otoño del 2012, las condiciones de trabajo del profesorado son las condiciones de aprendizaje de su estudiantado. Si los educadores se ven obligados a enseñar para que se pase una prueba que en realidad no mide el aprendizaje del alumnado, si no tienen seguridad laboral y son trabajadores «sin plazos», y además están desprofesionalizados más allá de lo creíble, es altamente menos probable que el profesorado apoye culturas escolares que resistan la discriminación racial o que construya otros mecanismos para abordar el daño en sus escuelas.

¿Qué se puede hacer? Somos parte y estamos comprometidos a la movilización nacional y local que está incorporando justicia restaurativa y transformativa dentro de sus escuelas y comunidades. Estas filosofías y prácticas de justicia, en contraste con las retributivas, buscan empoderar a las comunidades para que respondan holísticamente a la violencia y el daño. La justicia restaurativa y transformativa toma en cuenta las necesidades de quienes son afectados por un incidente de daño, los contextos que produjeron o que motivaron el daño, y busca transformar o reconstruir lo que se perdió en lugar de considerar el castigo como una resolución final. Necesitamos urgentemente que nuestras escuelas y comunidades se conviertan en espacios restauradores y transformadores.

También sabemos que la mejor forma de prevenir futuros encarcelamientos es invirtiendo en las personas y las comunidades y brindando excelentes oportunidades educativas para todo el mundo. Un estudio del 2007 estimó que por cada desertor escolar que completó la escuela secundaria, EE. UU. podría haber ahorrado $209,000 en prisiones y otros costos. ¿Por qué entonces no cambiar los presupuestos de la policía de las escuelas hacia los consejeros, y por qué en vez de construir prisiones no abrimos espacios adicionales en recintos de educación postsecundaria y universidades públicas que sean gratuitas? En lugar de fronteras más militarizadas, ¿por qué no garantizamos que toda la juventud tenga acceso a actividades co-curriculares significativas que fomentan la disciplina, tales como la música, el teatro, el arte y los deportes?

Estos no son solo sueños imposibles. Las comunidades están resistiendo y construyendo el mundo que necesitamos. Grupos como Organización Comunitaria y Asuntos Familiares de Chicago [*Chicago's Community Organizing and Family Issues (COFI)*] han desarrollado recursos descargables para los padres sobre cómo abogar y desarrollar prácticas de justicia restaurativa en las escuelas de sus hijos. (Como ha documentado el COFI, la implementación de salones de paz comunitaria atendidos por los padres y el personal voluntario ha reducido las suspensiones y ha tenido un efecto positivo en la asistencia y el comportamiento). En los últimos años, ha surgido una red de grupos comunitarios que ofrecen espacios para el diálogo e ideas concretas sobre cómo la gente común puede construir protección que no dependa de la criminalización, incluidos el Proyecto Audre Lorde [*Audre Lorde Project*] de Nueva York, el Proyecto NIA de Chicago, y el Proyecto de Movilización y Narración de Cuentos de Oakland [*Oakland's StoryTelling and Organizing Project*].

Además, el profesorado está cambiando las prácticas en el salón de clases y las culturas escolares mediante la construcción de alternativas. La justicia restaurativa es esencialmente una iniciativa sin fondos, pero el magisterio de todo el país quiere opciones. En Chicago, durante los últimos dos años, el profesorado ha abarrotado los talleres en la Feria de Currículo de Maestros por la Justicia Social y en otros lugares para aprender a cómo apoyar este cambio de paradigma y a cómo construir alternativas a las políticas disciplinarias severas. Participamos y nos entusiasma la movilización que toma como punto de partida las interconexiones entre las luchas para desmantelar nuestro estado carcelario y poder construir sistemas educativos públicos (K–12) justos y florecientes.

Estos incluyen movimientos de liberación LGBTQ que rechazan la criminalización como respuesta a la violencia sexual y de género en las escuelas, organizadores de los derechos de inmigración que dicen no a la legislación que hace que la niñez se enfrente a sus padres, y la movilización en contra de la violencia que no depende de la policía como su principal estrategia para la consolidar la paz. Como escribió hace años la académica y poeta lesbiana feminista negra Audre Lorde: «No existe tal cosa como una lucha de un solo asunto, porque no vivimos vidas alrededor de una sola cuestión».

La detención del flujo de la juventud de las comunidades hacia las prisiones requiere repensar y la reconstrucción a través de múltiples sistemas y estructuras. Las escuelas son solo un lugar para llevar a cabo esta labor y nos alienta ver los prometedores esfuerzos en todo el país para convertirlas en espacios restauradores y transformadores.

Enumerando la atrocidad

con Tamara K. Nopper

Jacobin, agosto del 2014

Según el *Economista*, «la policía de EE. UU. se ha militarizado demasiado». Para no quedarse atrás, *Experto en negocios* [*Business Insider*] publicó un artículo de Paul Szoldra, un ex infante de la marina de EE. UU. que manifestó estar horrorizado ante las escenas de policías vestidos de camuflaje y armados con armas militares cuando patrullan las calles de una ciudad estadounidense en vehículos blindados. Szoldra cita a uno de sus seguidores de Twitter, otro exsoldado, que escribió: «En una zona real de guerra nos movilizamos con equipaje más liviano que esto».

A algunos les sorprendería ver que este tipo de historias se publiquen en revistas como el *Economista* y *Experto en negocios*, pero de forma repentina las discusiones sobre las fuerzas policiales militarizadas de EE. UU. son cosa de la cultura cuasi dominante. Tras el asesinato policial del adolescente afroamericano Michael Brown en Ferguson, Missouri, y de los disturbios y protestas subsiguientes, las redes sociales están inundadas de imágenes de gases lacrimógenos, tanques y policías con equipo militar y armas automáticas, todos apuntado a la gente negra en la ciudad.

Varias publicaciones y escritores se han apresurado en alertarnos sobre sus relatos de la militarización de la policía. Los comentaristas nos han animado a hacer las conexiones entre lo que sucede fuera del país y lo que sucede aquí. Los *hashtags* que se refieren a Ferguson y a Gaza comparten el mismo título. Algunos nos dicen que la guerra contra el terrorismo ha llegado a casa.

Presumiblemente, la conexión entre estos puntos y el hacer estas comparaciones nos brindará más claridad acerca de la situación actual que enfrentan los residentes negros acosados en Ferguson.

Pero ¿qué será lo que veremos y sabremos mejor? ¿Y quién y qué será (una vez más) invisible y no escuchado a través del proceso?

En su libro *Escenas de sujeción* [*Scenes of Subjection*], Saidiya Hartman escribe:

> En lugar de tratar de transmitir la violencia rutinaria de la esclavitud y de sus secuelas a través de la invocación de lo impactante y lo terrible, he optado por buscar en otro lado y considerar esas escenas en las que apenas se puede distinguir el terror... Al desfamiliarizar lo familiar, *espero ilustrar el terror de lo mundano y lo cotidiano en vez de explotar el espectáculo impactante.*

El énfasis de Hartman en «el terror de lo mundano y lo cotidiano» es su intento de abordar el dilema de la gente negra para quien su sufrimiento (no) es visto y (no) es escuchado por quienes no son negros, incluyendo aquellos que afirman preocuparse:

> Lo que aquí está en juego es la precariedad de la empatía... ¿cómo expresarse ante estas atrocidades sin intensificar la indiferencia al sufrimiento que es la consecuencia ante el espectáculo adormecedor o cómo lidiar con la identificación narcisista que borra al otro o la lascivia que muy a menudo es la respuesta a tales demostraciones? Este fue el desafío al que se enfrentaron [Frederick] Douglass y otros enemigos de la esclavitud.

Tras un siglo y medio después de que Douglass luchara contra la esclavitud, la policía *se ha vuelto* más militarizada en términos de armas, tanques, entrenamiento y equipo. Los equipos SWAT han sido desplegados a un ritmo acelerado y para un mayor número de actividades. Los informes como el que recientemente publicó la ACLU proveen algunos detalles sobre estas tecnologías de guerra acumuladas por los departamentos locales de policía.

Julilly Kohler-Hausmann, Radley Balko y otros han explicado que la militarización de la policía estadounidense se remonta a mediados de la década de los 60. Por ejemplo, en 1968, las fuerzas policiales urbanas pudieron comprar nuevos equipos y tecnologías gracias a la financiación de la entonces recién aprobada Legislación de Calles Seguras [*Safe Streets Act*].

La ansiedad social y el miedo engendrado por la guerra de Vietnam y las rebeliones urbanas domésticas lideradas por la gente negra dieron luz verde a la policía para dirigir estos nuevos productos hacia las poblaciones marginadas de los centros de las ciudades estadounidenses.

Los equipos SWAT, los aparatos usados para derribar las puertas y las órdenes de arresto sin tocar a la puerta (inmortalizadas por Gil Scott-Heron y de las que escribió James Baldwin), todas anteceden a las fuerzas policiales hipermilitarizadas contemporáneas. De forma abrumadora, la gente negra ha sido el blanco de estos instrumentos de guerra. En su canción de 1982 *Batterram*, Toddy Tee presagia nuestra actual fuerza policial súper militarizada al cantar su rap:

> él podría (aplastar cada casa que tiene a la vista)
> Porque dice que el hombre de piedra piensa que él es un tonto

Para la gente negra, la guerra contra el terror no ha «llegado a "casa"» Siempre ha estado aquí. Entonces, ¿cómo podríamos considerar el énfasis en la militarización de la policía como *el* problema como otro ejemplo de «la precariedad de la empatía»?

El problema de presentar la militarización como *el* problema es que la formulación sugiere que solo debemos unirnos en contra del *exceso*. Esto sugiere que para que lo extremo sea el problema, deberíamos entonces aceptar que lo ordinario es lo justo. La vigilancia de la gente negra, llevada a cabo a través de una variedad de mecanismos y procesos, está supuestamente justificada, siempre y cuando no sea *demasiado* militarizada ni excesiva.

Prestamos atención al «evento espectacular» en vez de a su punto de origen o lo mundano. Los espectáculos son circulados: cadáveres de gente negra yaciendo en las calles o una persona adolescente negra emboscada por varios policías que llevan equipo militar y armas automáticas al descubierto.

Junto con estas dramáticas imágenes, los números y las estadísticas son la principal métrica a la hora de solicitar empatía e impulsar a las personas hacia la acción. Es el tamaño y el poder del arma. Es el número de policías en la escena. Es el tanque apuntado hacia los manifestantes.

Son las 41 balas disparadas al inmigrante negro parado en su puerta; las ocho o diez veces que un adolescente negro fue baleado «como un animal» cuando caminaba para ver a sus familiares o las cuatro horas que su cuerpo yacía en la calle mientras sus familiares y vecinos observaban y esperaban sin poder hacer nada; las al menos 11 veces que un policía golpeó a puñetazos a una mujer negra mientras se posaba sobre ella a horcajadas en el lado de una carretera; los más de dos minutos que una mujer negra semi desnuda de cuarenta y ocho años, fue retenida en un pasillo y rodeada por una docena de policías después de que la sacaran a rastras de su apartamento; el número de gente negra detenida y registrada.

Las estadísticas e imágenes aturdidoras siguen llegando. Y a menudo son recibidas por sorpresa y asombro. Tanto las imágenes como las estadísticas se convierten en material (a veces conseguido tras mucho esfuerzo) de titulares, informes, comentarios sociales y «momentos de enseñanza». Lamentablemente, su circulación parece demostrar, como dice Frank Wilderson, que «la taxonomía puede enumerar las atrocidades, pero no puede dar testimonio del sufrimiento».

Estas imágenes y números no son triviales o sin importancia. Al igual que la gente negra asesinada, herida, humillada y perseguida, son relevantes y no deben ser ignorados. A cuanto mayor sea el número de balas disparadas, mayor será la probabilidad de ser baleado. A mayor cantidad de tiempo que se pase físicamente restringido por la policía, aumenta la posibilidad de daño.

Otras personas negras tienen que vivir con el trauma de haber visto y escuchado estas imágenes según estaban ocurriendo o de forma viral, y las estadísticas se acumulan mientras estas vuelan, pasan y gritan y se quedan sin aliento en el aire. Sin embargo, sabemos que solo se necesita un disparo de un policía para matar. Y como demuestra el asesinato policial de Eric Garner, puede también que esto suceda sin la necesidad de un disparo.

El problema no es sólo el exceso. Y, sin embargo, uno tiene la sensación de que la única forma de generar un mínimo de preocupación o empatía por la gente negra es aumentando el interés y enfatizando la extraordinaria naturaleza de las violaciones y del sufrimiento. Y se espera que, tras la circulación repetida de lo espectacular, la gente también considere lo cotidiano. Es un ejercicio inútil porque a menudo este no obtiene la respuesta deseada o necesaria. Y deja a la gente negra en la posición de tener que incrementar el exceso para que a alguien le importe o preste atención.

¿Qué prosigue, se preguntarán algunos? ¿Qué más podría pasar tras Ferguson y la hipermilitarización de la policía? ¿Una bomba lanzada sobre la gente negra en EE. UU.? Eso ya se ha hecho, hace décadas atrás. Vayamos al grano: el espectáculo como ruta hacia la empatía significa que las atrocidades enumeradas deben ocurrir más a menudo o cada vez ponerse peor y más atroces con la esperanza de que sean registradas.

¿Cómo se registra el sufrimiento negro cuando se nos dice que el problema es la militarización de la policía? Una vez más, Hartman nos instruye cuando escribe sobre «la identificación narcisista que borra a la otredad». No cabe duda de que la militarización es un fenómeno global. No cabe duda de que EE. UU. y sus países aliados hacen cumplir sus brutales agendas a través de todo el mundo mediante la fuerza militar, las sanciones y la guerra contra el terrorismo.

Pero también es cierto que, a pesar del esfuerzo de la diáspora negra por recalcar lo que le sucede a la gente negra a través de todo el mundo (incluso en EE. UU.), las referencias a la globalización, la militarización y la guerra contra el terrorismo son a menudo tratadas como marcadores de la no negritud, y entre algunos progresistas, como un código para «necesitar ir más allá de lo blanco y lo negro» o para que la gente negra en EE. UU. no se «centre tanto en EE. UU.» (léase: «absorbida en sí misma»).

De ahí, la extraña historiografía sobre la militarización de la policía estadounidense como resultado de la (relativamente nueva) guerra contra el terrorismo que encontramos en algunos de los comentarios en el presente. Algunos pueden promover el esfuerzo de «conectar los puntos» al servicio de un análisis más matizado o para fomentar la solidaridad internacional e interracial.

Esto también se puede considerar como un ejemplo de «la precariedad de la empatía», donde la gente negra se ve obligada a vincular su sufrimiento al de las personas que no son negras (y los procesos son a menudo tratados erróneamente como unos que no son negros, como, por ejemplo, la «militarización» y la «globalización») en la esperanza de que sean vistos y escuchados. Este es también un marcador de la solidaridad obligatoria que se le exige a la gente negra sin ninguna expectativa de que esta solidaridad sea reciprocada.

En relación con esto, el impulso de crear coaliciones y la utilización de analogías sugiere una dificultad para nombrar con precisión lo que en EE. UU. experimenta la gente negra.

Aparentemente, las escenas de la violencia policial contra la gente negra en Ferguson se vuelven más legibles, más fáciles de comprender y coherentes, cuando son puestas en diálogo con Irak o Gaza. Sin embargo, algo se pierde en la traducción.

Los sentimientos tales como: «¡Pensé que estaba mirando fotos de Irak, pero estaba viendo a EE. UU.!» o «Ferguson=Gaza» o «ahora [la gente negra en EE. UU.] sabe cómo se siente el Tercer Mundo», circulan en las redes sociales. Al mismo tiempo que se declara empatía, tales declaraciones expresan una creencia en el «excepcionalismo» estadounidense y una cierta cantidad de regocijo y resentimiento hacia la gente afroamericana.

En medio de esto, nos quedamos con la dificultad de nombrar tanto el espectáculo como la violencia cotidiana que experimenta día tras día la gente negra en EE. UU. por parte de la policía y de los que actúan como representantes raciales. ¿Cómo llamamos a esta violencia incesante? ¿Cómo la describimos más allá del evento espectacular? ¿Ocupación? ¿Guerra? ¿Genocidio? ¿Vida? ¿Muerte?

Concluimos con más preguntas: Cómo podemos explicar correctamente la creciente militarización de la policía como un problema sin olvidar lo que Joy James nos recuerda: «Los *sueños* y *deseos* de una sociedad y del estado se centrarán en el control del cuerpo negro»? O como enfatiza Jared Sexton: la gente negra sirve como «el blanco prototípico de la panoplia de prácticas policiales y la infraestructura jurídica es construida a su alrededor».

¿Cómo lidiamos con la afirmación de Wilderson de que, «las personas blancas no están simplemente "protegidas" por la policía? ¿Ellas son —en su propia corporeidad— la policía misma?» ¿Qué significa todo esto cuando pensamos en las fuerzas policiales hipermilitarizadas que convierte en un arma la supremacía blanca contra los cuerpos negros y el fantasma de la negritud, sobre otros? ¿Cómo se siente ser el blanco prototípico?

¿Qué demuestran y disimulan los espectáculos de la vigilancia policial, así como también las respuestas a esta, con respecto al «terror de lo mundano y lo cotidiano», un terror que a menudo se da por sentado, incluso en los comentarios críticos?

«Vivo en un lugar donde todo el mundo te vigila a dondequiera que vayas»

Comentarios en la conferencia académica y feminista,
Subvirtiendo la vigilancia: Estrategias para acabar con la violencia del estado
[*Subverting Surveillance: Strategies to End State Violence*],
Barnard College, Nueva York, febrero del 2018

Vivo en un lugar donde todo el mundo te vigila a dondequiera que vayas. Como joven negro, todo el mundo te vigila. La policía te detiene sin razón alguna. Te ven, se detienen, te dicen: «Pon las manos sobre el auto». La mayoría de ellos son muy irrespetuosos. Te dirán: «Tú no eres nada, no vas a ser nada» o «Solo eres una pérdida de tiempo». Y la mayoría de la gente se mete esto en la cabeza y crecen sin respetar, matando y peleando con la policía. Además, la gente te vigila cuando vas a las tiendas. Y cada hora ves al mismo empleado. No puedes hacer compras en paz en ninguna parte. Te siguen a todas partes. Y, por último, los pandilleros. No hay un lugar seguro en donde puedas caminar en Chicago. Donde quiera que vayas, la gente te hace la misma pregunta: «¿Qué eres?» Te preguntan una y otra vez. Pero en la mayoría de las calles, ni tan siquiera te preguntan. Primero disparan. He estado huyendo de las balas y me hice esa pregunta desde que tenía doce años. Yo ni siquiera he violentado a nadie. Ni tan siquiera puedes escuchar un poco de música en la mayoría de los vecindarios. Algunos de los raperos son asesinados por las cosas que dicen en sus letras. Te roban cuando subes por la calle porque la gente no sabe de dónde eres. ¿Por qué ocurren tantos tiroteos en Chicago? De donde soy, la gente llama a este lugar Chiraq. —Marquise Paino

Hay mucho en lo que Marquise Paino tiene que decir que vale la pena profundizar y discutir. Pero me voy a centrar en lo que nos dice acerca de la juventud negra y morena en Chicago de que son constantemente vigilados por los guardianes del estado en la policía, por las empresas que vigilan y persiguen, asegurándose de que no te sientas que perteneces a esos lugares, y por los miembros de la comunidad. Una pregunta que me hubiera gustado hacerle a Marquise era si se siente diferente al ser observado por la policía, los dueños de las tiendas y las pandillas. ¿Se experimenta más o menos miedo o ira dependiendo de quién vigile?

Para Marquise, la vigilancia es realmente la norma. No es una aberración. Y él nos mostró que la vigilancia nunca es neutral y que se convierte en un arma según la situación. Marquise exige que prestemos atención a la vigilancia mundana cotidiana, al tipo de vigilancia que está tan normalizada y de tan baja tecnología que se considera normal. Y garantizada, siempre y cuando no sea «excesiva».

Ese exceso depende mucho de quién es el blanco de la vigilancia. A Marquise se le presume intrínsecamente culpable. He trabajado con mucha juventud que está en esa categoría y esta categoría es en realidad la vulnerabilidad peculiar de la gente negra en este país. La policía, los dueños de negocios y los pandilleros a los que hace referencia Marquise ven la criminalidad inscrita en su cuerpo, en su ser. O está en proceso de cometer un delito o tiene la intención de cometer un delito o está escapando por haber cometido un delito, o puede ser reclutado para delinquir. En cualquiera de los casos, se asume que él es un criminal.

Esto es lo que escucho de la juventud con la que trabajo todo el tiempo. La idea de que la gente joven negra se encuentra particularmente en una especie de camino inevitable hacia la ruta de la criminalidad y que esto otorga licencia para que se les vigile, observe y mate antes de que crezcan. Esta es una nueva doctrina de preferencia que está afectando a la gente negra. Hace algunos años, una persona participante en Círculos y Códigos [*Circles and Cyphers*] —un programa de hip hop que desarrolla el liderazgo con sede en Chicago y para jóvenes en conflicto con la ley que mi organización ayudó a catalizar e incubar durante varios años— escribió sobre su experiencia con la policía en su comunidad:

> Una vez mi amigo y yo caminábamos por la calle. Estábamos entre la calle Wood y la 45 y acabábamos de salir. Luego vino la policía.

Intenso. Tres autos de policía. Debido a que mi teléfono tenía una planta de marihuana en la pantalla, querían mi número de contraseña para desbloquear mi teléfono. Pero les dije: «No les voy a dar mi contraseña». Así que uno de los policías blancos me dio un puñetazo en el estómago y me puso dentro del auto policíaco. Él me dijo: «Me vas a dar ese número de contraseña», y yo dije: «No». Luego dejaron que mi amigo se fuera para su casa y me llevaron a mi casa y le dijeron a mi mamá que desbloqueara mi teléfono. Mi mamá dijo que no conocía el código. Así que el policía blanco me dejó con mi mamá y le dió el teléfono a mi mamá. Él se fue.

Regresé a la cuadra y vi a mi amigo con el que había estado antes y a otros muchachos y les conté lo que pasó. Yo estaba muy enojado. Y mi otro amigo me dijo que me relajara. Esta es la norma. Así es como son las cosas. Acostúmbrate a esto. Él y yo nos montamos al auto para buscar a su novia en la escuela y yo le estaba contando a él los detalles de lo que pasó. Yo seguía discutiéndolo, una y otra vez. Entonces, después, el mismo policía blanco que me llevó a la casa de mi mamá nos detuvo y me dijo que saliera del auto. Me metió en su patrulla y me llevó hasta el territorio de otra pandilla rival llamada La Raza. Me dejó allí. Cuando estaba tratando de llegar a casa me asaltaron en el camino y casi me matan por estar en el territorio de La Raza. Corrí lo más rápido que pude de regreso a mi casa.

Llamé a mi amigo con el que había estado en el auto y le pregunté: «¿Qué te hizo la policía?» Me dijo que lo habían dejado ir. Luego tuve que colgar el teléfono porque mi hermanito necesitaba mi ayuda, así que necesitaba ayudarlo con su tarea. Más tarde, cuando terminé de ayudar a mi hermano con su tarea, mis amigos vinieron a mi casa y fumamos un poco de hierba.

Si conoce o trabaja con jóvenes de color, especialmente con la juventud negra en Chicago y otros centros urbanos, la historia que compartí le resultará muy familiar. Y por años nos quejábamos del hecho de que los policías se llevaban a la juventud con la que trabajábamos y la arrojaban al territorio de las pandillas rivales, esperando que los mataran allí. Seguíamos repitiendo esto una y otra vez, y se lo decíamos a la gente y a los periodistas, y hacíamos denuncias, y se lo decíamos a los políticos y a los concejales.

Nadie les creyó a los jóvenes ni a nosotres hasta que salió el informe del Departamento de Justicia hace unos años en Chicago y mostró que esto mismo era la norma y que ocurría muchísimo. La gente joven de color se siente asediada en sus vecindarios, constantemente molestada, acosada, perseguida, vigilada y perfilada racialmente.

En la historia del joven que cité, lo voy a llamar Willy, los policías son los agentes de la violencia. Los policías están tratando activamente de lastimarlo. Las herramientas de vigilancia anticuadas y que no son de alta tecnología son de por sí destructivas y devastadoras. Tal vez esta sea mi petición de que nos entrenemos para ver lo mundano en lugar de centrarnos en lo espectacular y en los excesos. La gente joven de color, en particular la gente joven negra, no tiene ninguna presunción de privacidad. Esa idea es una abstracción. Por lo tanto, están sujetos de manera desproporcionada a registros corporales e incautaciones a través de prácticas como la de «detención y registro». Para muchos, la «detención y registro» es un letrero gigante de neón como el de «prohibido el paso», y en particular para la gente joven negra en los centros urbanos. Sus teléfonos, sus computadoras, y sus cuerpos están sujetos a ser registrados en las calles, en sus hogares, sin causa alguna y en cualquier momento. Los ejemplos que he citado sugieren que para la mayoría de la juventud negra y de color, la vigilancia y el hecho de que se les perciba como una amenaza son solo un hecho cotidiano, no un ejercicio académico ni analítico. La gran mayoría del país acepta estas prácticas de «la ley y el orden» como el precio a pagar por la «libertad» y la seguridad. La criminalización masiva es también vigilancia masiva: estas cosas no se encuentran separadas, incluso si algunos libertarios civiles las tratan como tal. En realidad, ambas se encuentran abrumadoramente limitadas entre las comunidades de color y LGBTQ, y otras personas marginadas. Sin embargo, incluso en esas comunidades, muchos se han acostumbrado a la violación rutinaria de los derechos y las libertades. Los políticos y los cuerpos policiales nos dicen que estas prácticas son necesarias y que, de hecho, no ven color alguno. En su mayoría nos tragamos su propaganda. En realidad, no importa que el encarcelamiento y la vigilancia opresiva estén acabando con las comunidades negras y de color en todo el país, así como también con las comunidades blancas pobres. La gente negra y morena sabe que el estado y sus guardianes ejercen su control sobre todos los aspectos de nuestras vidas. Esto no es nuevo.

Me interesaría saber cómo los defensores de la privacidad y algunos libertarios civiles podrían discutir el concepto de la vigilancia con jóvenes como Marquise y Willy. Para una persona joven que ya vive bajo escrutinio constante, ¿cuál es el significado de la recopilación de datos por parte de la NSA? ¿Le sorprendería o le perturbaría a Marquise que la policía está buscando nuevas formas de acceder más fácilmente la información de los teléfonos celulares cuando ya le piden su teléfono celular sin motivo alguno y le dicen a su madre que revele su contraseña? ¿Qué significa la vigilancia predictiva o una base de datos de pandillas de gente joven que es dejada en el territorio de sus rivales para que puedan ser asesinados allí? ¿Qué significado tiene la tecnología de reconocimiento facial para la juventud que es regularmente reconocida y molestada por el policía de turno en su vecindario? Estos no necesitan de la tecnología para eso. Solo necesitan sus ojos.

No sé la respuesta a estas preguntas. Pero parece realmente importante que comprendamos y sepamos lo que en realidad eso significa si vamos a crear lo que sea que vayamos a crear para salir de este revolú en el que estamos metidos. Finalmente, una política de abolición interroga las causas de origen de la violencia que se encuentran enmascaradas por el estado carcelario. Erica Meiners, una amistad, y que hace trabajo de activismo y académico, dice que, por diseño, la liberación bajo la opresión es impensable. Entonces, una política abolicionista insiste en que imaginemos y nos movilicemos más allá de las limitaciones de lo normal. Más allá de la criminalización masiva, que es todo un sistema de acoso, violencia y vigilancia que mantiene en su lugar jerarquías realmente opresivas de género, clase y raza. Nuestro deber es hacer que la imaginación de la liberación bajo la opresión sea completamente pensable. Es realmente obligarnos a pensar más allá de lo normal para que podamos abordar las causas de origen del sufrimiento de la gente. Esa es la política en la que deberíamos centrarnos, una política que se ocupe de los agravios a la que la gente se enfrenta en su día a día. El día a día. Lo mundano. No lo espectacular, ni tampoco lo excesivo.

Hacia el horizonte de la abolición

Entrevista por John Duda

Next System Project, noviembre del 2017

John Duda: *Quería empezar preguntándote sobre lo que significa trabajar por la abolición de las cárceles con Trump en la Casa Blanca. ¿Qué piensas sobre lo que ha cambiado y lo que seguirá igual para el tipo de movilización en el que te involucras para abolir las prisiones y la policía?*

Mariame Kaba: Creo que una cosa que permanece constante para mí es que el sistema —el complejo industrial carcelario —no está roto. El sistema de criminalización masiva que tenemos no es el resultado de un fracaso. Pensar de esta forma me permite ver lo que está sucediendo ahora de una manera clara. Entiendo que la supremacía blanca se mantiene y se reproduce a través del aparato de castigo penal. Eso no ha cambiado con la llegada de Trump al poder, con Jeff Sessions reciclando la retórica de la ley y el orden y algunas políticas. Los federales pueden establecer el tono, pero la mayor parte de la política sustantiva de castigo penal ocurre a nivel estatal y de condado. Eso significa que tenemos algunas aperturas potenciales. Por ejemplo, lo estamos viendo actualmente en la lucha renovada por acabar con la fianza en efectivo y la detención preventiva.

Francamente, no pensé que Donald Trump iba a ganar. Estaba segura de que la gente blanca votaría por él, pero pensaba que los votos de la gente de color compensarían por esto para que no fuera realmente presidente. Pero no me sorprende que la gente blanca haya votado por él de forma generalizada. Me lo esperaba.

Estas elecciones también desestabilizaron algunas ideas que tenía sobre la política y la organización electoral, porque creía que la movilización perdería ante la organización. El Partido Demócrata nos había hecho creer que tenían todas esas oficinas cubiertas, todo este voluntariado, que tenían el análisis de datos para identificar quiénes eran sus votantes y que podían hacerlos salir a votar. A través de mis estudios y de mi participación en la organización electoral en algunos momentos de mi vida, comprendí que la organización triunfa sobre la movilización, y pensé que los demócratas lo tenían claro, pero no fue así.

Todavía estoy tratando de entender lo que todo esto significa para la organización de la anticriminalización. Algunas personas se lamentan de que el Departamento de Justicia [*Department of Justice (DOJ)*] vaya a volver a ser lo que era antes de la administración de Obama. En realidad, me ha molestado mucho en los últimos años el impulso que tiene la gente de confiar en las fuerzas del orden para vigilar a la policía, también de la gente que dice que quiere enjuiciar a los «policías asesinos», exigiendo que el DOJ intervenga. Siempre he pensado que eso es inútil. Los policías no se vigilarán a sí mismos y he pensado que la estrategia de recurrir al DOJ para que intervenga, actúa como algo que lo enfría todo, ya que desmoviliza la acción. Cada vez que alguien es asesinado por la policía, escuchamos: «¡Que se encargue el DOJ, que se encargue el DOJ!» No es una estrategia eficaz y absorbe mucha energía de la comunidad activista.

Ahora que la gente no puede decir «que se encargue el Departamento de Justicia», me pregunto si hay posibilidades de que la gente contemple otras cosas.

Duda: *Ese tipo de imaginación encogida parece frenar a mucha gente a la hora de pensar en un mundo sin cárceles. ¿Sabes por qué? ¿Cuál es el origen de este obstáculo?*

Kaba: Escuché a Patrisse Cullors, de la Red Global las Vidas Negras Importan [*Black Lives Matter Global Network*] decir que alguien tuvo que imaginar primero las prisiones y la policía para crearlas. Todo lo que se ve en el mundo, alguien lo pensó primero. Creo que eso es cierto. Una vez que las cosas se actualizan en el mundo y existen, no puedes imaginar cómo funcionaba el mundo antes. Es como si desarrolláramos amnesia. Simplemente asumes que las cosas siempre han sido como son. Veo esto en mí...

La otra cosa sobre las prisiones y la policía es cómo hacen que la gente —la gran mayoría de la gente— se sienta segura. *No me refiero a la protección, sino a la seguridad.* Seguridad significa que esas instituciones mantienen en su raya a las personas temibles, horribles y monstruosas. Esa es la historia que nos cuentan y refuerzan los medios de comunicación, nuestros familiares, nuestra cultura. Esa es nuestra historia.

Mi camarada Paula Rojas ha escrito que la policía está en nuestras cabezas y nuestros corazones. Por lo tanto, este sistema está naturalizado de una manera que hace casi imposible que la gente dé un paso atrás y piense que no siempre fue así.

Pero, de nuevo, no podemos subestimar el hecho de que pensamos que estas instituciones nos mantienen seguros. La seguridad y la protección no son lo mismo. La seguridad es una función del estado armamentístico que utiliza pistolas, armas, miedo y otras cosas para «hacernos sentir seguros», ¿verdad? Se supone que estas herramientas mantienen en su raya cosas horribles, aunque sabemos que siguen ocurriendo cosas horribles todo el tiempo, y que estas mismas herramientas y las instituciones correspondientes reproducen la violencia y el horror que se supone que deben contener.

Todas estas cosas están bastante claras para un montón de gente; creo que no queremos tener que pensar mucho en qué más podría ser posible.

Duda: *Creo que ese tipo de claridad a largo plazo sobre lo que es realmente este trabajo es importante. Pienso en la historia intelectual: personas académicas como Naomi Murakawa y Elizabeth Hinton se han basado en el trabajo de Angela Davis, trazando la historia de cómo las personas que pensaban que estaban haciendo que las prisiones fueran más justas o que las sentencias fueran menos prejuiciadas en realidad sólo sobrecargaron el aparato de encarcelamiento masivo. A medida que más y más gente se da cuenta de que hay un problema con las prisiones, ¿te preocupa un efecto similar a largo plazo?*

Kaba: Por supuesto. Contribuye a mi insomnio. Es mi preocupación constante. Davis nos ayuda a comprender que el propio complejo industrial carcelario (CIC) es producto de varias reformas a lo largo del tiempo y que incluso la propia prisión fue una reforma. Se lo repito a la gente todo el tiempo: *No podemos reformar la policía. No podemos reformar las prisiones. No podemos.*

Decirle esto a la gente puede fomentar un sentimiento de desesperación; puede desmovilizar a la gente de forma real. Puede hacer que la gente sienta que todo va a seguir inevitablemente así: aquí es donde estamos y aquí es donde van a estar las cosas.

Pero cuando se dice que las cosas no se pueden reformar, la cuestión es cómo bregar con las personas que necesitan ayuda inmediata, ¿no? ¿Cómo vas a hacer que la vida sea habitable para las personas que viven en circunstancias inhabitables?

La gente piensa que a uno o le interesa la reforma, o eres abolicionista, que tienes que elegir estar en un campo o en otro. Yo no pienso así. Para algunas personas, la reforma es el objetivo principal y final, y para las otras, la abolición es el horizonte. Pero no conozco a nadie que sea abolicionista que no apoye *algunas* reformas.

Principalmente esas reformas son, por utilizar el término acuñado por André Gorz y popularizado por Ruth Wilson Gilmore aquí en EE. UU., *reformas-no reformistas*. ¿Qué reformas no dificultan el desmantelamiento de los sistemas que intentamos abolir? ¿No dificultan la creación de cosas nuevas? ¿Qué reformas «no reformistas» nos ayudarán a avanzar hacia el horizonte de la abolición? A veces, las personas a las que quieres mucho quieren que luches por su reforma reformista. Quieren que luches por algo que creen que beneficiará a una pequeña porción de la gente perjudicada por este monstruo gigantesco, sin tener en cuenta cómo afianzará luego otras cosas que harán la vida más difícil a otras personas.

Este es el caso cuando se piensa en la conversación sobre las personas encarceladas con delitos no violentos y sin delitos sexuales. Nos centramos mucho en sacar a esa gente. Pero al hacerlo, hacemos imposible que quienes hayan usado la violencia, es decir, la mayoría de la población penitenciaria estatal, alguna vez salga.

Existe este debate de que la forma de abolir la pena de muerte es conmutar a todo el mundo a cadena perpetua sin libertad condicional. Y yo no puedo apoyar eso. Eso sigue siendo una muerte física, social y cívica. «Pero al menos están vivos . . . » Eso, para mí, es un ejemplo perfecto de una reforma reformista, que en realidad hace menos probable que saquemos a la gente de la cárcel y de las prisiones.

Algunas reformas acaban reproduciendo el sistema de otra forma. Estaba escuchando a Robin D. G. Kelley, y mencionó que se hace algún tipo de reforma, y luego esa reforma se institucionaliza. Peor que la institucionalización, la reforma en realidad crea una nueva forma de conciencia y una nueva forma de «sentido común». Esa reforma se convierte en el nuevo sentido común y eso es muy peligroso en muchos niveles.

Duda: *Me gusta mucho la publicación de blog que hiciste en el 2014 que estaba compuesta por una lista de preguntas muy sencillas y directas sobre esta cuestión; es como una prueba que puedes utilizar para saber si algo es una reforma que deberías apoyar, con preguntas como: «¿Se centran en la tecnología?» o «¿Le destina más dinero a la policía?» ¿Hay otras «reformas reformistas» que añadirías a tu lista original si tuvieras que actualizarla?*

Kaba: Bueno, lo primero que voy a decir es cómo surgió esa publicación. ¡La escribí tan rápido! Varios organizadores jóvenes que se identifican como abolicionistas y que estaban luchando mucho cuando salieron todas estas propuestas en torno a las cámaras corporales me hicieron algunas preguntas. Estos organizadores querían apoyar *algo*, pero no sabían qué y no sabían cómo averiguarlo por sí mismos. Escribí ese artículo muy rápido y lo publiqué en mi blog. Se hizo viral: alguien me envió un correo electrónico desde Londres para decirme que lo estaban utilizando allí. Me dije: «Dios mío, eso es realmente increíble y genial que algo sea útil para mucha gente . . . »

Rachel Herzing (una de las cofundadoras de Resistencia Crítica [*Critical Resistance*]) y yo acabamos escribiendo un artículo muy breve sobre nuestras preocupaciones en torno a las juntas de supervisión comunitaria y el control de la policía por parte de la comunidad para algunas personas jóvenes que nos habían hecho preguntas en Chicago cuando ocurrió todo el asunto de la junta de supervisión con el alcalde Rahm Emanuel. Querían sugerencias sobre qué lenguaje utilizar, cómo pensar en esto, cómo responder.

Escribimos algo y lo compartimos con un grupo de abolicionistas y obtuvimos una serie de respuestas. Por un lado, había gente que decía que esto era ridículo, que estos organismos sólo iban a reproducir lo que tenemos actualmente y que lo que tenemos actualmente no tiene poder para supervisar a la policía. Por la propia naturaleza de la policía, no era posible.

Pero también hubo gente que pensó que tal vez lo que teníamos que hacer era movilizar a la comunidad fuera de esas estructuras para que no se dejaran engañar y que no pensaran que esas estructuras iban a ser capaces de hacer algo. Y algunas personas pensaron que, si hubiera un organismo con capacidad para contratar y despedir y para controlar los recursos, entonces es posible que esto fuera una forma provisional de empezar a erosionar el poder de la policía. En ese caso sería parte de la larga evolución en su camino hacia la abolición. Le estás quitando poder a la institución policial.

Estoy en discordia. Voy de un lado al otro todo el tiempo. ¿Es esto posible? ¿No son la policía y la vigilancia propia demasiado fuertes como para permitir que cualquier organismo civil las controle? ¿Acaso no tienen sindicatos tan poderosos que casi siempre acobardan al liderazgo civil? ¿Cómo podría entonces este órgano de control sobrevivir eso?

Estoy pensando en eso ahora mismo porque hay una demanda histórica de las comunidades negras, desde las Panteras Negras [*Black Panthers*], si no desde antes, de tener el control comunitario de la policía. Mi pregunta es: ¿puede esto ser posible? ¿Puede la comunidad tener poder sobre la institución policial? ¿Es posible para nosotros? No tenemos poder sobre nuestro ejército; ¿cómo proponemos tener poder sobre la policía, sobre todo el aparato de vigilancia? No lo sé. Eso es lo que sigo pensando estos días.

Duda: *Así que, si el control de la comunidad sobre la policía no va a ser un paso por el que necesariamente queramos apostarlo todo, ¿qué hacemos en su lugar? Sé que hay muchas alternativas realmente prometedoras en torno a la reconciliación, a la justicia restaurativa, a las formas de abordar y reducir el daño a través del diálogo, pero ¿qué hay de las alternativas para la función que, en teoría, tiene la policía, es decir, ayudar a las personas a escapar de situaciones en las que podrían resultar perjudicadas? Obviamente, no cumplen esta función a la perfección, ni mucho menos. Pero ¿existen prácticas alternativas que puedas señalar que te parezcan más prometedoras que la policía en este sentido?*

Kaba: Voy a decir esto: Creo que la responsabilidad comunitaria y el trabajo en nuestras comunidades es la clave. Tenemos que tomarnos en serio ese trabajo y acercarnos de forma mutua. Si nuestras relaciones se transforman con el tiempo, podremos pensar más claramente en más formas de reducir el daño. En ese momento, quizá nuestra sociedad no necesite que personas armadas vengan a nuestras casas a hacer controles de bienestar. Tal vez el mero hecho de que hayamos creado una sociedad diferente para nosotros —haya establecido una forma distinta de relacionarnos— nos responda finalmente la pregunta.

Vivir de la forma que vivimos hace difícil que la mayoría de la gente tome seriamente el fin de la vigilancia policial. La idea de que la policía equivale al estar a salvo es difícil de quitar. La transformación de esta mentalidad, en la que los policías equivalen a la seguridad, significa que tenemos que transformar realmente nuestras relaciones con los demás lo suficiente como para que podamos ver que podemos mantenernos protegidos entre nosotros. No se puede tener protección sin relaciones fuertes y empáticas con los demás. Se puede tener seguridad sin relaciones, pero no se puede tener protección —protección real— sin relaciones prósperas. Sin llegar a conocer realmente a tu vecino, averiguar cuándo debes intervenir cuando oyes y ves cosas, sentirse lo suficientemente a salvo dentro de tu comunidad como para sentir que, sí, mi vecino está pegándole a su pareja, voy a tocar la puerta, ¿verdad? No voy a pensar que esa persona va a apuntarme con una pistola y dispararme en la cabeza. No lo creo porque conozco a esa persona. La conozco. Construí esa relación con ellos y aunque estén molestos y enojados me arriesgo a ir allí y a actuar como: «Mira, tienes que parar esto ahora, ¿qué estás haciendo?» Parte de lo que esto requiere es que tenemos que trabajar con los miembros de nuestras comunidades para hacer que la violencia sea inaceptable. Lo que mi amigo Andy Smith ha dicho es que este es un problema de organización política y no uno de castigo.

¿Cómo podemos organizarnos para que la violencia interpersonal sea impensable? Eso requiere una transformación en muchos niveles para muchas personas. Pero no requiere esa transformación, en realidad, para otros grupos de personas que nunca han tenido la opción de llamar a la policía —simplemente no lo han hecho— y se las han arreglado para cuidarse entre ellos, y a sí mismos fuera de esa opción.

Nuestras preguntas se responden solas si miramos de frente. La gente me pregunta todo el tiempo cómo es la abolición. Hay grupos de personas que están viviendo un tipo de abolición ahora. Quiero que piensen en los barrios blancos y acomodados de la zona de Chicago, como Naperville, donde no hay policías... en ningún sitio. Tienes que llamarlos para que aparezcan. ¿Las escuelas de sus hijos? No hay policías, ni detectores de metales. Tienen lo que necesitan. La gente está trabajando. ¡Hablando de pleno empleo! La gente tiene casas que valen millones. Tienen vivienda, sanidad, trabajo: todo lo necesario para que la gente no sienta que necesitamos policía, cárceles y vigilancia. Hay algunas comunidades que ya viven eso hoy.

La pregunta es ¿por qué para ellos y no para todos nosotres? Creo que hasta cierto punto la imaginación es necesaria... sí. Pero no tenemos que imaginar tan lejos en el futuro. Ya está aquí.

Tenemos que dejar de complicar las cosas y de hacerlas parecer tan fantásticas en torno a la abolición. «¡Dios mío, la abolición no tiene sentido! ¿Cómo podríamos hacerlo?». Yo digo: «Lo estás haciendo ahora mismo». Ciertas personas son protegidas por su raza y por su estatus, y esa protección debe ser posible para todes.

Duda: *Estaba leyendo sobre algunas de las prácticas alternativas que se han desarrollado en Chicago. Son sorprendentes e inspiradoras, pero también suponen un trabajo increíblemente duro. Por ejemplo, las madres que se instalaban en una esquina todos los días con perros calientes, cientos y cientos de perros calientes, para reducir la violencia en su barrio.*

Kaba: Sí. Exactamente. Por cierto, a esas madres las echaron de delante de un edificio que estaba vacío. No pueden estar en una esquina frente a un edificio vacío porque el propietario no las quiere allí. Al final lo solucionaron, pero fue una lección para mí. Se sentaban afuera, pero en un espacio que es propiedad de alguien. Y tienen derecho a decirte que no puedes estar allí, aunque vivas al lado.

Duda: *Me pregunto cómo estas prácticas se convierten en la norma. Queremos que la gente haga esto en todas partes. Pero las personas que más se van a ver afectadas por estas cosas van a ser las que menos recursos tengan para hacerlas.*

Kaba: Cierto.

Duda: *Si tienes tres trabajos y luego tienes que dedicar ocho, diez o treinta horas a este trabajo para mantener la protección de tu comunidad y unirla, ¿dónde está el flujo de recursos que apoya esto? ¿Y existe el peligro, si este*

apoyo proviene del estado o de una gran organización sin ánimo de lucro,
de que este tipo de trabajo se convierta en algo que refuerce el CIC en lugar
de desafiarlo?

Kaba: Eso es una gran parte de lo que estoy tratando de entender. Mi
organización, el Proyecto NIA, se puso en marcha para desarrollar estas
alternativas, la mayoría de las cuales son llevadas a cabo por gente corriente, simplemente por personas en sus cuadras en sus comunidades.
Muchas de estas cosas ni siquiera están documentadas. No hay libros sobre cómo la gente maneja las situaciones que se presentan en sus barrios.

    ¿Pueden mantenerse este tipo de prácticas si no se consiguen
patrocinadores? Cuando los patrocinadores financian algo, estás realmente a su merced. Te encuentras en una situación en la que dependes
de la fundación o de una pequeña subvención o de lo que sea para pres-
tar el servicio. Nunca hay suficiente dinero. Siempre estás corriendo de
un lado al otro para intentar mantener esa financiación. No tienes suficiente personal remunerado, lo dirigen voluntarios en su gran mayoría.
Se acaba teniendo este nivel de agotamiento real que ocurre entre tanta
gente que se encarga de estos proyectos. Eso es real.

    Es decir, no tengo realmente una respuesta a si tiene sentido o no
aceptar dinero de una fundación o de otro tipo de fondos para hacer
este trabajo. Creo que la gente debería cobrar por su trabajo. Pero recibir una compensación no significa necesariamente que se le esté pa-
gando con dinero . . . Tal vez tenga que ser alojamiento gratuito, tal vez
tenga que ser comida gratuita de la granja comunitaria. Tal vez eso es lo
que nos va a pasar una vez que lleguemos al postcapitalismo, no lo sé. El
trabajo de la gente tiene que ser reconocido, recompensado de alguna
manera, porque es tiempo, es esfuerzo y es energía.

    En el Proyecto NIA hemos adoptado la postura de nunca aceptar di-
nero del estado. Rechazamos las subvenciones gubernamentales. Siempre
hemos dependido de las fundaciones y de las donaciones individuales.

    Por supuesto, las fundaciones no son perfectas. Forman parte del
mantenimiento del statu quo, por lo que son las siervas del capitalismo
por derecho propio. ¿Qué significa que un rico extraiga el dinero que
debería ir a la base de impuestos del país y luego decida por sí mismo
cómo donarlo nuevamente al público? ¿Qué significa esto cuando es
realmente nuestro dinero? ¿Cuándo no tienen que rendir cuentas al pú-

blico? Todas esas preguntas son válidas. Fui miembro de ¡INCITE! Mujeres, Gente no Conforme con el Género y Personas Trans de Color en Contra de la Violencia [*INCITE! Women, Gender Non-conforming, and Trans People of Color Against Violence*]. Las conversaciones sobre el complejo industrial carcelario, el complejo industrial sin ánimo de lucro y la revolución que no se financia —todas esas cosas— provienen, en parte, del trabajo de ¡INCITE! Entiendo todo eso, pero al mismo tiempo esas madres en la calle cada día necesitan recursos para hacer el trabajo que están haciendo. No es que tengan gente que les tire el dinero. La gente no lo hace. Necesitan dinero, necesitan gente y necesitan recursos. Al fin y al cabo, todo el mundo va a tener que hacer lo que cree que es ético para sí mismo. La gente tiene que tomar decisiones por sí mismas.

¿Cuál es nuestra política? ¿Cómo pensamos que los recursos externos van a dar forma a lo que intentamos hacer? ¿Estamos preparados para ello? ¿Queremos eso? Creo que es una cuestión importante a la hora de pensar en cómo se mantienen estas cosas a través del tiempo. Creo que lo importante es que la gente entienda que están ocurriendo. Hay un montón de organizaciones emergentes que trabajan en alternativas basadas en la justicia transformativa, pero también quiero ser clara al reconocer que hay mucha gente necesitada y que no tenemos tanta capacidad. No tenemos la capacidad de atender a cientos de personas si vienen a nosotres ahora mismo en busca de alternativas. Simplemente no la tenemos.

PARTE V

Debemos practicar y experimentar: Movilización y teoría abolicionista

Tortura policial, reparaciones y lecciones de lucha y justicia de Chicago

Prison Culture, febrero del 2015

Las protestas nacionales catalizadas por el asesinato de Mike Brown en Ferguson durante el pasado mes de agosto continúan incluso cuando ya muchos (incluyendo los principales medios de comunicación) han seguido hacia adelante. Algunos críticos han sugerido que los levantamientos carecen de liderazgo, de demandas concretas o que no poseen una estrategia clara. Cada una de estas críticas se puede refutar fácilmente, por lo que no me ocuparé de estas aquí.

En Chicago, mucha gente ha utilizado la energía y la apertura creada por estas protestas en curso para reavivar las campañas a largo plazo ya existentes en contra de la violencia policíaca. Cientos de personas se reunieron en el Templo de Chicago para mostrar nuestro amor por los sobrevivientes de la tortura policial el día después de que Jon Burge fuera liberado de su arresto domiciliario. La reunión fue promocionada como una audiencia y un mitin del pueblo en apoyo a una ordenanza de reparaciones actualmente estancada en el ayuntamiento de la ciudad de Chicago. Políticos, líderes religiosos y activistas comunitarios hablaron en el evento. Los poetas hicieron llegar las exigencias urgentes a la multitud. Pero las palabras más impactantes, conmovedoras y poderosas vinieron de los mismos sobrevivientes torturados por Burge.

Hablaron de el/ los impacto(s) de la tortura policial en sus vidas: las falsas confesiones, los años de encarcelamiento, el trauma físico y mental, los años apartados de sus seres queridos, los sentimientos de ira y, en última instancia, el triunfo de seguir en pie a pesar de la brutal violencia.

Mientras escuchaba, nuevamente me sorprendió la importancia del lenguaje y de las palabras que necesitan ser dichas. Nuestros mejores maestros, incluida Audre Lorde entre otros, han impartido esta verdad. En los últimos meses, semanas y días, me he encontrado diciendo en voz alta y en varias veces #*Las vidas negras importan*. No es que no sepa de antemano que lo son. Creo que estoy intentando pronunciar las palabras para que existan. Estas palabras deben darse por sentadas. Pero no lo son. He revisado mi creencia anterior de que las palabras deben permanecer sin ser pronunciadas. «¿A quién están tratando de convencer?» Anteriormente le había contado en secreto a una amistad. Resulta que tengo una deuda de gratitud con Opal, Patrisse y Alicia por haberme recordado el poder del lenguaje y de la palabra hablada.

Aquí en Chicago estamos comprometidos para *hacer* que las vidas de la gente negra importen. La ordenanza de reparaciones es una forma concreta que algunos de nosotros hemos elegido para luchar, para que estas importen. A través de esta lucha de décadas, estamos anticipando el mundo en el que queremos habitar. Una vez más, hemos aprendido de Lorde:

> Al mismo tiempo que nos movilizamos tras los problemas específicos y urgentes, también debemos desarrollar y mantener una visión en curso, y la teoría que sigue a esa visión, de por qué luchamos—de la forma, el gusto y la filosofía de lo que deseamos ver—.

No es que cuando ganemos la ordenanza, las vidas de los negros les importarán a otras personas en este país. Más bien, es que quienes luchamos juntos tendremos que definir (en parte) la visión de lo que entendemos, es, que las vidas negras importen. A través de la ordenanza, rechazamos la tortura de la gente negra. Demandamos que la tortura de la gente negra se incluya en el plan de estudios de las escuelas públicas. Exigimos una disculpa formal de parte de la ciudad por el daño. Exigimos recursos para la sanación, incluida la atención de la salud mental, el empleo y la educación gratuita para los sobrevivientes y sus familiares. Exigimos una compensación económica por el daño hecho. La ordenanza de reparaciones para los sobrevivientes de la tortura por parte de Burge encarna (en parte) lo que queremos decir cuando decimos que #*Las vidas negras importan*. Proporciona un ejemplo para las demandas que deben ser cumplidas para todas las personas negras que habitan en este país.

Cada vez que viajo a DC intento visitar el monumento a la Guerra de Vietnam brillantemente diseñado por Maya Lin. Nunca quiero olvidar la locura de la nación y la tragedia de la guerra. Siempre es profundamente discordante ver miles y miles de nombres tallados en esa pared. Con esa imagen en mente, quise crear un monumento público viviente al final del mitin del sábado. Usando banderas que previamente fueron hechas y usadas por el Memorial de la Justicia para los Torturados en Chicago [*Chicago Torture Justice Memorial*], los participantes del mitin desafiaron las temperaturas bajo cero para crear un muro con sus cuerpos en la plaza Daley.

Fue nuestro muro de nombres, de los supervivientes de una guerra declarada y proseguida en contra de la gente negra en una de las principales ciudades estadounidenses. Todo el mundo se paró hombro con hombro sosteniendo una bandera con el nombre de un sobreviviente de la tortura por parte de Burge. La fila de personas se extendía a través de todo un bloque. Ciento dieciocho nombres documentados. Hay muchos otros que desconocemos. Honramos también a esas personas con nuestro monumento público.

Es difícil echar una mirada hacia la tortura. Queremos desviar esa contemplación fija. Queremos mantenerla en lo abstracto y hablar eufemísticamente. Pero debemos enfrentarnos directamente a la tortura; debemos verla. Ésta es la única forma en que tendremos alguna posibilidad de abordar la violencia cometida en nuestro nombre tanto en nuestro país como en el extranjero. Es aborrecible. No podemos permitirnos ser cómplices. No debemos continuar tolerando lo intolerable. Hacerlo es perder el derecho a considerarse a sí mismo como un ser moral. Burge y sus compañeros oficiales, torturaron a la gente en nuestra propia casa. Tenemos la responsabilidad colectiva de luchar por la justicia de sus víctimas.

Fue apropiado que nos reuniéramos durante el día de San Valentín. Después de todo, la lucha por la justicia de los sobrevivientes de la tortura por parte de Burge es una historia de amor. El sábado, los residentes de Chicago demostraron su amor a través de su presencia y mediante su compromiso a la acción continua. bell hooks ha escrito:

Es esencial para nuestra lucha por la autodeterminación que hablemos sobre el amor. Porque el amor es la base necesaria que nos capacita para sobrevivir a las guerras, las dificultades, las enfermedades y el morir con nuestros espíritus intactos. Es el amor lo que nos permite sobrevivir de forma íntegra.

No estoy segura de que sea posible para la gente negra de este país «sobrevivir de forma íntegra», incluso cuando centramos el amor en nuestras vidas y en nuestras movilizaciones para la justicia. Lo cierto es que el amor ofrece la oportunidad de construir comunidades sostenibles y de afirmación que pueden ayudar a amortiguar las fuerzas implacables de la opresión que buscan destruirnos diariamente. Liderar con amor nos da la oportunidad de luchar para ganar. Las personas que se reunieron en el Templo de Chicago estaban allí para dar forma a un futuro en el que todes podamos ser libres. Juntos, insistimos en que la afrenta a la humanidad de los supervivientes de la tortura es un golpe contra todes nosotros. No había mejor mensaje para hacer llegar en el día de San Valentín.

Tortura policial, reparaciones y ecos desde la «Casa de los gritos»

Prison Culture, mayo del 2015

Ayer, el ayuntamiento de la ciudad de Chicago aprobó una legislación histórica para proporcionar reparaciones para los sobrevivientes de la tortura policíaca cometida por Burge. El paquete que fue aprobado incluye:

Una disculpa formal por la tortura; servicios especializados de consejería para los sobrevivientes y familiares del lado sur impactados por los actos de Burge; inscripción gratuita y formación laboral en los recintos de educación postsecundaria de la ciudad [City Colleges] para los sobrevivientes y familiares (incluyendo nietos), así como el acceso prioritario a otros programas de la ciudad, incluyendo ayuda con la vivienda, el transporte y el cuidado de ancianos; una lección de historia sobre los casos de tortura cometidos por Burge que se enseñe en las escuelas públicas de Chicago al estudiantado de octavo y décimo grado; la construcción de un monumento público permanente que honre a los sobrevivientes; y una reserva de $5.5 millones para un Fondo de Reparaciones para las Víctimas de Tortura Cometida por Burge que les permitirá a los sobrevivientes que nos acompañan hoy, recibir una compensación económica por la tortura que padecieron.

Chicago es el primer municipio de EE. UU. en legislar reparaciones para los sobrevivientes y víctimas de la violencia policial racista. Esta victoria era improbable. En su libro *Hechos impronunciables, gente común y corriente* [*Unspeakable Acts, Ordinary People*] publicado en el 2000, el periodista John Conroy ofreció una evaluación sombría de la respuesta de la ciudad ante las denuncias sobre las torturas de Burge y sus secuaces:

> La ciudadanía de Chicago no se inmutó. El clero no mostró liderazgo, solo con la excepción de unos pocos que eran en su mayoría ministros de bajo rango. El resto de los funcionarios religiosos guardaron silencio. Ante la ausencia de cualquier clamor, la clase política no mostró interés. Los reporteros, no escuchando ninguna denuncia, no realizaron investigaciones y los redactores editoriales no hicieron ninguna campaña. La fiscalía estatal y federal, no sintió ninguna presión de la prensa ni del público, no escuchó ningún comentario moral del sector religioso y no procesó a nadie. Los jueces, al no ver a ningún oficial acusado ni escuchar a ningún oficial hablando en contra de sus camaradas, pudieron por lo tanto y de forma muy cómoda, no prestar atención a las denuncias de tortura. Con pocas excepciones, lo hicieron. Me encontré que no tuve que viajar muy lejos para saber que la tortura es algo que debemos aborrecer, pero solo cuando se le hace a alguien que nos agrada, preferiblemente si es alguien que nos gusta y que vive en otro país.

Quince años después, escuché desde el tercer piso del ayuntamiento al alcalde y a miembros del ayuntamiento disculpándose por las torturas sufridas por más de 118 personas negras a manos de Burge y sus secuaces. Fue un momento milagroso.

¿Qué cambió entre la descripción de Conroy sobre la respuesta de un público apático ante las denuncias de tortura de Burge y la votación de ayer del consejo sobre la indemnización? De hecho, creo que Conroy fue demasiado despectivo ante la movilización que tuvo lugar en la década de los 90. Pensó que las protestas eran en su mayoría insignificantes y pequeñas. Creo que es un recordatorio de que nuestras perspectivas sobre los momentos históricos que habitamos a veces pueden ser miopes. Conroy no podría haber sabido que la movilización en los años 90 serviría como una base y un mapa para los esfuerzos en el futuro. Él tenía razón en que la clase política, el cuarto poder y la mayoría del público eran generalmente apáticos ante las denuncias de tortura policial. Pero creo que él también subestimó la importancia de la resistencia sostenida liderada por grupos como Alerta Ciudadana [*Citizens Alert*], Gente Negra en Contra de la Tortura [*Black People Against Torture*], Centro Legal del Pueblo de Uptown [*Uptown People's Law Office*] y más. Hubo pequeñas victorias en el camino. Nuestro logro histórico de ayer se debe a esas victorias reñidas. La movilización y el activismo que comenzó a finales de los 80 tomó la forma de protestas, defensa, litigios y narración de historias (incluyendo el poderoso periodismo de investigación de Conroy). La organización y la lucha son importantes. El cambio suele ser lento. Pero a veces ganamos.

Me sumergí en la campaña de reparaciones de Burge durante el otoño pasado. Los pasados seis meses, una coalición de gente y grupos se movilizó de forma incansable para aprobar esta legislación. Llevamos a cabo mítines, cantos de protesta, marchas, acciones ligeras, toma de trenes, exhibiciones y más. El precio por estar inmerso en esta lucha es ser testigo de actos indescriptibles de crueldad cometidos contra otros seres humanos. Burge y sus compañeros oficiales de policías electrocutaron, golpearon, asfixiaron y, en general, torturaron a decenas de personas durante dos décadas. Los cuartos donde el comandante Jon Burge y sus compañeros oficiales torturaron y forzaron confesiones de los sospechosos fueron denominados como «La(s) casa(s) de los gritos». Esos gritos resonaron en mi cabeza ayer, al tiempo que escuchaba el voto del ayuntamiento de la ciudad de Chicago sobre la legislación de reparaciones para los supervivientes de la tortura cometida por Burge. Lentamente esos gritos se convirtieron en susurros y parecían decir: «Gracias por creernos y por negarse a olvidar».

El centrarse en estos daños es doloroso y puede llevar a la desesperación. Sin embargo, a través de la organización para obtener alguna justicia para los sobrevivientes de la tortura, también he visto y experimentado una increíble bondad, desinterés y compasión. Esto es lo que sostiene mi esperanza. Estoy convencida de que la injusticia y la opresión no tendrán la última palabra. Anoche asistí a una reunión de amistades y camaradas que, a su manera, han contribuido a esta lucha. Algunos han pasado la mayor parte de tres décadas luchando para brindar alguna justicia a los sobrevivientes de la tortura. Me pidieron que dijera algunas palabras y tuve dificultades para expresar mis sentimientos y pensamientos. Mientras rebuscaba mis palabras, me sentí abrumada al ver parados frente a mí a quienes son en el presente, hombres negros viejos. Unos cuantos habían sido tratados con brutalidad a principios de la década de los 70. Anoche no fui elocuente, pero mis palabras fueron sinceras. Me mantuve compuesta, pero cuando llegué a casa, lloré. Eran lágrimas de alivio, gratitud y, sobre todo, amor.

En los próximos días y semanas ya habrá tiempo para reflexionar y encontrar mis palabras. Pero por hoy, que se sepa que aquí en Chicago, estábamos decididos a no olvidar las atrocidades cometidas en nuestro nombre por la policía. Resistimos la violencia de los recuerdos que se venían desvaneciendo y luchamos para preservar el conocimiento de estas atrocidades por las que todes tenemos alguna responsabilidad. Luchamos con los sobrevivientes de la tortura, y ayer vencimos.

Libérennos a todes nosotres:
Campañas de defensa participativa
como parte de la movilización abolicionista

The New Inquiry, mayo del 2017

¿Cómo podemos liberar a millones de personas actualmente enjauladas en las prisiones y cárceles de EE. UU.? Como abolicionista que cree que debemos crear las condiciones para el desmantelamiento de las cárceles, la policía y la vigilancia, a menudo me preguntan cómo se pueden construir nuevas instituciones que en realidad garanticen seguridad. Mi respuesta es siempre la misma: organización colectiva. En el presente, hay una variedad de estrategias para sacar a la gente de la cárcel/ en contra del encarcelamiento que se están empleando en todo el país para liberar a la gente encarcelada, de forma individual y colectivamente. La gente se está organizando para reformar la fianza, está apoyando la libertad condicional individualizada para la gente que está presa, está participando de observaciones en la corte, está lanzando campañas de conmutación masiva y está abogando por leyes que ofrezcan nuevas vías para la liberación.

Otra estrategia importante para asegurar la libertad de las personas criminalizadas son las campañas de defensa participativa. Estos son esfuerzos de base para presionar a las autoridades a que se ocupen de las necesidades de la gente encarcelada y a sensibilizar y recaudar fondos. Este ensayo argumenta que las campañas de defensa para los sobrevivientes de violencia que son criminalizados como Bresha Meadows y Marissa Alexander son una parte importante de un proyecto abolicionista más amplio. Algunos podrían sugerir que es un error concentrarse en los esfuerzos por la liberación de individuos cuando es necesario que se desmantelen todas las cárceles. Pero este argumento hace que las personas que se encuentran actualmente en la prisión sean invisibles y desechables, mientras estamos movilizándonos hacia un futuro abolicionista. De hecho, la movilización del apoyo popular para la liberación de la gente encarcelada es un trabajo necesario para la abolición. Las oportunidades para liberar a la gente de la prisión mediante el apoyo popular, «y que no arrojen a otra gente encarcelada debajo del autobús» deben ser aprovechadas.

Campañas de defensa como práctica de cuidado abolicionista[*]

Una idea abolicionista importante es que la mayoría de las reformas penitenciarias tienden a afianzar el sistema penitenciario y ampliar su alcance. Los reformistas del siglo XIX, por ejemplo, crearon las cárceles de mujeres para mejorar las brutales condiciones a las que se enfrentaban las mujeres que tenían que compartir alojamiento con los hombres en prisión. Pero el resultado fue que exponencialmente más mujeres fueron encarceladas.

Por ende, es importante el desarrollo de estrategias que realmente reduzcan el número de personas que se encuentran encarceladas. Las campañas de defensa son una de esas estrategias. Son una estrategia importante que permite a los abolicionistas abordar las necesidades de las personas encarceladas sin fortalecer inadvertidamente el sistema penitenciario.

Por supuesto, las campañas de defensa son más efectivas como estrategias abolicionistas cuando se enmarcan de una manera que responden en general, a la necesidad de abolir las cárceles. La campaña no puede estar enmarcada por un mensaje como: «Esta es la única persona que no debería estar en prisión, pero el resto debiera estarlo». Más bien, los casos individuales deben enmarcarse como emblemáticos de las condiciones que enfrentan miles o millones que también deberían ser liberados.

En un evento que celebraba el nuevo libro de Christina Sharpe, *En el velorio* [*In the Wake*] Saidiya Hartman se dirigió al público y comentó que «el cuidado es el antídoto contra la violencia». Sus palabras ofrecen un marco feminista potencialmente poderoso para la abolición. Las campañas de defensa efectivas brindan a miles de personas la oportunidad de demostrar el cuidado hacia las personas criminalizadas a través

---

[*] Estoy en deuda con mi amiga Alisa Bierria por ayudarme a conceptualizar las prácticas y tácticas del «cuidado abolicionista».

de diversas tácticas (incluyendo la redacción de cartas, apoyo financiero, visitas a la prisión y más).

Estas conectan a las personas de una forma sincera y directa que les enseña lecciones específicas sobre la brutalidad de las prisiones. Y esto puede cambiar la opinión y los corazones, ayudando a la gente a (con suerte) desarrollar políticas más radicales. Al final, una práctica de cuidado abolicionista enfatiza que nuestros destinos están entrelazados y nuestra liberación está interconectada. Como tal, las campañas de defensa guiadas por la ética y la práctica del cuidado pueden ser estrategias poderosas para llevarnos hacia la abolición.

La paradoja de la «protección» para las niñas y mujeres negras

He dedicado la mayor parte de mi vida adulta al apoyo y organización con mujeres y niñas negras. Recientemente, he sido parte de la co-fundación de los comités locales de defensa para Marissa Alexander y Bresha Meadows.

En julio pasado, Bresha Meadows tenía catorce años cuando supuestamente usó el arma con la que su padre le había amagado a ella y a su familia durante años (aterrorizándolos y abusando de ellos) para dispararle mientras dormía. Bresha había aprendido a temerle a su padre, quien repetidamente había amenazado con matarla a ella y a su familia. La evidencia del abuso de su padre se podía ver en los informes de la policía, las órdenes de protección, las contusiones corporales descoloridas, las historias de sus vecinos, los reclamos de ayuda a los consejeros escolares y los rumores de violencia sexual.

En más de una ocasión, Bresha escapó. Cada vez que lo hacía, era devuelta a su hogar abusivo. La última vez, escapó a la casa de su tía. Su tía es una oficial de policía, pero no pudo proteger a su sobrina. Por el contrario, Bresha fue acusada de homicidio agravado. El estado no la protegió y ahora ella se encuentra pasando su décimo mes en la cárcel. Bresha ha sido colocada de forma repetida bajo vigilancia de suicidio y actualmente se enfrenta a un juicio. El estado de Ohio es ahora su maltratante.

A finales de enero del 2017, cuando Bresha estaba siendo trasladada del Centro de Detención Juvenil del condado Trumbull para una evaluación en un centro de salud mental, Marissa Alexander se estaba quitando los grilletes de su monitor de tobillo tras dos años de arresto domiciliario y tres años de encarcelamiento previo a eso.

El trayecto de Marissa a través del sistema de castigo penal comenzó en el 2010, cuando ella fue confrontada por su marido —ya separado de ésta—, en su propia casa nueve días después de haber dado a luz a su tercera criatura, una pequeña niña. Amenazada por un hombre que admitió en una declaración haber abusado de todas las mujeres con las que había estado exceptuando a una, Marissa usó un arma de la que tenía licencia para poseer y disparó un solo tiro de advertencia al aire para alejar a su marido abusivo.

A causa de esto, un jurado de sus supuestos pares, la declaró culpable de asalto agravado con un arma mortal tras una deliberación de 12 minutos. La fiscalía usó ese cargo del arma mortal para recomendar que Marissa cumpliera una pena de veinte años, amparándose bajo la ley de armas de sentencia mínima obligatoria del estado de la Florida. El juez que había dictaminado anteriormente que Marissa no era elegible para invocar la Ley de Legítima Defensa como defensa porque ella no parecía estar asustada, dijo que sus manos estaban atadas por la ley y ratificaron la sentencia de veinte años.

Bresha y Marissa, una niña y una mujer negra, son parte del legado de EE. UU. que criminaliza a los sobrevivientes de la violencia por actuar en defensa propia. Esto es particularmente cierto para las mujeres y las personas de color no conformes con el género (especialmente la gente negra) que son vistas como amenazas inherentes, que nunca pueden ser vulnerables, ni capaces de temer. Se les ve siempre como agresores, cuya piel se usa como arma, por lo que es imposible que se les considere como víctimas de la violencia. Las mujeres y las personas de color no conformes con el género parecen no tener un yo para defender bajo la ley y en la conciencia popular.

Las mujeres y niñas negras en EE. UU. han buscado protección del estado durante mucho tiempo por la violencia interpersonal sufrida mientras que simultáneamente se organizan en contra de la violencia del poder estatal. Ida B. Wells-Barnett fue una de las primeras activistas-intelectuales negras que asumieron la vulnerabilidad física y sexual de las mujeres negras como una preocupación pública. El caso que ella hizo contra el linchamiento no era simplemente que las personas blancas estuvieran mintiendo cuando decían que estaban señalando de forma mayoritaria a violadores negros masculinos, si no también que la violencia sexual contra las mujeres y niñas negras fue ignorada y encubierta por esa misma gente blanca. Para Wells y algunas de las mujeres negras del club del siglo XIX y principios del XX, la protección estatal fue considerada un derecho de ciudadanía.

Las mujeres negras son (la mayoría de las veces) blanco de la violencia estatal, y cuando o si alguna vez son protegidas por el estado castigador, los precios a pagar son muy altos. En algunos casos, el «paternalismo de género» del estado (un término acuñado por lesbianas y feministas radicales de la década de 1970) utiliza a las mujeres negras como piezas de poca importancia para reforzar la criminalización racial. Las víctimas de violencia doméstica son amenazadas con encarcelación por jueces y fiscales si se niegan a testificar en contra de sus abusadores. Esto se hace para «su propia protección» y a menudo en contra de sus deseos expresados. Sin embargo, a lo largo de los años, las contradicciones de exigir protección al estado que también nos ataca y nos mata ha resultado ser irreconciliable.

Es fácil comprender por qué la gente oprimida y marginada quiere que el sistema de castigo penal aplique sus leyes de forma equitativa. Todo el mundo desea que se asuma algún tipo de responsabilidad cuando se sufren daños. Se han gastado años interminables de energía activista en la reacción y el refuerzo del corrupto sistema de castigo penal. Pero tenemos que lidiar con el hecho de que el sistema nunca se acusará a sí mismo y que cuando exijamos más enjuiciamientos y castigo esto solo sirve para reforzar un sistema que debe ser desmantelado. Como Baldwin nos enseña: «La ley está destinada para ser mi sirviente y no mi amo, mucho menos mi torturador y mi asesino. Cuando se respeta la ley, en el contexto en el que se encuentra el negro estadounidense, es simplemente renunciar a su amor propio».

#Liberen a Bresha y #Liberen a Marissa desde un contexto histórico

Las campañas por la libertad de Marissa y Bresha fueron inspiradas por el esfuerzo durante el 1974 para liberar a Joan Little, una mujer negra encarcelada de veinte años. Tras defenderse de Clarence Allgood, un guardia blanco que la estaba agrediendo sexualmente, Joan Little le arrebató un picahielos que él tenía en su mano y lo apuñaló. Allgood murió y Little escapó, finalmente entregándose a las autoridades una semana después y alegando que fue en defensa propia. Ella fue acusada de asesinato en primer grado, lo que conllevaba la posibilidad de la pena de muerte. Su difícil situación pronto inspiró una campaña de defensa masiva que se conoció como el Movimiento Liberen a Joan Little [*Free Joan Little Movement*]. Muchas organizaciones e individuos a través de todo el país recaudaron dinero para su fianza y su defensa.

Cuando comenzó el juicio de Little el 15 de julio de 1975, quinientos simpatizantes se reunieron frente al Palacio de Justicia del condado de Wake. Según el relato histórico de Danielle McGuire, *En el fin oscuro de la calle: Mujeres negras, violación y resistencia* [*At the Dark End of the Street: Black Women, Rape, and Resistance*], los simpatizantes «izaron pancartas exigiéndole al tribunal, "Liberen a Joan Little" y "Defiendan a las mujeres negras", y se podían escuchar fuertes cánticos que predominaban ante el estruendo tráfico y las conversaciones. "Uno, dos, tres. ¡Joan debe ser liberada!", cantaba la multitud. "Cuatro, cinco, seis. ¡Poder para el picahielos!"».

Finalmente, tras un juicio de cinco semanas y 78 minutos de deliberación, Joan Little fue absuelta por el jurado y devuelta a la prisión para servir tiempo por su ofensa original, que fue un robo. El caso es reconocido como la primera vez que una mujer fue absuelta de asesinato por motivos de defensa propia en contra de su violación. Este sigue siendo un testimonio de la resistencia de las mujeres negras a la subyugación y la depredación sexual.

Hasta esta fecha, el Movimiento Liberen a Joan es el único ejemplo de movilización estadounidense masiva en contra de la violencia estatal en nombre de las mujeres negras. Los organizadores del comité de defensa de Joan Little centraron su campaña en la violencia estatal en lugar de la protección estatal ante la violencia. Ellos mezclaron la política de la seguridad y la violencia y centraron las experiencias de las mujeres de color en su organización. Estos recalcan las formas en que el estado agravó, en lugar de aliviar la violencia en las vidas de las mujeres marginadas.[*]

---

[*] Ver el trabajo de la historiadora Emily Thuma para una información más detallada sobre el Movimiento Liberen a Joan Little.

Esto no tenía precedentes en su época y hoy, sigue siendo una rareza. El trabajo del Movimiento Liberen a Joan Little se aproxima a lo que luce como un poco de «justicia»: Joan Little viva, con tanto amor, solidaridad y apoyo comunitario, como tal vez lo hubiera hecho ella bajo el fulgor de la muerte.

Las campañas *#Liberen a Bresha* y *#Liberen a Marissa*, como la campaña de defensa Liberen a Joan Little que vino antes, se han esforzado mucho en subrayar que cada sobreviviente es una entre miles de mujeres y niñas negras que han sido y continúan siendo criminalizadas por la toma de acciones para su supervivencia. El mensaje ahora, como lo fue entonces, es que todas las Joans, Marissas y Breshas deben ser libres.

El trabajo de organización del presente se basa en el antepasado común de estas lesbianas y feministas radicales cuya política encontró su expresión en la defensa colectiva (un término acuñado por la historiadora Emily Hobson) y que adoptó una estrategia movilizadora opositora a la violencia estatal de EE. UU. Estas fueron feministas que utilizaron la política de defensa colectiva y de masas para desafiar las intersecciones de la violencia de género y la criminalización racial. Estas son feministas que dirían, en palabras de la exprisionera política Susan Saxe: «Mi feminismo no me arroja a los brazos del estado, sino incluso más lejos de este».

La movilización abolicionista en práctica

Para muchos sobrevivientes, especialmente de color, las experiencias de violencia doméstica y de violación están indisolublemente vinculadas con los sistemas de encarcelamiento, vigilancia policial y criminalización. Algunas cárceles de mujeres tienen hasta un 94 por ciento de su población con antecedentes de abuso sufrido, previo a su encarcelamiento. Una vez dentro de la cárcel, muchas mujeres cisgénero, mujeres trans y las personas no conformes con el género experimentan violencia sexual por parte de los guardias y otras personas.[*]

---

[*] El trabajo de las campañas *#Liberen a Bresha* y *#Liberen a Marissa* se centran alrededor de estas experiencias ya que han sido organizadas para la liberación de todo sobreviviente criminalizado.

Si bien este ensayo se centra particularmente en la difícil situación de los sobrevivientes de la violencia que son criminalizados, estas personas son solo un ejemplo donde las campañas de defensa participativa resuenan debido a la revictimización por parte del estado y la negación de la defensa propia. Desde una perspectiva abolicionista, toda la gente encarcelada debe ser liberada. Existe una larga historia de campañas de defensa participativa que se han centrado en las personas criminalizadas por estar en desacuerdo o por acciones tomadas como parte de la movilización de la justicia social (véanse los casos del Partido Pantera Negra, Movimiento de la Gente de Pueblos Originarios Estadounidenses [*American Indian Movement*], y miembros del MOVE, entre otros). La organización abolicionista evita la idea de la «inocencia» como un elemento relevante en el desmantelamiento del complejo industrial carcelario.

Soy coorganizadora de Sobreviviendo y Recibiendo Castigo, una coalición de gente y organizaciones comprometidas con la erradicación de la criminalización de sobrevivientes de la violencia doméstica y sexual. La membresía de S&P cree que la creación de campañas de defensa participativa para apoyar a las personas más vulnerables a la criminalización es esencial para la educación del público —incluyendo reformadores penitenciarios y abolicionistas— sobre el terror racial y de género en torno a la criminalización y el encarcelamiento. Sabemos que las campañas que enaltecen y defienden a las mujeres negras acusadas de actos violentos, como Marissa y Bresha, son a menudo el único medio para el aseguramiento de su libertad.

Estas campañas son también necesarias para que la educación popular fortalezca nuestros movimientos: tanto informando como mejorando las estrategias generales de movimiento, y desafiando los falsos y dañinos binarios que usamos para describir a la gente encarcelada como violenta/no violenta e inocente/culpable. Las campañas de defensa pueden crear nuevas formas de aprendizaje y práctica necesarias para la abolición. Cuando ponemos en conversación campañas como las que apoyan a las personas en centros de detención para inmigrantes, a la gente criminalizada por trabajo sexual y a la gente blanco de la violencia transfóbica, podemos comprender mejor cómo opera la criminalización y la violencia de género anti negra.

Sin embargo, estas estrategias a corto plazo deben ubicarse dentro de una visión a largo plazo para la justicia en lugar de como un sustituto de esa visión. Por lo tanto, es importante primero tener claro las limitaciones y los peligros de algunas de estas estrategias. En segundo lugar, debemos analizar cómo podríamos replantear esta lucha para abordar la naturaleza sistémica de la supremacía blanca, el colonialismo de asentamiento y la anti negritud. Así entonces podría ser más fácil la coordinación de una estrategia a corto plazo que apoye en vez de contradecir nuestra visión a largo plazo. Las campañas de defensa participativa pueden ser una estrategia a corto plazo para actuar en solidaridad con la gente sobreviviente de la violencia que es criminalizada y toda la gente encarcelada.

Si ahora está convencido de aceptar la invitación para crear campañas abolicionistas de defensa que apoyen la gente criminalizada que sobrevive la violencia y de toda la gente encarcelada, aquí hay algunas ideas claves que debe tener en cuenta y que guíen su organización:

- Las mujeres y las personas no conformes con el género no son sólo blanco de violencia interpersonal sino también de violencia estatal. Por lo tanto, las discusiones de violencia interpersonal sin una crítica del poder estatal y del capitalismo son, en el mejor de los casos, incompletas y, en el peor de los casos, una reificación de las estructuras opresivas que son constitutivas de la violencia interpersonal.

- Las dimensiones raciales de la violencia de género siempre deben ser discutidas.

- La criminalización masiva es establecida por parámetros de género, una faceta que se ignora con demasiada frecuencia.

- Es importante utilizar una política de defensa colectiva y masiva para desafiar las intersecciones de la violencia de género y la criminalización racial.

- Los derechos a la autodefensa y la autodeterminación de las mujeres y de las personas no conformes con el género deben ser ganados mediante el apoyo popular.

- Los actos de autodefensa son válidos para afirmar todos los derechos de las mujeres y de las personas no conformes con el género a su autonomía corporal.

- Es fundamental hacer valer y preservar el derecho de las personas marginadas a su defensa propia porque estamos desprotegidos y somos atacados por el estado y en ocasiones por nuestras propias comunidades.

- El binario de delito violento/no violento es un espejismo insidioso y debemos luchar por la libertad de todo el mundo. Peticionar por ayuda y protección a un estado que está configurado para matarnos puede ser insostenible y, por lo tanto, nos obliga a la consideración de nuevas formas de encontrar algo de justicia.

- La criminalización en sí misma es violencia sexual —una forma de promulgación estatal de violencia de género— que es una razón importante para oponerse a ella.

- No podemos centrarnos en abordar las vulnerabilidades mediante la criminalización, que siempre es racializada, llena de clasismo, establecida por parámetros de género y de heteronormatividad. Entonces, un enfoque en los sobrevivientes de la violencia que son criminalizados nos lleva a preguntarnos: «¿Cómo creamos seguridad fuera de las lógicas carcelarias?»

En marzo del 2015, tuve el gran honor de moderar un panel en la conferencia, *Color de la violencia* [*Color of Violence*], organizada por ¡INCITE! Mujeres, Gente no Conforme con el Género y Personas Trans de Color en Contra de la Violencia. El panel incluyó a sobrevivientes de violencia previamente criminalizados, como Yvonne Wanrow, Marissa Alexander (que apareció a través de Skype), CeCe McDonald y Renata Hill. La exprisionera política Angela Davis se sentó en la primera fila de la audiencia.

La red de conexiones entre estas mujeres se hizo visible cuando Marissa contó la historia de ver el documental *Liberen a Angela y a todes los presos políticos* [*Free Angela and All Political Prisoners*] cuando se encontraba bajo arresto domiciliario. Ella dijo que la película le dio fuerza que contribuyó a su supervivencia. CeCe compartió que tenía un cartel de #*Liberen a Marissa* en su celda mientras estaba encarcelada y que la lectura del libro de Davis, *¿Son obsoletas las prisiones?* [*Are Prisons Obsolete?*] la radicalizó mientras estaba dentro. Yvonne Wanrow le agradeció a Angela Davis por haber contribuido a su comité de defensa durante los 70. La ética y la práctica del cuidado abolicionista vincula a quienes han sido criminalizados entre sí, pero también a nosotres en el exterior. Cientos de nosotres fuimos testigos y comprendimos la importancia y el valor de las campañas de defensa durante esa noche.

Una práctica de excarcelación que tiene la intención de ganar debe incluir la lucha por la liberación de la gente tras las rejas, y eso debe incluir la lucha para la defensa y la libertad de los sobrevivientes de la violencia que son criminalizados. Esto asegurará que nuestro movimiento por la abolición se fortalezca y pueda crecer. ¡Liberen a todes nosotres!*

---

* Este ensayo se benefició enormemente de los comentarios y las correcciones de Alisa Bierria, Nancy Heitzeg, Colby Lenz, Erica Meiners y Andy Smith. Un sincero agradecimiento por sus sugerencias e ideas.

Rekia Boyd y #*Despidan a Dante Servin*: Una campaña abolicionista en Chicago

Sobre cuándo se da la cara, cuándo borrarse a sí mismo y cuándo se enaltece a «la misma gente de siempre»

Prison Culture, abril del 2015

Era poco probable que llegáramos a conocerla por su nombre de pila: Rekia. Era una joven negra de veintidós años cuando Dante Servin, un detective del Departamento de Policía de Chicago [CPD], le disparó en la cabeza. En la economía política de los homenajes y del duelo público, ser una mujer negra joven no es ventajoso. Los nombres que exaltamos (si acaso conmemoramos algunas vidas negras) suelen estar conectados a hombres cis heterosexuales: Sean, Rodney, Amadou, Mike, Tamir y ahora Freddie...

Estaba en el aeropuerto de Nashville el lunes pasado cuando mi teléfono comenzó a sonar. Mis amistades que estaban en el juicio de Dante Servin me estaban llamando y enviando mensajes de texto para dejarme saber la noticia. El juez Porter aceptó la moción de la defensa por un hallazgo indicado y desestimó el caso en contra de Servin. No me sorprendió. Solo sentí tristeza por la familia de Rekia Boyd. No obtuvieron la justicia que buscaban. Esperaron tres años para el día en que Servin estuvo en la corte. Lucharon por más de 18 meses solo para poder obtener una acusación. Durante 17 años, ningún policía había sido juzgado por matar a alguien en el condado de Cook. Y luego, Dante Servin salió de entre la calle 26 y California como un hombre libre, listo para llevar un arma y seguir patrullando las calles.

En Chicago, la exoneración de Servin provocó un par de protestas pequeñas y sinceras, y cierto nivel de indignación limitada. Hace un par de semanas, lamenté cuán poca gente fue a un mitin durante el primer día del juicio de Dante Servin. No puedo mentir. Estaba decepcionada por la poca participación. Lo sé, sé que hay cientos de razones por las que la gente no se presentó en grandes cantidades. Una amistad mencionó que tal vez la lluvia los mantuvo alejados. Lo miré fijamente. Ambos sabíamos la verdad. Para toda la conversación acerca de la importancia de las vidas negras, todas las pruebas apuntaban a lo contrario. Ciertamente la vida de Rekia le importaba a su familia y a sus amistades. Le importa al pequeño y determinado grupo que se presentó para mostrarle solidaridad a su familia. Sin embargo, más allá de eso, no, la vida de Rekia no importa en este país.

De hecho, existe una jerarquía de opresión ya que las mujeres y la gente negra trans y no conformes con el género tienen incluso, menos acceso a la ya limitada simpatía que tienen los hombres negros cis heterosexuales. La negación de este hecho sería mentir. Cuando denunciamos: «¿Quién velará por nuestras hermanas?» con demasiada frecuencia se nos saluda con una o dos voces solitarias en el desierto, pero generalmente es con silencio.

Podríamos decir que en respuesta a mis palabras y como un bálsamo a mi desmoralización y la de los demás, unas amistades y camaradas organizaron un bello espectáculo de apoyo y solidaridad para Rekia. Mi amiga Kelly, que era parte de la gente que organizó esta sencilla acción, escribió:

> Esta noche, tras tanta discusión y reflexión, mis amistades y yo decidimos ofrecer lo que pudiéramos a quienes están de luto, desanimados y necesitando esperanza. Decidimos ofrecer un poco de luz y acción, con la esperanza de que al ver un mensaje para Rekia proyectado en el cielo nocturno, en el corazón de nuestra ciudad, pueda hacerles sentir un poco menos descorazonados y un poco menos solitarios. Sin duda, es una pequeña ofrenda, pero es una hecha con amor y con mucha esperanza.

Me conmovió mucho esta sencilla acción. Por un par de semanas, he tenido dificultad para transmitir mis emociones de forma adecuada. Pero pude encontrar algunas palabras tras leer una publicación titulada:

«Nadie se presentó a la manifestación por Rekia». Aunque el título sugería una ausencia de personas en el mitin, la publicación comenzaba con esta oración: «Anoche en Union Square de la ciudad de Nueva York, una modesta multitud de entre 30 y 50 personas (dependiendo de a quién se le pregunte) se presentaron al mitin para Rekia Boyd y por las mujeres y niñas negras que ha sido asesinada por la policía». Así que, de hecho, algunas personas (aunque fuera un pequeño número) estuvieron presentes en el mitin.

El título de la publicación era molesto. Pensé en esas pocas docenas de personas que se tomaron el tiempo para presentarse por Rekia y su familia. Quizás eran «los mismos de siempre», por así decirlo, pero definitivamente eran alguien. Una de las personas que organizó el mitin señaló en las redes sociales que estaba frustrada de que las personas que se presentaron (en su mayoría mujeres negras) estaban siendo descartadas y pasadas por alto. Ella sugirió que esto era tanto una borradura del trabajo de las mujeres negras como organizadoras y una menospreciación del hecho del respaldo que regularmente nos mostramos unas para otras, incluso cuando otra gente no lo hace por nosotras. En ambos aspectos, ella estaba en lo correcto.

A menudo les recuerdo a otra gente sobre la importancia de enaltecer a «los mismos de siempre», de asegurarnos de que quienes se presenten sepan que estamos agradecidos y que les valoramos. He impartido lecciones sobre la importancia de nunca tomar por sentado a «la misma gente de siempre». Sin embargo, mientras me enfrentaba ante mi propia desmoralización, ignoré mi propio consejo. Aquellos de nosotres que hacemos presencia importamos, y como ha escrito Kelly: «Lo que hacemos juntos es importante y debe continuar». En cierto sentido, me borré de la historia de resistencia en contra del asesinato de Rekia. Me borré a mí misma, como una mujer negra que se presenta para otras mujeres negras en todo el espectro y que entiende que no puede vivir sin su propia vida.

Hay mucho dolor e ira por la invisibilidad de las mujeres negras y de las personas trans y no conformes con el género en las luchas contra el estado y la violencia interpersonal. Con mucha razón. Duele ser borrado y que te pasen por alto. Pero creo que es relevante reconocer simultáneamente a quienes, de hecho, insisten en hacer que estas vidas sean importantes. Siempre son las dos cosas, ambas/y.

#Despidan a Dante Servin

Prison Culture, septiembre del 2015

Cuando el juez Porter absolvió al oficial Dante Servin por matar a Rekia Boyd, Martinez Sutton, el hermano de Rekia, estaba tan destrozado que no pudo contener su dolor. Él y otros presentes en la sala del tribunal fueron detenidos temporalmente por la policía. La familia, amistades y comunidad de Rekia quedaron devastados. Dante Servin había quedado libre. ¿Cuánto tiempo pasaría antes de que pudiera matar a alguien más? ¿Cuánto tiempo antes de la siguiente Rekia? ¿Cuánto tiempo antes de que la madre de Rekia finalmente pudiera dormir de forma profunda durante la noche?

Según todos los informes, el corazón de la fiscalía no estaba en el caso. Más que eso, como la mayoría entiende ahora, los agentes de policía rara vez son acusados y casi nunca son condenados.

Rekia permanencía muerta, y Dante Servin todavía tenía su trabajo y su pensión. Un par de días después, unas 11 personas en representación de varias organizaciones que incluyen el Proyecto Juventud Negra 100, Proyecto NIA, Las Vidas Negras Importan-Chicago [*BLM-Chicago*], Boletín de Todos los Puntos para la Mujer [*Women's All Points Bulletin (WAPB)*], Levantamiento Feminista en Resistencia Contra la Desigualdad y la Explotación [*Feminist Uprising to Resist Inequality and Exploitation*], la Organización Socialista Internacional [*International Socialist Organization*], Acusamos de Genocidio [*We Charge Genocide*] y el Grupo de Trabajo de Chicago sobre la Violencia Dirigida en Contra de las Niñas y las Mujeres Jóvenes [*Chicago Taskforce on Violence against Girls & Young Women*] se reunieron en el lado sur para intercambiar ideas y discutir los próximos pasos en la lucha por la justicia para Rekia. Quienes asistieron se identificaron como abolicionistas, progresistas, socialistas y anarquistas. Nuestro objetivo era desarrollar una estrategia para mantener vivo el nombre de Rekia y continuar apoyando a su familia.

Esto no sucedió por casualidad. Su familia y los organizadores locales han insistido que su vida importaba. La reunión que celebramos tras el veredicto de Servin fue una declaración de que Rekia no sería olvidada y que su familia no sería abandonada.

Al final de la reunión, acordamos organizar de forma colectiva varios eventos y acciones durante la primavera y el verano. Los grupos e individuos se ofrecieron como voluntarios para financiar varios proyectos. El Proyecto NIA y el Grupo de Trabajo sobre la Violencia Dirigida en Contra de las Niñas y las Mujeres Jóvenes asumió la responsabilidad de organizar una enseñanza jurídica sobre el caso que se llevaría a cabo la semana entrante. Este evento puso a la Escuela de Derecho de Paul [*DePaul Law School*] y al Departamento de Policía de Chicago en estado de pánico. Inmediatamente después de los levantamientos de Baltimore, se desplegaron decenas de agentes de la policía para la vigilancia y el monitoreo de quienes asistieron. A través de todo un mes, el Proyecto NIA también asumió la responsabilidad de coordinar una serie de eventos bajo el estandarte de «Agosto negro de Chicago» [*Black August Chicago*]. Estos eventos, acciones y las intervenciones se centrarían en la violencia estatal contra las mujeres y la niñez negra (trans y no trans) y en la contextualización histórica de estas experiencias. La mayoría de los grupos en la reunión se comprometieron a organizar un evento, una acción o una intervención durante el Agosto negro.

El BYP 100 se comprometió a hacer contacto con grupos nacionales para organizar un Día Nacional de Acción para las Mujeres y Niñas Negras [*National Day of Action for Black Women and Girls*] el día 21 de mayo. BLM-Chicago, Acusamos de Genocidio y WAPB decidieron asistir a la próxima reunión de la junta policial para exigirles el despido de Dante Servin. Ya que esa reunión se iba a celebrar el 21 de mayo, se resolvió que el Día Nacional de Acción para las Mujeres y Niñas Negras de BYP 100, coincidiera con el esfuerzo para que *#Despidan a Dante Servin* [*#FireDanteServin*].

Como subproducto de la movilización comunitaria, la Autoridad Independiente de Revisión Policial [*Independent Police Review Authority*] recomendó el despido de Servin. El superintendente del CPD McCarthy tiene ahora 90 días para ofrecer su recomendación, que luego irá a la junta policíaca para una votación final. Así que hay más pasos a seguir y trabajo por delante. Mientras tanto, las relaciones entre la gente y los grupos que organizan para *#Despidan a Dante Servin* y en contra de la violencia policial en general se están profundizando y el número de personas que se unen a las movilizaciones está creciendo.

Ha habido algunas críticas sobre el valor estratégico de una campaña que se centra en el despido de un oficial de la policía. ¿No es esto simplemente un daño que apunta a un solo individuo? ¿No deberíamos adoptar un enfoque sistémico y estructural para abordar la violencia policíaca?

Ninguno de los organizadores que lideran las acciones de *#Despidan a Servin* creen que su despido de la fuerza acabará con la violencia policial. Servin está reforzado y respaldado por una cultura de impunidad y por una historia generadora de muertes negras en esta ciudad. Él es un ladrillo dentro de una pared muy reforzada. Solo un ladrillo. La gente que se moviliza sabe esto. ¿Por qué entonces concentrarse en Servin? A continuación, compartiré algunas razones:

1) La demanda para el despido de Servin es consistente con los objetivos abolicionistas en que aborda la cuestión de la rendición de cuentas por los daños causados.

2) La demanda para el despido de Servin es en respuesta al deseo de una familia devastada y una comunidad, para poder ver un mínimo de justicia para su hija, hermana, amiga y compañera.

3) La demanda para el despido de Servin existe dentro de un conjunto más amplio de movilizaciones y acciones que tratan de *hacer* que todas *#Las vidas de las mujeres y niñas negras importen* [*#BlackWomenAndGirlsLivesMatter*].

4) La demanda para el despido de Servin tiene una historia de origen arraigada en la movilización y el intercambio de ideas colectivas. Ha proporcionado una forma tangible de construir poder a través de las movilizaciones.

5) La demanda para el despido de Servin ha brindado una oportunidad para que algunas personas y grupos colaboren de forma más estrecha y a que se conozcan entre sí de formas que solo fortalecerán nuestra lucha local más amplia. Si aprendemos a luchar juntos, podemos ganar juntos.

6) La demanda para el despido de Servin no ha impedido ni impide que otras personas persigan y asuman sus propias campañas para acabar con la violencia policial. Además, los mismos organizadores

de la campaña participan en otros esfuerzos y no solo en los que se centran en el despido de Servin.

En nombre de Rekia, los organizadores de Chicago han lanzado una movilización sostenida en busca de la justicia para todas las mujeres y niñas negras. En serio, es extraordinario. Todas las acciones de *#Di su nombre* [*#SayHerName*] y *#Justicia para Rekia* [*#JusticeForRekia*] y las movilizaciones que sucedieron en todo el país el 21 de mayo tuvieron sus raíces aquí en Chicago. A través de la historia de EE. UU. ha sido rara la movilización eficaz en torno a la intersección de la raza y el género. Sin embargo, debido a que nuestro trabajo en parte busca *#Justicia para Rekia,* hay algo de energía detrás de un enfoque en la violencia estatal contra todas las mujeres y niñas negras. Y esto importa mucho. La reciente atención prestada a Sandra Bland, Natasha McKenna y los asesinatos en curso de las mujeres negras trans se debe en parte a esta movilización.

Un enfoque en cómo las mujeres y las niñas experimentan la violencia por parte del estado nos empuja a considerar más allá de la fuerza letal, lo que se considera como lo perjudicial. Tenemos que considerar las agresiones sexuales por parte de la policía (dentro de las cárceles y en las calles). Tenemos que incluir cómo las mujeres que son víctimas de violencia interpersonal son criminalizadas por el estado por defender sus vidas. Nuestra lente se ensancha. Por lo tanto, la campaña *#Despidan a Dante Servin* no ha sido simplemente sobre la rendición de cuentas de un oficial. También se ha tratado de hacer visible las formas de violencia desatendidas pero experimentadas por las mujeres negras y las niñas en este país, y mucho más allá.

A cuatro años desde que un oficial de policía de Chicago mató a Rekia Boyd, la justicia aún no se ha cumplido

In These Times, marzo del 2016

El hecho de que el nombre de Rekia Boyd le resulte familiar es un testimonio de su familia y la movilización persistente y eficaz de activistas locales de Chicago. Hoy se cumplen cuatro años desde que el detective Dante Servin mató a Rekia en el vecindario de North Lawndale. Ella estaba desarmada y andaba con amistades cuando Servin le disparó en la cabeza. Él estaba fuera de servicio y llevaba un arma no registrada en ese momento.

Servin es la muy rara excepción del oficial de policía que fue juzgado por el asesinato extrajudicial de una persona negra desarmada. De hecho, antes de él, habían pasado 17 años desde que se juzgó a un policía por matar a alguien en el condado de Cook. La condena de Servin hubiera sido impactante.

Pero no fue condenado. En abril del 2015, el juez Porter desestimó todos los cargos en su contra esencialmente por un tecnicismo, sugiriendo que se había acusado de forma indebida al oficial.

La familia de Rekia y sus seguidores estaban comprensiblemente enojados. Martinez Sutton, el hermano de Rekia, gritó en el tribunal cuando el juez emitió su decisión: «¿Quieres que me quede callado? ¡Este hijo de puta mató a mi hermana!». Martinez, junto con otros simpatizantes, fueron arrastrados fuera del proceso por los diputados. Dante Servin salió de la corte como un hombre libre, al que se le permitió llevar una pistola y patrullar nuevamente las calles.

Durante los últimos cuatro años, las humillaciones se han acumulado. La familia de Rekia y la comunidad luchó durante más de 18 meses para obtener una acusación de Servin por la fiscal del estado del condado de Cook, Anita Álvarez. Esperaron tres años para el día de ver a Servin en la corte. Y no obtuvieron la justicia que buscaban. Sin embargo, en lugar de enfriar sus espíritus, la absolución de Servin galvanizó a los activistas y organizadores de Chicago que se han unido a la demanda de #*Despidan a Dante Servin*.

Desde mayo del 2015, los habitantes de Chicago han abarrotado las reuniones de la junta policíaca para la convocación del despido sin pensión de Dante Servin del CPD. El despido de un oficial del CPD es un proceso de tres pasos. En septiembre del 2015, después de una extensa investigación, La Autoridad Independiente de Revisión Policial recomendó que se despidiera a Servin. Luego, en noviembre, el ex superintendente de policía Garry McCarthy estuvo de acuerdo. El último paso en el proceso es una audiencia programada para mayo del 2016 ante la junta policíaca tras la cual se tomará la decisión final sobre su situación laboral.

El nombre de Rekia y su historia se han elevado en las muchas acciones y protestas de *#Las vidas negras importan* que tienen lugar a través de Chicago y del país. Por ejemplo, en octubre pasado, en la conferencia de la Asociación Internacional de Jefes de Policía [*International Association of Chiefs of Police Conference*] en Chicago, un grupo de mujeres y de personas de color no conforme con el género cerraron el acceso a McCormick Place, donde estaban reunidos miles de funcionarios encargados de hacer cumplir la ley a través de todo el mundo. Los manifestantes llevaban camisetas estampadas con la imagen de Rekia. Eso era más que un gesto simbólico o una simple conmemoración: fue una declaración de que Rekia no ha sido olvidada y que su espíritu vive en las movilizaciones y protestas del presente.

Álvarez fue derrotada en una primaria demócrata en su intento de ganar un tercer mandato en el cargo. Su derrota se puede atribuir en gran parte a su manejo de los casos de violencia policial, incluido el de Rekia. El nombre y la historia de Rekia fueron constantemente resaltados durante las acciones directas que tuvieron como blanco a Álvarez en la campaña *#Adiós Anita*. Escribiendo en Facebook un par de días antes de la primaria, Las Hijas de Assata [*Assata's Daughters*], una organización clave en la campaña *#Adiós Anita,* citó explícitamente a Rekia como inspiración: «El mensaje es "Boten con su voto a Anita", pero la razón es Nosotres <3 Laquan y Nosotres <3 Rekia. Todo esto ha sido para ellos. Literalmente se ha vertido sangre, sudor y lágrimas en esta campaña».

Hay un sin número de historias de mujeres y de personas no conformes con el género que han experimentado violencia policial. Sin embargo, como ha escrito la teórica en política, Dra. Joy James: «La muerte de mujeres bajo la custodia policial que se hacen por medio de las medidas coercitivas de la ley para disciplinar y castigar, es un tema que rara vez se plantea en las exploraciones feministas de la mujer y la violencia o las exploraciones masculinistas del racismo y la vigilancia». Sin embargo, recientemente, a través de las movilizaciones de *#Di su nombre* más mujeres y personas no conformes con el género víctimas y supervivientes de la violencia estatal, se están haciendo visibles. La visibilidad es un precursor necesario para la rendición de cuentas. Esto es parte del legado de Rekia.

En el juicio de abril del 2015, una amiga cercana de Rekia, Ikca, testificó que una vez que Dante Servin comenzó a disparar, toda la gente que estaba reunida huyó de sus balas. Ikca se escondió detrás de un árbol grande para evitar que le dispararan. Ella vio a Rekia en el suelo herida y moribunda. A Ikca se le impidió que viajara con Rekia en la ambulancia. De hecho, la policía que estaba en la escena la amenazó con arrestarla si ella no se iba. Ikca le dijo al juez que Rekia odiaba estar sola.

Al conmemorar el cuarto aniversario del trágico asesinato de Rekia, su familia, comunidad y amistades todavía están de luto por su pérdida y están más decididos que nunca a ganar un mínimo de justicia para ella. Rekia no está sola. Ella tiene una comunidad de miles que luchan contra la violencia estatal en su nombre y su memoria.

Descansa en paz, Rekia. Descansa en poder.

Una carta de amor a los organizadores de *#No a la academia policíaca** de parte de quienes estamos del lado de la libertad

Prison Culture, marzo del 2019

Ustedes lucharon duro y los intereses corruptos arraigados en Chicago todavía decidieron respaldar una facilidad de «entrenamiento» policial innecesaria e intrínsecamente violenta, que se construirá en el lado oeste de la ciudad. ¡Qué cansancio deben sentir tras estos meses de lucha! Quizás algunos de ustedes, incluso se estarán preguntando esta noche si su trabajo de organización valió la pena toda la energía, sentimiento y espíritu que dedicaron. Después de todo, el voto del ayuntamiento fue uno que no esperaban. Estaban esperando un resultado distinto.

Entonces, ¿no es esto una pérdida? ¿Acaso no fallaron en su intento para ganar? Una evaluación superficial de la campaña diría que la respuesta es sí. Pero han tenido estrategia, han reflexionado y han ejercido su crítica a lo largo de esta campaña, así que sé que saben que las evaluaciones superficiales no son la historia completa. No son *la* verdad. *El trabajo de organización se trata principalmente de derrotas.* A menudo, cuando participamos en campañas, perdemos. Pero cualquier persona organizadora que se precie sabe que es mucho más complejo que un cálculo simple de ganar-perder.

---

* La campaña «No a la academia policíaca», apoyada por más de 80 organizaciones comunitarias, fue lanzada en el 2017 para oponerse a la propuesta del entonces alcalde de Chicago, Rahm Emanuel, de establecer una academia de entrenamiento policíaco y de tiro en una comunidad negra en el lado oeste de la ciudad. Lori Lightfoot, elegida como la alcaldesa de Chicago en el 2019, apoya la construcción de esta academia.

Esto es lo que sé. Rahm y sus compinches esperaban empujar una propuesta para una academia de entrenamiento policíaco de $95 millones a puerta cerrada y sin participación de la comunidad. Un grupo formado en su mayoría por juventud negra y morena decidieron que, por varias razones, esto estaba mal. Luego, ustedes pasaron la mayor parte de 18 meses *demostrándole* a través de sus acciones a la gente de Chicago y de otros lugares que la estructura de poder en la ciudad se enfrentaría a una lucha titánica para resistir a sus planes. ¿Cómo ustedes hicieron esto? Ustedes investigaron sus planes y propuestas, ustedes aprendieron rapidísimo sobre las leyes de zonificación, ustedes litigaron cuando les excluyeron de las reuniones públicas, ustedes movilizaron a miles, ustedes se comprometieron con la educación política, ustedes desarrollaron el liderazgo de cientos de nuevos organizadores jóvenes, ustedes realmente pusieron al centro de la conversación las ideas de la juventud de color, realizaron investigación de acción participativa, y ustedes *cerraron y paralizaron mucha mierda*. A través de sus acciones, la gente, literalmente, en todo el mundo expresó su solidaridad con su lucha. Las personas se vieron a sí mismas directamente implicadas en la visión del mundo que tan bellamente han habitado ustedes durante todos estos meses. Todos estos son triunfos.

Incluso si yo no conociera personalmente a muchos de ustedes, estaría asombrada con lo que hicieron. Pero precisamente porque conozco a muchos de ustedes, siento aún mucha más admiración porque sé lo que han sacrificado para librar esta batalla. Conozco sobre las largas sesiones de estrategia, la pérdida de la relajación durante los fines de semana, momentos de duda y, sobre todo, el compromiso constante.

#No a la academia policíaca [*#NoCopAcademy*] es una campaña de organización abolicionista y a través de su trabajo ustedes han ayudado a otra gente a que entienda lo que significa cuando decimos que la abolición es una estrategia organizativa práctica. Ustedes contaron una historia sobre la policía como una institución inherentemente violenta y mortífera que *no será* reformada entrenando mejor a la policía o mediante búsquedas más sofisticadas. Ustedes señalaron todos los recursos que esta academia policíaca absorberá y le dijeron a la ciudad que esos recursos deben desviarse a instituciones que dan vida. Ustedes hicieron las preguntas correctas, como: «¿Por qué estamos alimentando

una institución que conduce a la muerte prematura de tanta gente negra y morena (especialmente de jóvenes)?»

Las respuestas que obtuvieron fueron inadecuadas. Sus oponentes
fueron expuestos como desinformados, corruptos y cobardes. Ustedes
encarnaron el análisis abolicionista del organizador Benji Hart sobre
#No a la academia policíaca como una forma de «transformar nuestras
reacciones a eventos individuales traumáticos en compromisos políticos codificados». Ustedes demostraron que la abolición como proyecto
se trata de la construcción de una visión de un mundo distinto: uno
donde todo el mundo tenga sus necesidades satisfechas y donde *#Las
vidas negras importan.*

Hay personas, y tal vez algunos de ustedes se encuentran entre
estas, que se están preguntando: «¿Y ahora qué?». Para los principales organizadores de esta campaña, hay tiempo para llegar a su(s)
respuesta(s). La pregunta no debe ser dirigida hacia ustedes, ¡debe ser
dirigida al resto de nosotres! Ya que ustedes presenciaron y que tal vez
apoyaron esta campaña desde lejos, ¿qué harán ahora? ¿Cuáles son las
lecciones de *#No a la academia policíaca* que se pueden aplicar a sus comunidades? ¿Cómo dirán «presente» la próxima vez que su municipio
intente imponer una propuesta sin la participación de la comunidad
y a puerta cerrada? ¿Podrían valientemente decir que no, de la misma
forma que lo hizo *#No a la academia policíaca*? ¿Podrían organizar sus
comunidades para luchar? ¿Ustedes rechazarían la apatía que abruma la
necesidad de que más de nosotres participemos en la lucha?

Por mi parte, les agradezco a quienes organizaron *#No a la academia
policíaca*. Ustedes han sostenido mi esperanza. Elijo enfatizar el hecho
de que ustedes lucharon como si hubiera sido una victoria porque lo
que elegimos enfatizar es lo que determina nuestras vidas. Su protesta,
su negativa a ser atropellados, sus acciones locales, sumadas a las de otra
gente en todo el mundo, lentamente llevarán a este mundo hacia una
mayor justicia. Las personas compartirán la historia de esta campaña y
se inspirarán en ella para lanzar la suya.

Les dejo con un extracto de uno de mis poemas favoritos, *El poema
neoyorquino* [*The New York Poem*], de Sam Hamill:

> una tristeza muda se instala,
> como el polvo, a largo, largo plazo. Pero si

yo no me levanto y canto,
Si yo no me levanto y vuelvo a bailar, los salvajes ganarán

Después que tengan tiempo para descansar, espero que se levanten y canten y también bailen. Estaremos aquí, justo a su lado, cantando y bailando también. Los salvajes *no* vencerán . . . Mi amor para todes ustedes.

La rendición de cuentas por nuestros actos no significa el castigo: Transformando la forma en que manejamos el daño y la violencia

Transformando el castigo:
¿Qué es la rendición de cuentas por nuestros actos sin el castigo?

con Rachel Herzing

En los últimos meses, R. Kelly ha vuelto a aparecer en los titulares por sus atroces actos de violencia sexual. Esta renovada atención se debe en parte a la emisión del documental de seis partes *Sobreviviendo a R. Kelly* [*Surviving R. Kelly*], que detallaba numerosos incidentes y denuncias de violación y agresión sexual durante dos décadas. Muchos de los incidentes eran conocidos previamente por las autoridades y el público. También se revelaron nuevas acusaciones. La aplicación de la ley en el condado, el estado y los niveles federales han iniciado nuevas investigaciones penales y anunciaron nuevos cargos contra el cantante. Actualmente se encuentra encarcelado sin fianza mientras espera la sentencia por cargos estatales y federales de abuso sexual. Como resultado, las redes sociales estallaron con la celebración de que R. Kelly podría finalmente ser condenado por violencia sexual. (Algunas personas usaron Twitter para lanzar una *#Fiesta R Kelly va a la prisión* [*#RKellyIsGoingToPrisonParty*]).

A nadie le sorprendió esta reacción. Después de veinticinco años de que Kelly estuviera causando graves daños, entendemos las celebraciones catárticas sobre él, al finalmente ser «responsabilizado» por sus actos. Sin embargo, nos han desconcertado las reacciones de algunas personas que se autoproclaman como abolicionistas del complejo industrial carcelario que anunciaban su alegría ante la posibilidad de que Kelly fuera encerrado tras las rejas por el resto de su vida. En las redes sociales, hubo variaciones de, «Soy abolicionista de la prisión, pero estoy feliz de que R. Kelly esté en la cárcel» y «Amo la abolición, pero envíelo a la cárcel».

Como organizadores desde hace mucho tiempo, sabemos que incluso hace diez años era bastante inusual que la gente se declarara públicamente abolicionista del complejo industrial carcelario. Ya que la abolición se está convirtiendo en una idea un poco más popular, ahora más gente se identifica como abolicionista del complejo industrial carcelario. En su mayor parte, consideramos que esto es un desarrollo positivo. Pero ¿qué deberíamos hacer con las declaraciones «abolicionistas» que apoyan el encarcelamiento de R. Kelly? ¿Qué significan? ¿Cómo es posible que quienes se autoproclaman como abolicionistas del CIC también se regocijen por el encarcelamiento de otros seres humanos?

Sentirse personalmente emocionado con que alguien vaya a la cárcel es la prerrogativa de cualquier persona y entendemos que alguien puede sentir alegría por la incapacitación de otra persona si esta ha causado daño grave de forma repetida y sin sentido de arrepentimiento. Sin embargo, hay que ser claros: el abogar por el encarcelamiento de alguien no es abolicionista. Confundir la satisfacción emocional con la justicia tampoco es abolicionista.

El abolicionismo no es una política mediada por respuestas emocionales. O como inicialmente queríamos titular esta pieza, el abolicionismo no se trata de tus pinches sentimientos. Por supuesto, todo envuelve a los sentimientos, pero la celebración del encarcelamiento de cualquier persona es contraria a la abolición del CIC.

Esto puede ser frustrante o enfurecer a las personas que quieren reclamar una identidad o política abolicionista a pesar de no estar preparadas para operar desde los principios básicos del abolicionismo. Lo comprendemos. Durante años, hemos facilitado procesos de rendición de cuentas en la comunidad para abordar los daños interpersonales (en particular los que involucran la violencia sexual y de pareja íntima). Como supervivientes del daño sexual, la rendición de cuentas siempre está al frente de nuestra conciencia. Comprendemos lo dañino y grave que es la violencia sexual. Y a veces también hemos deseado que la abolición no fuera tan rigurosa en sus exigencias de nuestra política.

Si bien la abolición es una *praxis* flexible que depende de las condiciones sociales y necesidades comunales, se basa en un conjunto de principios básicos. No todo el mundo tiene que ser abolicionista. Pero si usted se declara como tal, se está comprometiendo con algunas obligaciones básicas, algunas incluidas a continuación y que hemos identificado a través del estudio y la práctica:

- La abolición del complejo industrial carcelario exige la eliminación de la policía, el encarcelamiento y la vigilancia.

- La abolición del CIC rechaza la expansión en amplitud o alcance o la legitimación de todos los aspectos del complejo industrial carcelario: vigilancia, policía, sentencia y encarcelamiento de todo tipo.

- La abolición del CIC rechaza la muerte prematura y el abandono organizado, y los modos de represalia y castigo del estado.

Estos principios importan. Se puede abogar por una reforma radical de vigilancia, policía, sentencia y encarcelamiento sin definirse a sí como abolicionista de la prisión. Creemos que esto debe ser declarado de forma explícita durante este momento histórico actual. Los abolicionistas a menudo proponen y se organizan en torno a reformas radicales que esperamos nos lleven hacia un futuro libre del complejo industrial carcelario. Sin embargo, no todo el mundo que organiza para las reformas radicales es abolicionista del CIC. Y eso está más que bien. En cualquier movimiento por el cambio, siempre habrá múltiples teorías y visiones. Pero un compromiso con los principios de la abolición de las cárceles son incompatibles con la idea de que el encarcelamiento es una solución justa o apropiada para los daños interpersonales—*jamás*—.

Como abolicionistas del CIC y practicantes de la justicia transformativa, siempre nos preguntan: «¿Y qué hacemos con los violadores?» Últimamente, la pregunta ha sido parafraseada de esta forma: «Bueno, ¿seguramente no quieres decir que R. Kelly no debería estar en la prisión?» Pero, de hecho, es lo que queremos decir.

Lo que le decimos a la gente es esto: el sistema jurídico penal nunca «traerá ante la justicia» a toda persona que haga daño en nuestra sociedad. Esto es imposible. No podemos, bajo ningún sistema, «enjuiciar» nuestra escapatoria del daño. El sistema jurídico penal ha demostrado ser empírica y cualitativamente un absoluto fracaso como una estrategia para evaluar y juzgar el daño sexual de manera justa. El haber confiado en esto como única respuesta a la violencia sexual no ha logrado ofrecer oportunidades de rendición de cuentas y de sanación a quienes son afectados directamente por esa violencia; de hecho, el sistema jurídico penal ni siquiera pretende preocuparse de que los sobrevivientes de violencia sexual sanen. Miles de millones de dólares son vertidos anualmente en un sistema jurídico penal donde la mayoría de las personas involucradas en sus procedimientos dicen que no brinda la justicia que buscan.

La responsabilidad de defender nuestra postura no recae en quienes critican el sistema. Existe ya mucha evidencia. Las respuestas a lo que debemos hacer con R. Kelly son muchas, pero deben ser determinadas colectivamente por nuestras comunidades. La abolición del complejo industrial carcelario ofrece tanto un marco muy necesario para el análisis estructural del mundo como también una estrategia organizativa práctica para transformarlo. El sistema jurídico penal, por ejemplo, se enfoca en castigar o desempoderar de forma individual a «la gente que delinque» y que ha hecho daño. Sin embargo, los abolicionistas del CIC, consideran los aspectos sociales, económicos y contextos políticos más amplios en el que se produce el daño.

En el caso de Kelly, ¿qué rendición de cuentas le atribuimos a los ejecutivos de grabación en la sustentación y la facilitación de la habilidad de Kelly para hacerle daño a la gente? ¿Deberían también impedirles ejercer su poder dentro de la industria de la grabación? ¿Deberían impedirle tanto a Kelly como a los ejecutivos discográficos adjuntos a este el beneficio económico de la industria discográfica de ahora en adelante?

Tras haber determinado la necesidad de la rendición de cuentas, debemos considerar una gama de alternativas de reparaciones. A veces exigimos una restitución concreta que apoya la sanación de los sobrevivientes y la comunidad. Otras veces, insistimos en la consejería y otras intervenciones que pueden producir cambios en el comportamiento.

Tampoco podemos discutir las formas alternativas de abordar el daño, así, de la nada. Tenemos que preguntarnos cómo el sistema actual evalúa y adjudica los daños. En el 2019, cuando preguntamos qué se debía hacer con Kelly, debemos reconocer el contexto social. Por ejemplo, el actual presidente de EE. UU. ha sido acusado por más de 20 personas de agresión sexual y violación. Incluso después del lanzamiento del video de archivo en el que admitió de forma libre el haber agredido sexualmente a las mujeres, decenas de millones de personas votaron para elegirlo presidente. En los últimos años, el movimiento *#Yo también* [*#MeToo*] ha envalentonado a la gente sobreviviente a compartir historias sobre sus experiencias de daño y supervivencia a manos de hombres poderosos dentro de la esfera política y social, en parte por el mensaje que han recibido de que la reparación legal es posible—como supuestamente se ilustra en los juicios de alto perfil de Bill Cosby y el próximo juicio de Harvey Weinstein.

No obstante, las dinámicas de poder que crean las condiciones que alimentan la violencia sexual no se abordan e incluso se sostienen por los procederes de las leyes penales. Por ejemplo, «Emily Doe», sobreviviente de una violación a manos de Brock Turner, describió en una declaración de impacto a la víctima de un juicio de alto perfil en Palo Alto, California, la violencia adicional que tuvo que experimentar a través del proceso judicial. En su declaración ella dice:

> Después de una agresión física, me asaltaron con preguntas diseñadas para atacarme, para decir, mira, sus hechos no se alinean, ella está loca, es prácticamente una alcohólica, probablemente quería tener sexo, él es como un atleta, ¿verdad? Ambos estaban borrachos, lo que sea, las cosas del hospital que ella recuerda fueron después del incidente, ¿por qué tenerlo en cuenta? Brock tiene muchas cosas en juego, así que él está pasando un momento realmente difícil en estos instantes.

A la luz de las fallas del sistema jurídico penal, ¿por qué los defensores y reformadores del sistema temen experimentos o estructuras distintas para abordar el daño? ¿Qué se podría perder si se amplía la gama de remedios disponibles para nosotros? Si bien es probable que los críticos del sistema no necesiten defender el deseo de ampliar los remedios, tenemos que hacer todo lo posible para reducir el sufrimiento y no agravar los daños existentes.

Como nos enseña Aurora Levins Morales: «Las historias que contamos sobre nuestro sufrimiento definen lo que podemos imaginarnos haciendo al respecto». En el presente, la historia predominante que se cuenta sobre la violencia sexual es que nuestro sufrimiento puede ser arreglado mediante el sistema jurídico penal. Los recursos legales como las órdenes de alejamiento y los cargos criminales son las principales formas de reparación que se ofrecen a la gente sobreviviente de la violencia y el daño. Esta gama limitada de remedios frecuentemente excluye nuestra consideración de otras formas posibles de abordar el daño sexual. La abolición es la práctica que nos da espacio para nuevas visiones y nos permite escribir nuevas historias juntos. Pero es un trabajo duro, muy duro.

La abolición pronostica un mundo que aún no se ha elaborado, pero hay algunos que se autoproclaman como abolicionistas que parecen creer que ya hemos fracasado. Han sugerido que las respuestas abolicionistas no lograron detener a Kelly y, por lo tanto, son fracasos. (Estos críticos también tienden a usar la *abolición* y la *justicia transformativa* indistintamente.) Están inventando un pasado que nunca fue: ¿qué rango de alternativas abolicionistas imaginamos que fueron ofrecidas a los supervivientes del daño que hizo Kelly? Como acabamos de señalar, a los supervivientes se les ofrece un conjunto muy limitado de respuestas a través del sistema jurídico penal. Y cualquier cosa más allá de los enfoques basados en los sistemas generalmente se presentan como demasiado arriesgados o irresponsables para seguir. Además, enmarcar la justicia transformativa como una alternativa al encarcelamiento demuestra una grave incomprensión del concepto. La justicia transformativa es un marco que solo se puede aplicar de manera responsable en relación con el contexto específico en el que se practica. No es un reemplazo uno a uno para el castigo jurídico penal y no debe ser considerado como un suplente.

Existe otro problema con esta retórica predictiva del fracaso: sugiere que los abolicionistas creen que no debería haber consecuencias por el daño cometido. «Si no crees que es apropiado encerrar a seres humanos tras las rejas, entonces debes pensar que nada debería pasarles a las personas que dañan a otras», afirman los detractores. Y este es el meollo del problema: es la cárcel o nada. Si bien los abolicionistas mantienen una gama de valores, principios, e ideas sobre la transformación, nunca hemos conocido a un abolicionista que pensara que no hacer nada fuera la alternativa preferida al encarcelamiento. Creemos en las consecuencias por el daño hecho, para Kelly o para cualquier otra persona.

Esas consecuencias pueden implicar la renuncia a las regalías y cualquier otra futura ganancia financiera derivada del contexto en el que ocurrió el daño, o estar en la obligación de pagar restitución o proporcionar mano de obra a quienes han sido perjudicados, sus familias y, cuando sea apropiado, sus comunidades. Esas consecuencias pueden incluir el acceso restringido a grupos o espacios específicos, o la inelegibilidad para puestos de liderazgo. Las consecuencias también pueden incluir el estar en la obligación de hacer una disculpa pública.

Independientemente de lo que se elija, el punto es que cualquier consecuencia debe determinarse en relación directa al daño causado y debe involucrar aportaciones de parte de las personas afectadas por el daño.

La idea de que la prisión es la mejor solución, hasta que los planteamientos abolicionistas puedan cumplir con las versiones idealizadas de una respuesta apropiada, es en el mejor de los casos una falta de imaginación y una manifestación de un pensamiento muy estrecho. Sugiere que la abolición del CIC es un horizonte fijo al que llegaremos sin tener que hacer ningún esfuerzo. Pero nunca habrá un día en que los cielos se abran y los ángeles canten, «¡Abolición!»

Las condiciones en las que prosperarán los enfoques abolicionistas no aparecerán de forma mágica. Habrá que luchar por ellas, cuidarlas y defenderlas. Para que esas condiciones existan, tenemos que poner el trabajo constante de la eliminación del uso de la vigilancia, la policía, la sentencia y el encarcelamiento. Para que esas condiciones existan, tenemos que poner en práctica el funcionamiento sin la utilización de esos sistemas e instituciones. Para que existan esas condiciones, debemos crearlas. Dar el consentimiento, como lo hacen algunos, a «la prisión mientras tanto» sólo les impide que echen raíces.

La abolición no se trata de sus sentimientos. No se trata de una satisfacción emocional. Se trata de transformar las condiciones en las que vivimos, trabajamos, y jugamos de tal manera que el daño a la escala y tan prolongado como el perpetrado por R. Kelly no puede desarrollarse ni sostenerse. Pero usted puede poner sus sentimientos a trabajar en la lucha por la abolición del complejo industrial carcelario. Si lo hace, debería advertirle que no habrá un día mágico de liberación que no podamos hacer. ¿Qué o a quiénes estos autoproclamados abolicionistas están esperando? El momento es ahora.

Las prácticas que necesitamos: #*Yo también* y la justicia transformativa

Entrevista por Autumn Brown y adrienne maree brown

How to Survive the End of the World, noviembre del 2018

adrienne maree brown: *El movimiento* #Yo también *se ha expandido y se ha vuelto este lugar masivo donde mucha gente está pidiendo justicia y procesos transformadores de rendición de cuentas, y me pregunto cómo lo ves.*

Mariame Kaba: Sí, he estado pensando mucho en #*Yo también* y pensando, ¿Qué pasa si lo vemos como algo que no se le hace a las «malas personas»? ¿Qué pasa si en realidad es una manera de comprender que hay varias formas de violencia que realmente les dan forma a nuestras vidas? Si pudiéramos verlo como una forma de comprender lo tan profundamente enredados que estamos en los mismos sistemas que estamos organizando para transformar, entonces siento que es un movimiento que nos permitirá dar un paso hacia la transformación y más justicia. La verdadera realidad del asunto es que cuando piensas en #*Yo también* y piensas en la violencia sexual, estas cosas no viven fuera de nosotres. Realmente no lo hacen. Estos son sistemas que viven dentro de nosotres y que se manifiestan fuera de nosotres. Si realmente no lo tomamos en serio, no creo que vayamos a tener impacto alguno respecto a este problema.

El hecho de que la violencia sexual sea tan rampante y penetrante debería decirnos que no es un relato de monstruos individuales. Tenemos que pensar sobre esto de una manera más compleja si realmente vamos a desarraigar las formas de violencia sexual.

Autumn Brown: *Si pudieras abundar sobre lo que quieres decir cuando dices «estos sistemas viven dentro, como fuera de nosotres».*

Kaba: Esto es algo que tomo de Morgan Bassichis, quien fue parte de la Comunidad Unida en Contra de la Violencia [*Community United Against Violence*] con sede en Oakland. Morgan había escrito que básicamente los mismos sistemas que estamos trabajando para su desmantelación viven dentro de nosotros. Y eso realmente me llamó la atención cuando lo leí por primera vez. Me obligó a reconocer mi propia complicidad en las formas de violencia que yo ni siquiera podría estar perpetrando de forma intencionada. También me calmó hasta cierto punto. Cuando uno siempre está en posición de verlo todo como algo fuera de sí, entonces uno siempre está afuera mirando hacia adentro, lo cual no es necesariamente la mejor manera de abordar las formas de violencia. Tenemos que hacer ambas cosas. Tenemos que estar afuera mirando hacia adentro, pero también adentro mirando hacia afuera.

Brown: *¿Cuándo y dónde en tu trayectoria en este trabajo realmente decides comenzar a concentrarte en trabajar con aquellas personas que han causado daño? Y ¿cómo fue que ocurrió esto?*

Kaba: Siempre he trabajado más con personas que han sufrido daños que con las que han causado daño. Mi trabajo se basó en apoyar a quienes son sobrevivientes, principalmente porque yo también lo soy. Y mi orientación siempre ha sido hacia abordar el daño, donde sea que esté.

Como sea que pueda intervenir de manera solidaria, eso es lo que realmente me importa. Realmente no importaba si era la persona que causó el daño o la persona que ha experimentado el daño: lo que me interesa transformar es el daño.

Con los años, más personas comenzaron a acercarse a mí. Inicialmente me llamaron a este trabajo por casualidad. Una amiga fue agredida sexualmente a principios de la década del 2000 por alguien que conocíamos en común. Y me llamaron para ayudarla y apoyarla en ese proceso. No pedí hacer esto. Y, aun así, a mí no me pagan por hacer este tipo de trabajo. Hago el trabajo de facilitación solo dentro de mis comunidades. Así que se convirtió en algo como, «Oh, voy a intentar intervenir y apoyar a estas personas que conozco. Y no quiero que el daño se agrave. Y claramente la gente está sufriendo. ¿Y qué puedo ayudar a hacer para apoyar eso?»

No tengo formación como trabajadora social o psicóloga ni nada por el estilo. Realmente fue como, «Esto está sucediendo en mi comunidad, la gente está sufriendo, aquí hay daño, ¿qué podemos hacer?» Hace unos quince años la gente empezó a pedirme que viniera a apoyarla. Ven y ayuda. Las personas que causaron daño se acercaban y decían: «Esto ha ocurrido y estoy tratando de averiguar qué hacer». Así fue como sucedió. Y luego, en los últimos años, otra gente se ha enterado de un par de procesos que facilité. Y a través de eso más personas que han causado daño se han dirigido hacia mí. O gente que conocía gente que había causado daño, se me acercaba para que les apoyara en la toma de responsabilidades por sus actos.

Ten en cuenta que dije que les apoyara para que rindieran cuentas por sus acciones. En realidad, no puedo obligar a nadie a que asuma su responsabilidad. Tiene que ser un proceso voluntario a través del cual alguien decide hacer eso. Tú nunca puedes hacer a alguien responsable por algo. La gente tiene que asumir su responsabilidad. Y quiero ser muy explícita al respecto. Mucha de la frustración que escucho de las personas que piensan en la justicia transformativa o la rendición de cuentas comunitaria es realmente de la gente que quiere castigar a las personas. Entiendo totalmente que esas personas quieren el castigo. Es una reacción humana normal dentro de una sociedad que es increíblemente punitiva. ¿Cómo uno vive fuera de eso?

Nuevamente recuerda, los sistemas viven dentro de nosotres. Es muy difícil deshacernos de la mentalidad del castigo. Y a menudo, es normal y saludable querer venganza en contra de la gente que nos causa mucho daño. Eso no va a ser abordado en un proceso de rendición de cuentas. Si eres de los que anda tras esto y eso es realmente lo que estás buscando, un proceso de rendición de cuentas realmente no te va a ayudar. Siempre te vas a sentir como si el proceso «no estuviera trabajando» porque no está haciendo lo que a ti realmente te gustaría.

Y realmente quiero que la gente entienda eso. No todo debería estar en un proceso de rendición de cuentas. No todo se puede resolver en un proceso de rendición de cuentas. Los procesos de rendición de cuentas a menudo se sienten terribles cuando las personas están pasando por estos procesos. No es un proceso de sanación. Pero podría ponerte en el camino hacia tu propia sanación personal.

Brown: *Esto es exactamente hacia dónde nos dirigimos. Esto es exactamente lo que queremos explicar y desentrañar. La experiencia que tengo como alguien que está intentando mediar cosas es que la gente pasa por el proceso, pasa por eso una vez, el proceso no funciona como querían. No sienten que hayamos regresado de forma profunda a un lugar de amor al que nunca habíamos llegado en primer lugar: ¡Estamos totalmente sanados, todo está claro! No lo entendemos. Y entonces la gente dice: «Bueno, la justicia transformadora no funciona. A la mierda con este proceso, no lo voy a hacer». ¿Cuáles son algunas de las cosas que hacen que el proceso fracase y, a la inversa, cuáles son algunas de las cosas que hacen que tenga éxito?*

Kaba: Si bien la persona tiene que estar dispuesta a, por lo menos, iniciar un proceso asumiendo la responsabilidad de sus acciones, no tiene que estar necesariamente en el punto en que haya admitido el daño. Creo que esto es muy importante. Porque, ¿para qué sirve el proceso? Para que las personas entiendan cómo le han hecho daño a la gente. Es para que pasen un tiempo pensando en ese daño que le ocurrió a esta persona y que digan: «Dios mío, pensé que estaba haciendo esto bien y aquí está esta situación, y esta es la experiencia de la persona». Así que creo que a menudo la gente piensa que antes de empezar un proceso la gente tiene que hacer una declaración. Bueno, no, el proceso de declaración escrita puede ser parte del proceso de rendición de cuentas, pero no es necesariamente requerido para el comienzo de este, o sea para iniciarlo. Así que es muy importante que la gente entienda esto de buenas a primeras.

Quiero también decir algo brevemente sobre el concepto del éxito y el fracaso. En los entrenamientos que hago con mi buena amiga Shira Hassan, leemos una obra bien corta que fue escrita por Bench Ansfield y Jenna Peters-Golden acerca de dejarse seducir por la idea del éxito y el fracaso dentro de los procesos, publicado en *Haz/Cambia* [*Make/Shift*], una revista feminista. Y es realmente beneficioso. El fracaso y los errores son parte de un proceso. Esto se siente contradictorio porque cuando las personas sienten dolor y han sido lastimadas, tú crees que tienes que ser perfecta para proteger a esa persona de un daño mayor. Y lo que siempre le digo a la gente es que como superviviente y como alguien que toda su vida ha estado rodeada de supervivientes en su comunidad, en realidad no somos seres frágiles. Somos increíblemente, increíblemente pragmáticos. Y muy resistentes. Porque hemos sobrevivido mucha mierda.

Y así, al entrar en los procesos, si lo analizas con la idea de que la persona con la que estás trabajando es una frágil muñeca china que se va a romper bajo cualquier presión, que no puedes cometer un error, bueno, entonces ya estás anticipando el fracaso, en el sentido de un potencial daño catastrófico. Debes empezar interiorizando que nuestro proceso les permite a las personas que son sobrevivientes la recuperación de su agencia. Ese es el fin hacia el cual se está trabajando. El binario de éxito/fracaso, hay que deshacerse de eso. Eso es importante, lo número uno.

Número dos, uno debe saber los objetivos del proceso. En tercer lugar, tienes que saber si eres o no la persona adecuada para facilitar el proceso. ¿Tienes un sistema de apoyo que te ayude a navegar esto? ¿Estás facilitando esto por tu propia cuenta? ¿Tienes un equipo de personas? ¿Cómo vas a finalizar este proceso? Porque no debería ser algo que continúe durante noventa años. Debería haber un final. ¿Cómo sabes que el proceso ha llegado a su fin? Tener metas te ayudará en eso. Entonces esas son todas cosas críticas, muy importantes para tener desde el principio o para ejercerse a lo largo del proceso. Creo que las partes del fracaso o los aspectos que van a asegurar la ineficacia son no saber si eres la persona adecuada para sostener esto.

Es el no tener metas. Es el otro lado de lo que acabo de decir, son los ingredientes que necesitas para un proceso fuerte. Es realmente no tener claridad con la gente sobre cuáles son los deseos y las necesidades. ¿Qué quiere la gente realmente? Y no se puede conseguir: la gente no puede satisfacer todos sus deseos en un proceso.

Brown: *Solo como seguimiento a eso, ¿hay procesos en los que digas: «Yo siento que tengo que alejarme de esto?» Y, por otro lado, ¿existen procesos que has escuchado que luego dices: «Ya, yo sé qué puedo ofrecer»? ¿Acaso solo respondes si las personas dicen: «Ayúdanos»? O acaso existen cosas en las que dices, «Oigan, ¿necesitan apoyo?»*

Kaba: Nunca busco ningún proceso. ¡Jamás! No es un trabajo para mí. No es una forma de sustento. Es un compromiso político que hago porque estoy en comunidad con personas que no van a hacer uso de los sistemas que existen actualmente por múltiples razones. Y también encaja dentro de mi mayor compromiso político con la abolición del complejo industrial carcelario. Por eso estoy comprometida. Nunca busco ningún proceso; la gente viene a mí. Honestamente, vienen a mí mucho más de lo que yo tengo capacidad para ofrecer apoyo. Pero soy muy buena con los límites. Soy muy buena limitándome a lo que realmente creo que puedo ofrecer. Soy solo una persona. No hay forma de que pueda tener integridad y dar lo que se necesita hacer para todo, si estoy por todos lados. Realmente me concentro en eso. Y yo siempre le digo a la gente mi postura. Y a veces puedo intentar ayudar a la gente a averiguar si un proceso es posible, así que podría hacer eso. Entonces, esos son los tipos de cosas que puedo hacer.

Brown: *Y lo que escucho en lo que estás describiendo es la diferencia entre intervención y apoyo. ¿No? Que en nuestros espacios de movilización necesitamos ese tipo de intervenciones de, «Oigan, gente, llévense esto fuera de línea». Esta no es la forma en que vamos a lograr la sanación o la rendición de cuentas. Pero escucho la diferencia entre ese tipo de intervenciones y el nivel de compromiso que se requiere para ser parte de un proceso continuo ... Yo personalmente realmente batallo con esta pregunta: ¿Cuál es la relación entre la sanación y la rendición de cuentas por los actos cometidos? Especialmente viniendo de un marco de justicia sanadora en términos de mi experiencia en el movimiento.*

Kaba: Sí, esta es una gran pregunta. Voy a retroceder un segundo para la cuestión de la intervención versus el apoyo. También creo que tenemos que hacer distinciones entre la resolución de conflictos y los procesos de rendición de cuentas. Y creo que eso es correcto. Y creo que, en realidad, no soy una experta en la resolución de conflictos. Nunca he tomado una clase. No sé cómo hacerlo, ese no es el trabajo que hago. Yo ayudo a algunas personas a facilitar los procesos de rendición de cuentas, que es diferente. Y por eso creo que a veces estamos confundidos cuando usamos diversas terminologías de nuestro lenguaje. Pero eso también lleva a la gente a pensar que lo están haciendo todo y luego no hacen nada. Creo que es importante tenerlo en cuenta.

Entonces, saltando a la pregunta que realmente me hiciste sobre la sanación, creo que es una pregunta muy importante. He llegado a entender la sanación, formando parte de los procesos. Inicialmente pensé que estos procesos estaban destinados a la sanación. Pero resultó ser que en realidad yo no estaba preguntándoles a las personas involucradas cuáles eran sus necesidades y deseos. Y para mucha gente en realidad, esto no era sanación. No lo estaban intentando, sus necesidades no eran sanar dentro de este espacio en particular. Sus necesidades eran tener un reconocimiento del daño ocurrido, de insistir en que esta persona nunca haría esto de nuevo, de abordar los problemas relacionados con la confianza y de descubrir cómo se puede confiar de nuevo en la gente. Era autogestión y auto responsabilidad. Había una lista de cosas. Y la sanación casi nunca salió a relucir. Entonces eso suena un poco contradictorio. Pero más tarde me di cuenta de por qué era eso. Y fue porque la gente estaba entendiendo que, para sanar, necesitaban un tipo de espacio distinto.

Inicialmente venían a mí en un punto en el que había grandes cantidades de dolor, sufrimiento, muchas emociones sucediendo. Tantas cosas estaban pasando que la sanación ni siquiera estaba en su cabeza en ese momento. Era como, «Sólo estoy tratando de sostenerme». Esto me ayudará a llegar al punto en que pueda sentirme que puedo estar en mi apartamento por mi propia cuenta nuevamente. Necesito gente a mi alrededor para hacer eso, entonces, ¿cómo voy a conseguir que mis amistades se unan y vengan y me visiten todas las semanas? Cosas así eran lo que se necesitaba para seguir hacia adelante en el camino de sus propios largos viajes hacia el espacio de la sanación. Pero no era un destino dentro del proceso en sí. Y eso me ayudó a descubrir más tarde, cuando la gente decía: «No obtuve sanación», yo estaba como, «Oh, vale». Escuché a otras personas decir: «El proceso fue realmente traumático para mí. Me trajo todas estas cosas. Fue doloroso para mí. Fue lo que fue». Y la gente decía: «Oh, eso significa que era ineficaz y que estaba fallando». Y yo estaba como que, en realidad, al escuchar cómo la gente estaba hablando de eso, pensando: «En realidad, este proceso parece que estaba haciendo exactamente lo que se necesitaba para que esta persona, dentro de un año, estuviera encaminada hacia su propia recuperación». Tratando de averiguar cómo se veía eso. No estoy diciendo que no necesariamente vas a obtener lo que necesitas para sanar en un proceso. Solo estoy diciendo que muchas, muchas veces, los procesos se sienten terribles. Porque el daño es muy central. Y si te involucras en el proceso con la persona que te hizo daño, ¡Dios mío! Invoca tantos sentimientos que, si estás constantemente tratando de ampararte en la sanación, no estás en el daño, procesándolo. Estás afuera buscando ese destino que está en algún lugar del camino. Pero no, en realidad tenemos que estar aquí ahora mismo, manejando todo eso. El miedo, la ira, los sentimientos de venganza, la ida y la vuelta en que un día quieres ver a la gente muerta y al día siguiente estás bien. Solo tenemos que estar aquí agarrándonos del presente. Así que eso es lo que quiero decir con que no es —a menudo parece que no lo es— un espacio de sanación. Porque sanarse no es un destino final. Siempre estás en un proceso. De eso es de lo que estoy hablando. No significa que lo que experimentes no pueda ayudarte a lograr esa sanación. Por supuesto, lo hace de la mejor manera, en su mejor iteración. Pero mientras estás dentro del proceso, a menudo no se siente así en lo absoluto.

Brown: *Me pregunto si puedes hablar sobre cómo el hacer este trabajo ha sido transformador para ti —y si lo es, cómo—, y cómo ha cambiado tu relación con tu propia historia.*

Kaba: Sí. ¡Dios mío! Gracias por esa pregunta. Porque yo realmente no estaría haciendo esto solo como un proyecto político si no estuviera también transformándome en el proceso de hacer este trabajo con otras personas. Mi amiga Danielle Sered ha dicho y escrito esta cosa que realmente hizo una diferencia para mí. Ella es encantadora y dirige esta organización aquí en Nueva York llamada Justicia Compartida [*Common Justice*], que la gente debería buscar por múltiples razones. Pero ella escribió algo que se me quedó grabado, que fue que «nadie se adentra en la violencia por primera vez, cometiéndola». Nadie se adentra en la violencia por primera vez, cometiéndola. Y simplemente... yo estaba como... ¡Jesucristo! Si eso es cierto, entonces toda esta mierda de la que hablamos, estos binarios sobre víctimas y perpetradores, eso lo destruye todo.

En el fondo, es el daño que existe lo que nos ha motivado y transformado y nos ha permitido continuar, y si no pasamos por una intervención, seguiremos haciéndole daño a la gente de formas cada vez más grandes. Cuando sabemos que todo el mundo se va a hacer daño mutuamente, es una cuestión del nivel de este.

Así que estar en este trabajo con la gente me ha ayudado a hacer que lo que dijo Sered cobre vida para mí de una manera que simplemente respalda mis valores y mis creencias. De manera real, muy real. Lo segundo que he aprendido sobre mí es lo mucho que me he dado cuenta de que el castigo no funciona. No funciona. Si realmente hiciera lo que la gente quiere, estaríamos en un lugar totalmente diferente.

No solo es cierto que el castigo no funciona, sino también que cuando se le da prioridad al castigo significa que el patriarcado permanece firmemente en su lugar. Si en el fondo estoy interesada en desmantelar los sistemas de opresión, tengo que deshacerme del castigo. Tengo que hacerlo. Pero quiero rendición de cuentas. Quiero que la gente asuma la responsabilidad. Quiero ese recurso interno que permite que asumas la responsabilidad por los daños que has cometido contra ti mismo y otras personas. Quiero que esto sea una parte central de cómo interactuamos con las demás personas. Porque, aunque no creo en el castigo, creo en las consecuencias por las acciones que se cometen para hacerle daño a otras personas. Lo creo. Creo que los límites son importantes. Creo que todas estas cosas son realmente importantes. Pero con el castigo al centro de todo, no hemos podido realmente abordar las otras cosas que deben suceder. Porque, carajo, la gente necesita asumir la responsabilidad por sus actos cuando le hacen daño a las personas.

brown: *¿Puedo hacerte una pregunta de seguimiento? ¿Puedes darles a nuestros oyentes y para nosotres un ejemplo de un castigo versus una consecuencia?*

Kaba: Sí, seguro. El castigo significa infligir crueldad y sufrimiento en las personas. Cuando esperas consecuencias, pueden ser desagradables e incómodas. Pero las consecuencias no infligen sufrimiento ni están infligiendo dolor a las personas y quieres que sufran como resultado. Eso es diferente. Y lo que quiero decir con esto, es, por ejemplo, el que las personas poderosas dejen sus trabajos, son consecuencias, no castigos. ¿Por qué? Porque deberíamos tener límites. Y porque la mierda que hiciste estuvo mal, y el que tengas poder es un privilegio. Eso significa que podemos quitarte eso. Ya no tienes más poder. Pero si estuviéramos castigándote, lo haríamos para que nunca más pudieras ganarte la vida en ningún contexto, en ningún momento. Eso es infligir crueldad, sufrimiento y hacer que la gente no pueda vivir una vida. No pueden acceder a las cosas básicas para hacer la vida más vivible.

Si le estás haciendo eso a alguien, lo estás castigando. Si le pides a alguien que se mude a otro lugar porque le causó daño a las personas que viven allí: consecuencia. Si lo estás haciendo para que esa persona nunca pueda tener vivienda: castigo. Entonces, tienes que poder ver la diferencia entre infligir crueldad, dolor y sufrimiento, y estar incómodo y perder algunos privilegios: estas no son las mismas cosas.

Moviéndonos, más allá del castigo

Entrevista por Ayana Young

For the Wild, diciembre del 2019

Ayana Young: *Sé que la justicia restaurativa y la justicia transformadora son a menudo confundidas y combinadas. Para empezar, espero que podamos diferenciarlas las dos.*

Mariame Kaba: ¡Claro! Me gusta asegurarme de que la gente entienda realmente que la justicia restaurativa es la forma en que llegué a comprender la posibilidad de reparar el daño. Empecé a pensar en la justicia restaurativa antes de empezar a pensar realmente en la abolición del CIC, la abolición del complejo industrial carcelario. Mi interés por la justicia restaurativa es anterior a mi política en torno a la abolición del complejo industrial carcelario. Aunque la justicia restaurativa ha sido retomada de manera más profusa desde que empecé a formarme a mediados de los 90, y en cierto modo ha sido cooptada por el sistema, las raíces de la justicia restaurativa siguen siendo increíblemente útiles y válidas.

La justicia restaurativa se centra en la importancia de las relaciones. Se centra en la importancia de la restauración cuando esas relaciones se rompen, cuando ocurren violaciones en nuestras relaciones. Se interesa en la comunidad, porque se cuestiona de quién es la responsabilidad de realmente satisfacer las obligaciones y necesidades que se crean a través de la violación. Le pide a la comunidad que intervengan plenamente, que sea menos espectadora y más protagonista en el intento de la reparación del daño. Y, por último, es un marco, una ideología y una práctica de vida que se interesa en garantizar que permanezcamos en relaciones correctas entre nosotres, con la tierra y con el medio ambiente. Esta es una visión amplia de la justicia restaurativa.

A lo largo de los años, la gente se ha centrado mucho en un enfoque individualista de abordar el daño, utilizando modalidades de justicia restaurativa y prácticas de justicia restaurativa. Entre esta gente hay personas que a menudo dicen cosas como, «Estoy facilitando un círculo de conversación, por lo tanto, estoy practicando justicia restaurativa». Eso es ridículo. El círculo es solo una herramienta que la gente usa dentro de un marco más amplio de justicia restaurativa, que les pregunta a las personas distintos tipos de preguntas. No me gusta caer demasiado en binarios, como, es esto o lo otro. De hecho, es muchos tipos de cosas distintas para muchos tipos de personas que lo utilizan de muchas maneras diferentes. Así es como llegué a centrarme en la justicia transformadora, realmente fue eso.

La justicia transformativa toma como punto de partida la idea de que lo que ocurre en nuestras relaciones interpersonales se refleja y se refuerza en los sistemas más grandes. Si no puedes pensar todo el tiempo en la interacción entre esas esferas, acabas centrándote demasiado en lo interpersonal y, por lo tanto, no puedes transformar las condiciones que condujeron al daño y la violencia interpersonal con la que estás lidiando en ese momento. Me gusta porque me parece un marco e ideología más expansiva que la justicia restaurativa tal y como se practica en la actualidad. Las historias de ambos marcos son distintas. Vienen de lugares diferentes. Provienen de comunidades diferentes, aunque se superpongan. Y creo que es importante pensar siempre de dónde vienen las cosas y dónde están arraigadas para poder comprender lo que son.

Para mí, la justicia transformativa trata de averiguar cómo responder a la violencia y al daño de una manera que no cause más violencia y daño. Nos pide que respondamos de manera que no dependa necesariamente del estado o de los servicios sociales si la gente no lo quiere. Se centra en las cosas que tenemos que cultivar para la prevención de daños futuros. La justicia transformativa es militantemente opuesta a las dicotomías entre víctimas y perpetradores, porque el mundo es más complejo que eso: en una situación particular somos víctimas, y en otras situaciones somos las personas que perpetran el daño. Tenemos que ser capaces de mantener todas esas cosas juntas.

Young: *Muchas gracias por explicar eso con tanta profundidad. Ahora, pensando en el estado carcelario, queda claro lo perverso que es el sistema. Y eso no es solo en el contexto de las formas en que definimos la justicia a través de una lente punitiva, sino también las políticas y la cultura dentro de la prisión y nuestra creciente obsesión con los centros de detención... Me gustaría preguntarte: ¿de dónde ves que proviene este impulso para castigar?*

Kaba: A menudo la gente piensa que el castigo está arraigado en la religión. Muchas formas de religión hablan del castigo y de la venganza que ejercen varios dioses. El pensamiento humano sobre el castigo tiene una larga historia. En *Tierra carcelaria* [*Prison Land*] de Brett Story se argumenta que las prisiones, en vez de provenir de nuestro deseo de castigo, son en realidad instrumentos para castigar. Crean el castigo. Se trata de una cuestión de direccionalidad, de si son nuestros pensamientos en torno al castigo y la venganza los que impulsan la creación de la prisión o si es al revés. Las instituciones crean y refuerzan el castigo, en sí mismas.

Me ha hecho pensar de nuevo en cómo funciona o no funciona el castigo. Siempre he sostenido que, como seres humanos, cuando nos lastiman, a menudo queremos devolver el daño. Pasamos mucho tiempo pensando en la retribución y la venganza porque eso está condicionado en nosotres, tanto, como mencioné, a través de la religión y de cómo crecimos en la cultura y a través de cómo pensamos en volver a tener una relación correcta con las demás personas.

El castigo se siente como un ingrediente necesario para poder volver a enmendar una relación. Y la justicia transformativa desafía bastante esos valores. Y es difícil de sostener. Yo también estoy condicionada en esta cultura y yo misma fui castigada de niña. Es muy difícil pensar qué otra cosa se puede hacer que no sea el castigo, cuando ocurre la violencia o el daño en el mundo. El castigo es tan prevalente que cuando alguien elige hacer otra cosa, a veces reaccionamos violentamente hacia esa persona que no elige el castigo, que dice: «En realidad quiero intentar una forma diferente». Entonces es como: «Aquí no estás cumpliendo con tu parte del trato. ¿Qué estás queriendo decir sobre mis valores si uno se niega a perseguir a otra persona de forma punitiva»? Es realmente complejo. Es realmente complicado. Es algo en lo que regularmente pienso mucho. Actualmente estoy trabajando en un recurso. Tiene por título provisional *Interrumpiendo la mentalidad del castigo* [*Interrupting the Punishment Mindset*], y pretende ser un recurso para el profesorado que trabaja con personas jóvenes y les ayude a pensar en el castigo de forma distinta, para que se alejen del enfoque en el castigo a uno en la rendición de cuentas y las consecuencias. Llevo mucho tiempo trabajando en él. Y ha sido una lucha porque es muy difícil encontrar materiales que sean lo contrario de lo que hacemos, que es castigar.

Young: *Gran parte de tu trabajo nos desafía a replantearnos nuestra comprensión sobre las personas que son perpetradoras de violencia y, en cierta medida, la violencia misma. Y aproximadamente la mitad de las personas que se encuentran encarceladas en los EE. UU. están cumpliendo sentencias por delitos violentos. Parece obvio que necesitamos hablar sobre cómo y por qué se utiliza la violencia en nuestra sociedad y cómo deberíamos contextualizar la violencia de una forma más extensa. Y luego, dentro de eso, ¿cómo este nuevo planteamiento nos ayuda a la comprensión de lo que se ha denominado el conducto del abuso-a la-prisión?*

Kaba: Una de las cosas que quiero decir en primer lugar es que cuando eres víctima o superviviente, como quieras identificarte, es doloroso ser victimizado. Es doloroso ser recipiente de cualquier forma de violencia. Tenemos que reconocerlo para empezar. Todo lo que digo no es de ninguna forma para minimizar la experiencia de la violencia. Yo misma he sido víctima y superviviente de la violencia. Siento que siempre quiero poner el daño en el primer plano de la conversación y no minimizarlo de ninguna manera.

Es cierto que la mitad de las personas que en el presente se encuentran encarceladas en nuestras prisiones estatales están allí por delitos violentos de algún tipo. Eso es complicado porque lo que se designa como violencia refleja juicios y decisiones políticas que no se aplican por igual. He estado pensando bastante en lo que significa usar la violencia y lo que significa ser violento. Muchas veces, las personas que causan un daño desmesurado no se consideran personas violentas, como las personas que contaminan nuestros ríos con residuos tóxicos y los delitos corporativos.

La gente que envía a miles de personas a matar a otras personas en guerras por todo el mundo no se les considera criminales. Apenas se habla del complejo militar-industrial como una forma de violencia de la que hay que rendir cuentas de alguna manera. La gente que está en el lado pacifista trata de hacer esa argumentación y son ahogadas por la gente que no considera esas cosas violentas porque para esa gente, pueden considerarlo «defensa propia» o justo, o cualquier tipo de cosa. Pero yo quiero defenderlas porque perjudican a millones de personas. De manera real. Sin embargo, cuando Johnny, del barrio, coge una pistola y le dispara a otra persona, eso se considera el paradigma extremo de la violencia, por lo que deberíamos encerrar a Johnny, o peor aún, matarlo bajo los auspicios del estado de la pena capital.

Young: *Me encantaría que hiciéramos la transición a la conversación sobre cómo se están formando nuestras políticas y movimientos actuales. Es decir, que a veces estos surgen de voces muy fuertes y poderosas, aunque individuales. Este tema es especialmente difícil porque nunca debería haber una intención de negar el deseo de justicia de ningún superviviente. Pero al mismo tiempo, parece realmente irresponsable imponer como norma la búsqueda personal de la justicia sobre toda una población. Entonces, ¿dónde está el equilibrio entre tener una política y una respuesta que sea menos personal, pero que siga siendo informada por las personas que son supervivientes?*

Kaba: ¡Dios mío, me estás haciendo preguntas muy difíciles! Sigo amenazando con escribir un ensayo llamado *El abolicionismo no se trata de tus pinches sentimientos*. Lo escribí en un tuit y recibí muchas críticas porque la gente sentía que estaba insultando su capacidad de sentir lo que quieren sentir. No es eso lo que realmente estoy diciendo. El concepto de que lo personal es político como base para la organización feminista en el pasado es muy cierto, y, sin embargo, al mismo tiempo es muy tenso. Lo que no dice —y creo que es a veces lo que la gente quisiera que estuviera diciendo— es que lo que personalmente uno siente debería ser convertido en política. Y no podemos funcionar en un mundo en el que eso sea cierto. No deberíamos codificar nuestros sentimientos personales de venganza para aplicarlos a todo el mundo.

El sistema de castigo penal tiene todas estas contradicciones. Porque, por un lado, el estado se erige como el árbitro principal de la «lucha por las víctimas». Pero en ninguna parte de estos procedimientos está el interés real de la «víctima». Si la víctima no está de acuerdo, por ejemplo, con la pena capital, el estado reemplaza eso y dice que, aun así, vamos a matar a esa persona en tu nombre. En ese caso, tu manera personal de sentir no importa en lo absoluto. Pero cuando el estado quiera justificar su venganza dirá: «Lo hacemos en nombre de la persona que ha sido perjudicada». Y tenemos que gobernar el mundo no sólo basándonos en nuestros deseos y sentimientos personales. Debemos tener una política y un conjunto de valores básicos que nos gobierne como sociedad. De lo contrario, ¿cómo vamos a ser capaces de movernos en el mundo? No vamos a poder movernos en el mundo si no es así y si eso no ocurre.

Es muy complicado. A veces nuestros sentimientos no están realmente alineados con nuestros valores. Nuestro valor expresado podría ser: «Bueno, no creo en la pena capital». Puedo tener ese valor. No creo que el estado tenga derecho a matar en mi nombre, en cualquier momento, nunca. Y entonces le ocurre algo a una amistad muy cercana a mí, y mi opinión es que deberían matar a esa persona. A menudo estamos en un punto en el que nuestros valores no se alinean con lo que sentimos. En parte, es por eso por lo que se supone que tenemos una comunidad que puede contenernos cuando estas cosas están sucediendo para que nuestros sentimientos no terminen gobernando cómo vamos a vivir en el mundo, para toda la gente, cómo vamos a ser gobernados juntos.

Así que puede sonar complejo, de lo que estoy hablando ahora. Estoy pensando mientras hablo. Pero también, he estado pensando durante mucho tiempo sobre esto. En varios tipos de formas.

Y es una pregunta todo el tiempo. La gente dice: «Bueno, esta persona fue realmente lastimada». Y yo les digo: «Sí, fueron realmente perjudicados. Y no hay duda de ello. Y desearía que eso no hubiera ocurrido. Y también quiero que haya consecuencias por ello. Pero no creo que el castigo nos lleve a eso». Y tampoco creo que el uso de la violencia extrema para abordar la violencia extrema funcione. Creo que eso es sólo venganza. Recuerdo haber visto una película terrible de Nicole Kidman en la que aparecía Sean Penn. Incluso he olvidado el nombre de la película. Pero el personaje de Nicole Kidman en un momento dice: «La venganza es una forma perezosa de dolor». Y yo estaba como, «¡Diantre!». Tuve que pensar sobre eso. Se me quedó grabado. El hecho de que esta cosa salió hace años, pero todavía pienso en ello, realmente me tocó de forma profunda. Porque necesitamos tiempo y espacio para hacer el duelo cuando ocurren cosas difíciles, cuando nos pasan cosas malas.

Necesitamos ese duelo; necesitamos ese espacio. Nos merecemos el apoyo, todo el apoyo que podamos necesitar. Las personas que son supervivientes y víctimas deberían recibir múltiples apoyos del estado más allá y ni siquiera principalmente de la fiscalía. ¿Qué tal si pagamos la terapia de la gente? ¿Qué tal si se paga para que la gente pueda hacer un viaje fuera del país para que pueda sanar o comenzar el proceso de averiguar cómo sanar?

Young: *También tengo mucha curiosidad por saber más sobre la rendición de cuentas comunitaria. Específicamente, ¿cómo funciona en términos de abordar la violencia doméstica y sexual? Ciertamente, estas son dos áreas en las que parece más complicado convencer a la gente sobre un enfoque de justicia transformativa cuando el daño del que estamos hablando es una violación tan íntima.*

Kaba: Sí, gracias por hacer esa pregunta. En realidad, los aspectos modernos del trabajo de rendición de cuentas con la comunidad están arraigados exactamente en comunidades de personas de color, negras, de pueblos originarios y latinas que eran abrumadoramente feministas, quienes empezaron a hablar sobre los daños interpersonales relacionados a la violencia y la violencia doméstica. Evidentemente, había personas no conformes con el género, personas trans, que no podían acceder al estado para obtener «reparación» o no querían acceder al estado, porque sabían que podrían ser criminalizadas. La pregunta era: ¿cómo podíamos intervenir?

El grupo llamado ¡INCITE! Mujeres, Gente no Conforme con el Género y Personas Trans de Color en contra de la Violencia comenzó a codificar a principios de la década del 2000 algunas cosas que nuestras comunidades han estado haciendo para resolver los problemas que surgen. Esto, para encontrar la manera de estar presente cuando alguien sufría algún tipo de daño. Para encontrar la manera de cómo transformar a la persona que causó el daño. Esto era sólo una forma de codificar lo que muchas personas en nuestras comunidades habían estado haciendo durante muchas generaciones antes. Hay una guía maravillosa creada por Mimi Kim, Rachel Herzing y otras personas, de Intervenciones Creativas, que tiene como 700 páginas. Está disponible en línea. Se puede ir a creative-interventions.org para encontrarla. Esta gente pasó varios años haciendo trabajo de rendición de cuentas comunitaria en la zona de la bahía de California, y luego tomaron todas las lecciones que aprendieron y las reunieron en este kit de herramientas que nos regalaron. Eso fue hace unos quince años, creo. Hace diez años, por lo menos. Nos regalaron este recurso para utilizarlo en nuestras comunidades.

Yo siempre diré esto también. Creo que realmente hay algo que decir —y la gente debería pensar en esto con más seriedad —que es: mucha gente se enoja cuando hablamos de la rendición de cuentas comunitaria. Y dicen: «Bueno, esto no funciona». Y yo digo: «En primer lugar, no sé lo que estabas haciendo, pero no era un trabajo de rendición de cuentas comunitaria. Era otra cosa». A menudo la gente va a utilizar términos con cosas que no entienden o no saben cómo hacer y que realmente no practican. O dicen: «Hice un círculo de conversación con una persona». Yo digo: «Eso no es un proceso. ¿Desde cuándo hablas con una persona una vez y transforma toda su vida?». No funciona así. Piensa en ti. Ponte en esa posición y piensa en lo difícil que es para ti decidir hacer algo básico como dejar el azúcar y no puedes mantenerlo. Porque es difícil hacerlo. Es difícil cambiar nuestro comportamiento. Siempre pienso que eso se le plantea mucho a la gente.

Otra cosa que surge entre la gente es: «Me estás diciendo que tengo que actuar de cierta manera». No te estoy diciendo que tengas que actuar de ninguna forma. En primer lugar, el hecho es que más del 50 por ciento de las personas que han sido perjudicadas, gravemente lastimadas, en realidad, nunca se ponen en contacto con los cuerpos policiales. Y eso quiere decir que prefieren nada en lo absoluto, como señala mi camarada Danielle Sered, de Justicia Compartida. Prefieren nada en lo absoluto, en lugar de lo que se ofrece en el presente. Esa es una gran cantidad de personas quienes son lastimadas, pero esas personas no buscan ningún tipo de reparación de parte del estado, lo que se está ofreciendo como el objetivo concluyente, lo mejor, la única forma de transformar cualquier daño. Entonces, ese ya es el caso.

Siempre digo, «¿Por qué te enfureces? ¿Por qué te interesa molestarte con las personas que están intentando otra cosa para obtener la reparación que sienten que necesitan, cuando más del 50 por ciento de la gente ni siquiera aprovecha el sistema por el que tú estás tratando tan reaciamente de proteger y que estás luchando tan duro para mantener arraigado»? Así que incluso de esa lista del 50 por ciento que ingresan en el sistema, 50 por ciento de esa gente ni siquiera llega al punto al que habría un fiscal enviando su caso para presentar una petición en el tribunal, de ninguna forma. Ni siquiera van al gran jurado. Y luego, cuando por fin llegan al gran jurado, el otro 50 por ciento está fuera. Ni siquiera estarán en condiciones de poder ir a un juicio. Y como sabemos que el 98 por ciento de las personas que se encuentran en una situación donde podrían querer un juicio, en realidad van a aceptar la sentencia y no ir a juicio, eso es el 2 por ciento de las personas en esa lista que realmente van a juicio. Entonces, ya para el momento en que llegas a un lugar donde hablamos de alguien que cumple una sentencia de prisión, ya para ese instante muchísimas personas no han sido servidas, que tenemos que encontrar una forma distinta de poder abordar el daño.

Como abolicionista, lo que me importa son dos cosas: las relaciones y cómo abordamos el daño infligido. La razón por la que soy abolicionista es porque sé que las prisiones, la policía y la vigilancia causan un daño desmesurado. Si mi objetivo es la finalización del daño, entonces no puedo estar a favor de las instituciones mortíferas y dañinas. En realidad, intento erradicar el daño, no reproducirlo, no reforzarlo, no mantenerlo. Tenemos que darnos cuenta de que a veces nuestros sentimientos —y nuestra sensación realmente válida de querer alguna forma de justicia para nosotres— se interponen en la búsqueda de lo que realmente queremos.

Para mí, estoy constantemente hablando con la gente. Sólo facilito procesos de rendición de cuentas comunitaria dentro de mis comunidades. No me pagan por ello. No soy una facilitadora remunerada. Estas cosas son importantes. Todo el mundo tiene que adquirir habilidades dentro de nuestras comunidades para poder contener el daño, transformarlo y salir hacia el otro lado. Eso es fundamental, y son muy pocas las personas que reciben atención por sus daños experimentados. La mayoría de la gente no recibe nada. La rendición de cuentas comunitaria es una forma de ofrecer algo.

Justicia: Un cuento

Feminist Utopia Project, 2015

Hace unos años atrás, me invitaron a contribuir a una antología titulada: Proyecto Utopía Feminista *[Feminist Utopia Project].* Justicia *es el ensayo que envié para la publicación. Quería pensar en otro mundo donde el castigo no fuera parte del pegamento que mantiene unificada a una sociedad.* —MK

El océano es de un tipo azul verdoso peculiar y estoy parada en la orilla viendo a una mujer ahogándose. Mis amistades y familiares están presenciando la misma escena, o tal vez, en sus ojos, se ve diferente. Están afligidos; Yo no lo estoy. Me dirijo hacia mi madre (quien es un hombre) y le susurro al oído: «La venganza no es justicia». Y nuevamente le susurro: «La venganza no es justicia». Yo dejo que el viento se lleve mis palabras porque los seres humanos (incluso los altamente evolucionados) no pueden escuchar a los espíritus.

Tenía dieciséis años cuando fallecí.

¡Maldita sea, lo hice nuevamente! Me apresuré hasta el final de la historia antes de haber contado el principio. Soy una de esas chicas. Saben a quién me refiero; al tipo de chica que come postre para la cena y lee primero el final del libro. Todes me llaman impaciente. Impaciente debería ser mi primer nombre.

Amo el agua y la natación. Mi padre (quien dice no tener género) dice que debo haber descendido de un pez y no de una persona. Mamá dice que él me debería haber nombrado, Aqua. Todo el mundo parece querer llamarme de una forma distinta a mi nombre, que es Adila, aunque mis amistades me llaman Addie.

Vivo en Small Place (SP). Si alguien me pidiera que describiera las vistas, los sonidos y los olores de mi hogar, les diría que SP es muy verde. Quiero decir, que puedes oler el verdor y el agua salada y puedes escuchar el viento cuando susurra entre los árboles. Somos familia en SP. No, no todos estamos relacionados, pero confiamos y nos amamos mutuamente. Aunque ocurren discusiones y conflictos, siempre los resolvemos. Mis padres son los pacificadores principales de SP. Si se están preguntando cómo una persona se convierte en un líder pacificador, es realmente muy simple. Cualquier persona mayor de veinte años es elegible. Cada cinco años un grupo representante de residentes de SP se reúne para considerar a los candidatos. En SP, la gente pacificadora ni es especial ni mejor que otros. Los únicos requisitos para el puesto son un deseo de servir y el compromiso de encarnar y ser fiel a los valores de nuestra comunidad. Estos valores son reconsiderados, revisitados y, a veces, se revisan anualmente. Las responsabilidades principales de los pacificadores son asegurarse de que todos nuestros conflictos sean abordados de forma rápida y pacífica.

Una vez, le pregunté a Mamá por qué él pensaba que lo habían elegido jefe pacificador. Él me miró por un momento y luego me dijo: «Yo tenía más de veinte años, con la disponibilidad para servir y nunca me olvido de nuestra humanidad en común». Mamá dijo que soy buena para poder contener a los demás y a mí misma en nuestra humanidad. No estoy segura de lo que él quiso decir con esto. Yo sé que todo el mundo comete errores y que todes merecemos la oportunidad de asumir la responsabilidad por estos para que podamos hacer mejor las cosas y ser mejores la próxima vez. Tal vez esta sea mi filosofía de vida o algo así. De todos modos, lo que más amo de vivir en SP es que nos cuidamos de forma mutua; cuando una persona en nuestra comunidad sufre algún daño, todes somos lastimados. Es uno de nuestros valores más sagrados e importantes.

Aunque mis padres son pacificadores, todes somos cuidadores circulares. Discutimos todos nuestros problemas en un círculo. Celebramos en un círculo. Procesamos nuestro duelo en un círculo. Básicamente, los círculos son la forma en que nos comunicamos y nos conectamos. Cualquier persona en nuestra comunidad puede convocar para que se lleve a cabo un círculo en cualquier momento y por cualquier motivo. No hay habilidades especiales que aprender; todo lo que se necesita hacer es escuchar y crear espacios para la gente. Todas las edades están incluidas.

Mencioné que en SP somos una familia. Somos una comunidad muy unida, pero a menudo recibimos visitantes de otros lugares. Por ejemplo, el mes pasado, una mujer visitó SP. Ella es una pariente lejana de nuestros vecinos. Ella vino de un lugar llamado Tierra, que está muy lejos. No hay nada memorable sobre la visitante terrestre (VT). Su cabello es largo y marrón. Ella es pálida como si no pasara mucho tiempo bajo el sol. Lo único que puedo destacar es que caminaba por SP cargando con un cuchillo en su bolso. Ella dijo que era en caso de que «tuviera problemas». Añadió que, en la Tierra, «las mujeres nunca podrán tener demasiada cautela». No pude entender a qué se refería. ¿Para qué tipo de problema se necesitaría un cuchillo? ¿Y por qué uno estaría en mayor peligro si se identificara como mujer? Si algo pasara, ella podría simplemente convocar a un círculo y juntos abordaríamos el problema.

En SP nunca cerramos nuestras puertas y nuestra visitante de la Tierra insistió en que esto era poco seguro. «¿Qué pasa si alguien quiere robar algo de la casa, o si quieren hacerle daño a alguien?» preguntó ella. Mi madre le dijo que todo en nuestra casa era propiedad de la comunidad y que podía ser utilizado por cualquiera. En SP no existe la propiedad privada, así que nadie tendría motivos para robarle a otra persona cuando simplemente se podría compartir lo que se tiene. Además, todas las personas en SP tenían sus necesidades básicas de comida, ropa y refugio satisfechas. La atención de la salud y la educación también se brindan de forma gratuita a todos los miembros de la comunidad. La visitante terrestre (VT) luego le preguntó a mi padre si temían por mí y por la seguridad de mis hermanos. Mi padre simplemente negó haciendo un movimiento con su cabeza y se dirigió a la cocina para hacer la cena. Papá no es la persona habladora de nuestra familia.

Yo estaba tan confundida por las preguntas de VT que mantuve abierto el tabulador del diccionario de mi computadora. Busqué palabras que no podía comprender como «miedo» y «robar». Leí la definición de «miedo» como «una emoción desagradable causada por la creencia de que alguien o algo es peligroso, que puede causar dolor o una amenaza». Esta definición me llevó a buscar más palabras como «peligroso» y «amenaza». Mientras buscaba en la red informática, encontré una historia llamada cuento popular sobre cómo las personas en la Tierra abordan los conflictos y los daños. Básicamente, decía algo como lo siguiente:

Mientras nadaba a través de un estanque, Sis Gansa fue atrapada por Brer Zorro, quien en algunas versiones de la historia era un alguacil. Un alguacil es un oficial de la policía, en caso de que no lo sepan. Tuve que buscar eso también. No tenemos policía en SP. De todos modos, Sis se enoja porque ella cree que tiene derecho a nadar en el estanque. Después de todo, ella no está molestando a nadie. Ella está en su propio mundo. Así que Sis, decide demandar a Brer Zorro. Pero cuando el caso va a la corte, Sis Gansa mira a su alrededor y ve que además del alguacil quien es un zorro, el juez es un zorro, los abogados de la fiscalía y la defensa también lo son, e incluso el jurado está compuesto íntegramente por zorros. A Sis Gansa no le gustan sus posibilidades. Y efectivamente, al final del juicio, Sis Gansa es condenada e inmediatamente ejecutada. El jurado, el juez, el alguacil y los abogados, todes, se embistieron en una disputa con ella, lo que parecía más cruel aún. La moraleja de la historia es: «Cuando todes en el juzgado son zorros y tú eres un ganso común, no va a haber mucha justicia para ti».

Me preocupé por este lugar llamado Tierra y concluí que debía ser un lugar terrible para criar gente tan asustada, desconfiada y cruel. Me alegré de estar viviendo en SP y decidí mantener mi distancia de la Tierra.

Durante la cena, VT reanudó su incansable interrogatorio. Ella preguntó dónde estaba toda la gente criminal alojada. Cuando la miramos sin poder comprender, ella se agitó y gritó: «¡Las personas malas, las personas malas, ¿dónde las pones?!» Mi madre dijo que no existía tal cosa como las malas personas, solo la gente que a veces hizo algo malo. Nuestra visitante rio amargamente. «Está bien, entonces», dijo ella: «¿Dónde ponen a las personas que hacen cosas malas?» Finalmente, hablé. «No las ponemos en ningún lado porque a veces, todes hacemos cosas malas y a través de las relaciones que tenemos entre nosotres reconocemos el daño que hemos causado y luego hacemos todo lo posible para intentar repararlo».

VT me miró como si me hubiera crecido otra cabeza. «¿Acaso aquí no hay prisiones, ni cárceles?».

«No», fue nuestra respuesta colectiva.

Entonces Mamá preguntó: «¿Cómo exactamente tus prisiones y cárceles abordan las necesidades de quienes han experimentado algún tipo de daño?» VT respondió que las cárceles y las prisiones ofrecían rendición de cuentas por los actos cometidos y castigo.

Mi padre preguntó si el castigo era justicia y agregó: «¿Cómo es que quienes están encerrados en tus prisiones y cárceles pueden sanar? ¿Acaso mejoran con esa experiencia?» Ese fue su límite de palabras pronunciadas para el día, creo.

Nuestras costumbres y valores eran ajenos a VT y ella estaba claramente perturbada por ellos. Esa noche, investigué un poco sobre el sistema de castigo en la Tierra y me sorprendió que la persona lastimada apenas desempeña algún rol en el proceso. Los juicios (también busqué esa palabra) fueron el estado de Indiana vs. el nombre de la persona que causó el daño. Además, no parecía que todos los daños eran considerados como «crímenes» y algunos de los «crímenes» no eran necesariamente muy dañinos. Leí una historia de una joven que fue violada y, de hecho, le echaron la culpa por haber bebido demasiado en una fiesta. La persona responsable de su dolor no tuvo que reconocer el daño que causó ni hacer reparaciones por lo que hizo. En SP, toda la comunidad se centraría primero en las necesidades de la joven y luego usaríamos los círculos para discutir lo que sucedió e insistiríamos en que la persona que cometió el daño asumiera la responsabilidad. Se les hubieran asignado varios miembros de la comunidad para apoyarlos y guiarlos a que completaran la restitución acordada. Sin embargo, tengo que admitir que me cuesta imaginar que algo así como una violación ocurriera en nuestra comunidad.

Un día después de la escuela fui a nadar. Me desnudé y me zambullí en el océano. Flotaba con mis ojos cerrados mientras pensaba en mi amistad con Noliwe, lo que me hizo sonreír. Noliwe es mi persona favorita en SP junto a mis padres y hermanos. Me sacaron de mi estado de soñar despierta, cuando escuché a alguien acercarse. Abrí mis ojos y vi que VT me estaba mirando. Ella tenía un cuchillo en su mano.

Tenía dieciséis años cuando fallecí.

Fui asesinada por una visitante de un lugar llamado Tierra, que no pudo creer que no había prisiones en SP. El mío, fue el segundo asesinato, jamás visto en nuestra comunidad y les correspondía a mis padres, como principales pacificadores, asegurarse que el daño causado fuera abordado. Durante días, la gente en nuestra comunidad convocó, comulgó, celebró y se consoló mutuamente en un círculo. Hubo círculos de conversación, círculos de duelo, círculos de apoyo y círculos de celebración. Ocurrieron al amanecer, a media mañana, al atardecer y al ocaso de la noche. Durante días, los miembros de SP contaron historias sobre mi vida a través de lágrimas, ira y risa. Sin embargo, nunca se habló de castigo o venganza. Ninguno de estos me traería de vuelta.

Tras semanas de centrarse en los miembros de mi familia y amistades y de arroparlos con amor, apoyo y comida, la comunidad de SP centró su atención en mi asesina. VT fue incluida en todos los círculos anteriores, de forma que había experimentado el torrente de dolor y pérdida de la comunidad. Ella escuchó historias sobre mi vida. Ella conocía la magnitud del dolor sentido por mi comunidad. Después de que me asesinó, se entregó a mis padres. Sus primeras palabras para ellos fueron: «¿Dónde me pondrán?»

Mis padres respondieron al unísono: «En círculo». Y así fue como VT llegó a comprender el impacto que tuvieron sus acciones en toda una comunidad. Y así fue como sintió remordimiento por sus acciones y buscó hacer reparaciones por sus daños. Y así fue como mi comunidad mantuvo a VT en su humanidad mientras buscaban hacerla responsable por sus acciones.

El primer asesinato que ocurrió en SP ocurrió unas décadas antes. Como respuesta, nuestros ancestros crearon nuestro Ritual de Justicia. Después de varios días de duelo y de celebrar la vida de la persona asesinada, la vida y las acciones de la persona que comete el asesinato son exploradas. En una serie de círculos, los participantes discuten por qué sucedió la violencia, como sucedió y quiénes resultaron lastimados. Se les pide a los miembros de la comunidad que se pongan en el lugar de la persona que cometió el daño, que consideren las condiciones que subyacen a sus acciones, y que examinen sus propios roles en la perpetuación de esas condiciones. Era un reconocimiento de que no importa cuánto tratemos de purgarnos de emociones como los celos, la envidia y la ira, estos permanecen dentro de nosotres y pueden impactar de forma negativa nuestras relaciones. Ser consciente de esto es importante para mantener la paz.

Cuando los círculos se han terminado, la persona que ha cometido el asesinato es llevada al océano, atada y se lanza dentro del agua. Esta ceremonia de empatía se lleva a cabo frente a toda la comunidad. A los familiares directos de la víctima se les da la opción de salvar la vida de la persona que ha cometido el asesinato o dejarla que se ahogue. Si la familia le salva la vida, entonces se le exige que ocupe el lugar de la persona que fue asesinada dentro de la comunidad. Se espera que paguen una deuda por la vida tomada por el tiempo que las partes perjudicadas lo consideren necesario, pero lo hacen dentro de la comunidad, viviendo como miembros integrados.

Vi a mi padre hacer un gesto a mi madre. Mi padre asintió con la cabeza. VT fue rescatada del océano. Cuando nos sostenemos de forma mutua en nuestra humanidad, ¿qué otro resultado podría haber? La venganza no es justicia.

Tenía dieciséis años cuando fallecí y mi nombre era Adila, que significa justicia.

PARTE VII

Venga, únase y no viaje solo: Nos necesitamos mutuamente

«La comunidad importa.
La colectividad importa».

Entrevista por Damon Williams y Daniel Kisslinger

Airgo, julio del 2020

Damon Williams: *¿Cómo te estás cuidando a ti misma en este momento tan trascendental y apremiante? ¿Y cómo luce ese establecimiento de límites en términos de mantener tu salud? Creo que aprendemos muchas lecciones de tus límites.*

Mariame Kaba: Me he fijado mucho en centrarme en las cosas que creo que son importantes y en dejar a un lado lo demás. He puesto límites más estrictos a lo que me comprometo a decir que «sí». Así que he dicho que «no» a muchas solicitudes que la gente me ha hecho, ya sean solicitudes de medios de comunicación o lo que sea. Y he aceptado cosas que tal vez no hubiera aceptado hace diez años atrás. Estoy tratando de salir de mi zona de confort.

Además, realmente siento que, a través de los años, me he conocido mejor y me he vuelto más intuitiva sobre mí misma. Conocerse a sí mismo le ayuda a uno saber cuáles son sus límites reales. Incluso, los límites suelen ser una negociación entre lo que uno quiere y lo que quieren los demás. No es algo firme y establecido. Uno tiene que convertirse en un estupendo negociador. Y la única forma de hacerlo es sabiendo quién eres.

Daniel Kisslinger: *Evidentemente, en este momento, durante el último mes hay un sinfín de nuevas negociaciones y límites que se están derribando* *y rehaciendo. ¿Qué has visto en el último mes o experimentado que no creías que ibas a ver?*

Kaba: Si te soy 100 por ciento honesta, no creo que haya nada que haya ocurrido que no pensara que pudiera ver. Sinceramente creo que vamos a ganar las cosas por las que hemos luchado. Lo que me anima es la lucha. Así que no es que no pensara que iba a ver algo; nunca puedo predecirlo. No soy Nostradamus. No sé cuándo van a ocurrir las protestas. No sé cuándo van a producirse rebeliones. En realidad, no creo que nadie lo sepa con certeza.

Kisslinger: *Sin embargo, estoy seguro de que eso no impide que la gente se acerque a ti y te pregunte cuándo será la protesta.*

Kaba: No sé cuándo van a suceder esas cosas. Hace años que dejé de lado esas certezas. Mi convicción es que deberíamos estar organizándonos constantemente. Todo el tiempo. Cuando se realizan las protestas y los levantamientos, podremos hacer frente a esos momentos porque en realidad hemos estado construyendo hacia esto todo el tiempo. ¿Pensé que vería a gente quemando una comisaría de policía? No me sorprende dado donde nos encontramos y dado que esa comisaría en particular era un eje de horror para la gente. Por años y años, la gente que estaba organizando allá dijo lo terrible que eran las cosas en esa tercera comisaría. Tiene sentido que la gente le haya prendido fuego y la haya quemado. Para mí es totalmente racional y lógico que así fuera.

Williams: *Lo que escuché de eso es que no podíamos esperar nada de esto, pero es muy fácil aceptarlo. No hay preparación para el levantamiento orgánico de la gente. No hay una ecuación para eso. Pero en algún momento, esa matemática va a tener que dar sus frutos si continúas haciendo ciertas cosas.*

Kaba: Yo creo que sí. Y, además, esas cosas no son independientes de la organización continua. Estas cosas son dialécticas. Se influyen mutuamente. La espontaneidad es real. Y ocurre. Porque la gente aprovecha las oportunidades, las situaciones surgen. Se producen chispas. Todas esas cosas son ciertas. Y lo que puede hacer que esos momentos de cambio sean duraderos e importantes es la organización continua que ha estado ocurriendo todo el tiempo.

La mayoría de la gente no es consciente de que este movimiento lleva décadas construyéndose y que en los últimos seis años hemos estado realmente envueltos en este empuje e impulso constante. Ahora las posibilidades parecen más reales porque los medios de comunicación están hablando de eso. Si las noticias dicen que hay que desfinanciar a la policía y hay un debate al respecto, ahora las personas se entablan en la conversación y utilizan su imaginación de formas completamente nuevas.

Williams: *Minneapolis ha utilizado la palabra «disolver» y ha votado a favor de la disolución de su departamento de policía. En Chicago, estamos levantando esta lucha. Las cuestiones son mucho más tangibles, están a nuestro alcance. Además de esta exaltación de la que hablaremos más adelante a lo largo de nuestra conversación, existe también esta vulnerabilidad. La sensación de estar desnudo o expuesto. Porque no esperábamos que el 2020 fuera el año del levantamiento y el año en el que se hablara de la abolición en CNN o en cualquier otro medio. Y entonces ahora la gente que no piensa en abstracto o la gente que piensa en términos concretos quiere saber: «Bueno, entonces, ¿qué hago mañana si se está hablando de hacer esto mañana, ahora?». Y entonces, ¿sientes algo de esa exposición o algo de esa desnudez de que hay tantas cosas que hay que construir con la práctica? ¿Tantas cosas que van a requerir lecciones y que no van a ser inmediatas, pero que la gente ahora quiere soluciones inmediatas que hace seis meses no teníamos?*

Kaba: Sí. Honestamente, esa es una gran pregunta. Es una muy buena pregunta. Y quiero decir que una de las cosas que he aprendido a lo largo de los años o que más me ha importado a lo largo de los años en cuanto a mí misma como abolicionista del CIC, siempre me ha interesado lo que estamos construyendo. Eso ha sido una parte importante de por qué hago el tipo de cosas que hago y por qué he construido los tipos de contenedores que he construido a lo largo de los años. Siempre es interesante para mí pensar en el *cómo* de las cosas, la estrategia de cómo llegamos desde donde estamos hasta donde queremos llegar. No me siento presionada para dar respuestas ahora mismo, pero siento la responsabilidad de que más gente organice más cosas. He estado hablando con la gente sobre la importancia de que construyamos un millón de pequeños experimentos distintos, simplemente construyendo y probando y asumiendo riesgos y entendiendo que vamos a tener toneladas de fracasos, y que el fracaso es en realidad la norma y una buena manera de aprender lecciones que nos ayuden.

Kisslinger: *Parte del diseño.*

Kaba: Cierto. Parte del diseño. La maldita gente que trabaja en la tecnología y la gente que dirige los bancos hablan de fracaso todo el tiempo. Lo normalizan. Es sólo en el otro lado, de la gente que está interesada en la transformación social y el cambio, donde el fracaso no se supone que sea discutido o que sea una señal de que eres horrible o que tus ideas no tienen mérito. Sólo quiero que construyamos un millón de experimentos distintos. Mis energías están enfocadas en eso en este momento. Leí un tuit de alguien hace un par de semanas, que se hace llamar *ZenMarxist* en Twitter. Escribió algo así como: «La gente quiere tratar el "lo resolveremos trabajando para llegar hasta allá" como una especie de evasión retórica en lugar de ser una expresión fundamental de confianza en el poder del esfuerzo colectivo consciente». Me pareció muy bueno. Lo resolveremos trabajando para llegar hasta allá. No hay que saber todas las respuestas para poder luchar por una visión. ¡Eso es ridículo! Espero que la gente no sienta ese tipo de presión, pero sí espero que la gente tenga ganas de hacer un montón de cosas. Quiero intentar un montón de cosas. Y tal vez los recursos estarán allí esta vez para hacer que realmente funcione.

Kisslinger: *Y creo que gran parte de la incomodidad con esa experimentación, o sea, la idea de que necesitamos un producto para sustituir a este otro producto es esta mentalidad tan capitalista que lo fundamenta. Que no se trata del proceso. Ocultamos el proceso, ocultamos la mano de obra detrás del experimento. ¿Y luego, qué presentamos al público como nuestro producto final? Y la lógica de esto es, en cierto modo, deshumanizadora. Es como si ya tuvieras que haber construido tu modelo de fábrica, hecho precisamente para esto. No. Estamos diciendo que dejemos de construir modelos de fábrica donde ya se sabe qué es el aparato. La liberación no es un aparato del que puedas diseñar el camino.*

Kaba: Exactamente. Parte del problema con la policía, las prisiones y la vigilancia es que es un modelo de talla única. Angela Davis lo dice perfectamente: no hay una sola alternativa. Hay un millón de alternativas. Y la cuestión es averiguar qué alternativa funciona para cada situación.

No me gusta utilizar la palabra *alternativa,* pero lo haré en este caso. ¿Qué funciona para esta situación particular en la que estamos? ¿Qué funciona para estas personas? ¿Cómo vamos a abordar esto basándonos en las necesidades humanas? Estas son las cosas que nos interesan como abolicionistas del CIC. Creo que eso nos hace increíblemente creativos. Nosotres siempre somos generativos. Y, de nuevo, no le tenemos miedo al fracaso.

Williams: *Detengámonos en este espacio de valentía, en este espacio creativo de experimentación generativa. Porque tú ahora, en estos últimos no sé cuántos años, llegaste a este espacio, y eres venerada, y también te limitan a la labor de transmitir cómo este sistema realmente horrible es obviamente horrible para la gente. Y sé que eso no es todo lo que eres. Las cosas que escucho que te apasionan más, no creo que la gente te vea apropiadamente como eso. Escuché que te identificas como curadora y como alguien que organiza exposiciones y una bibliotecaria de artefactos liberatorios y de creaciones de conocimiento de formas que no están siendo apreciadas. ¿Te parece correcto?*

Kaba: Realmente no me importa si se aprecian o no. Pero me importa para mí misma. Son una gran parte de lo que soy. Y son una gran parte de cómo le doy sentido al mundo.

Williams: *Quiero destacar ese «yo», ese «yo» curatorial, porque me imagino que tienes una perspectiva y eres capaz de ver cosas que al menos personalmente diré que yo no veo. Hay millones de experimentos que son necesarios y hay miles de ellos que están sucediendo. Y parece que la gente está dando los pasos también para intentar toda una nueva carga de experimentos ahora mismo en este instante. ¿Existen algunos experimentos que estén en la sombra que te emocionan o que te hayan desafiado, sorprendido, de los que realmente te hayas enamorado y que quieras exponer en una pared, como algo que toque el fondo del corazón como un hermoso experimento humano para nuevas soluciones?*

Kaba: Es una pregunta difícil. Sobre todo, porque no quiero que se impongan modelos a la gente. ¿Qué tipo de presión estamos ejerciendo sobre las organizaciones de las que decimos que deberíamos tomar como modelo? Esas organizaciones y grupos —y muchos de ellos son puramente formaciones y colectivos— en primer lugar, no están de ninguna forma interesados en ser el «modelo». Siempre son muy claros en que:

«No somos el modelo. Solo estamos intentando de resolver cosas en nuestras comunidades, para cada uno de nosotres». Pero también, la presión de eso entonces es como, «Evalúense. Muéstrennos la práctica adecuada. ¿Cuál es su eficacia?» Este es el lenguaje de los modelos de eficiencia neoliberal.

Kisslinger: *Eso me suena como un informe de proyecto.*

Kaba: Exactamente. Y eso simplemente destruye la creatividad y las opciones que tenía la gente. La mayoría de ellos ni siquiera son grupos financiados. Son pequeños colectivos. Me encanta lo que Mia Mingus ha estado haciendo durante años con el Colectivo de Justicia Transformadora del Área de la Bahía [*Bay Area Transformative Justice Collective*], donde están trabajando para crear soluciones basadas en la comunidad que abordan la agresión sexual infantil y la violencia. Saben que eso acaba siendo un punto de apoyo para la gente que quiere utilizar la abolición y desacreditarla (por ejemplo, «Bueno, ¿qué vas a hacer con los violadores de niños?»). Se están ocupando intencionadamente de esta cuestión y están llevando a cabo un trabajo muy importante en sus comunidades para fomentar la resiliencia y la seguridad de la niñez y sus familias.

Me encantan los modelos que la gente se está atreviendo a intentar y probar ahora mismo. El Proyecto Anti-Terror Policíaco [*Anti-Police-Terror Project*] de Oakland acaba de lanzar un proyecto de respuesta de salud mental basado en la comunidad. Van a estar respondiendo directamente a los problemas que surgen en sus comunidades. Me encanta lo que la gente de Los Ángeles está intentando hacer con el Equipo de Acción Comunitaria [*Community Action Team (CAT-911)*], que patrocina proyectos individuales a nivel local para involucrar a la gente en alternativas a la llamada al 9-1-1.

Todos estos experimentos particulares que me llaman la atención se centran en lo hiperlocal. Intentan realmente satisfacer las necesidades comunitarias de formas específicas y la mayoría de estos grupos carecen por completo de fondos o están infra financiados. Eso es un problema.

Deberían recibir un montón de recursos para hacer su trabajo y llevarlo al siguiente nivel, si es lo que quieren hacer. Estos son sólo algunos ejemplos. Pero también me fijo en las cosas que responden al daño más allá del nivel-hiper-comunitario, que siguen siendo muy interesantes para mí. Y pienso en muchos proyectos que la gente está llevando a cabo, utilizando el arte e intentando crear nuevos lenguajes para ayudar a la gente a comprender el momento en el que nos encontramos y lo que pueden hacer para apoyar la lucha y pasar a la acción. Siempre presto atención a lo que la gente está intentando y experimentando. No para decir, «tú eres el modelo», sino para inquirir: «¿Qué estás haciendo? Me interesa mucho lo que estás intentando hacer».

Kisslinger: *Por si no se nota, he estado leyendo tus tuits, como siempre. Pero hay otro marco que creo que ha sido realmente útil para mí en este momento que también creo que podría ser útil para otra gente. Y surge de este punto. No estamos hablando sólo de la abolición de departamentos. Estamos hablando de la abolición de ideologías y esta idea de la abolición de la policía, y que este proceso se puede realizar en todo tipo de instituciones. También puede ocurrir interpersonal y comunitariamente. ¿Qué elementos de ese marco quieres asegurarte de que se incluyan en la conversación en este momento?*

Kaba: Pienso mucho en eso porque la policía es sólo una pequeña parte —una parte sumamente importante— pero sólo una pequeña parte del gran problema de la vigilancia y el control policial que tenemos que abolir. Y lo digo todo el tiempo citando a una de mis amistades, Paula Rojas: «la policía está en nuestras cabezas y corazones». Paula fue una de las personas fundadoras de De Hermana a Hermana [*Sista II Sista*] en Brooklyn hace años. Llevaban a cabo estos programas, y había protestas, y la gente corría a la policía para conseguir un permiso para poder protestar. Una de sus camaradas en Chile le decía: «¿Ustedes le están pidiendo permiso a la policía para protestar en contra de la policía»? Sí, los policías están en nuestras cabezas y corazones y esto es sólo un pequeño ejemplo. Pero a menudo recreamos el comportamiento policial entre nosotres. Lo estamos viendo en algunas de las protestas. La gente les llama la atención a otras personas y los entrega a los lobos, que son la policía.

Luego está la cuestión de la «vigilancia blanda», que no creo que sea realmente blanda. Es realmente muy severa y dura. Las personas que salen de la cárcel atraviesan por la reinserción y una de las cosas que tienen que hacer es orinar en un vaso que les proporcionan los trabajadores sociales. Si arrojan positivo en esa prueba en particular, son revocados para que vuelvan al estado carcelario. Esto es la vigilancia en forma de libertad condicional y libertad bajo palabra. Entendemos otras formas de «vigilancia blanda» que implica el sistema de «protección del bienestar infantil», que no es más que una agencia de castigo burocrático. La gente piensa que son servicios, pero la gente del Movimiento para el Poder Familiar [*Movement for Family Power*], por ejemplo, acaba de publicar un nuevo informe que nos ayuda a comprender lo terriblemente violento que es tener a tu hijo alejado de ti y que realmente es una de las formas más horribles de violencia que se le puede hacer a un ser humano. Pero no vemos eso como una forma de vigilancia profunda. Y todas esas cosas son muy importantes para que las tengamos en cuenta y las luchemos juntas. Tenemos que luchar contra todas estas cosas juntos...

Kisslinger: *Ó incluso si no están reproduciendo a la policía, todavía están reforzando las prisiones. Gran parte de la respuesta de la gente liberal, tal como entienden la desfinanciación, incluso cuando la apoyan, es: «envíen un trabajador social». Y sin entender cómo, como dijiste, esas instituciones operan con las mismas lógicas carcelarias y fomentan las mismas estructuras.*

Kaba: Sí, y parte del estado carcelario, absolutamente... Estoy pensando mucho en Liat BenMoshe, quien también está en Chicago, y su libro *Excarcelando la discapacidad* [*Decarcerating Disability*]. Y se trata de cómo todo el mundo ahora dice: «¡Salud mental! Lo que necesitamos es una fuerza distinta que se encargue de la salud mental». Pero ¿qué estamos realmente diciendo con eso? ¿Y qué estamos tratando de manejar? ¿Y cómo se ve eso para las personas que serán el blanco de esta campaña? Tenemos que estar pensando en la raíz de todos estos tipos de sistemas y todos estos tipos de ideologías y todas estas visiones para poder llegar al mundo que queremos.

Williams: *Creo que la relación que tienes con este programa, Airgo, no es solo como alguien que ya ha estado en él tres veces y alguien que es una tuitera encantadora y defensora de nuestro espacio en las redes sociales. Pero mira, si la gente te escucha diligentemente, hay tanta gente que dice, y estoy abreviando aquí, «Y luego conocí a Mariame, y comencé a entender estas cosas». Pero lo que realmente están diciendo es: «Entré en un espacio que Mariame Kaba, sus colegas y esta generación de organizadores hicieron po-*

sible. Esto me permitió cambiar y transformarme, adoptar nuevas prácticas y construir relaciones con nuevas personas».

No solo has hecho esto en Chicago y, por supuesto, en tu ciudad natal en la ciudad de Nueva York, sino también a través de todo el país. No estás sola. Para mí, personalmente y para la constelación de personas que conozco, cuando éramos solo una docena de nosotres en esta ciudad, pequeños adolescentes y veinteañeros gritándole a la policía, siendo golpeados y estresados, gritándonos de forma mutua, tenemos que atribuirle a tu trabajo y a lo que has creado que nos ayudó a pensar en esta forma. Y ahora el mundo está diciendo estas palabras, diciendo estas ideas. Incluso si el 60 por ciento de esas personas se equivocan cuando las repiten, lo están intentando. Están tratando de decir estas cosas que eran jerigonzas o idiomas extranjeros hace cinco años, hace seis años.

Entonces, en una nota personal de gratitud, aquí viene mi rendición de cuentas un tanto juguetona. En el espacio formal, cada vez que alguien habla o me hace una pregunta sobre algo de esto, digo: «No me escuches. Aun lo estoy tratando de entender y esta sería mi respuesta. Pero ve y busca cualquier palabra que Mariame Kaba haya dicho, escrito o haya sido parte». El 31 de mayo, vi a decenas de miles de personas. Y la mayoría de los carteles, los mensajes, la energía, presionaba hacia la abolición y hacia la desfinanciación. Sentí tanto orgullo y tanta alegría y tanta confianza, y sentí mucha animación. Y he estado haciendo esto durante seis años. No soy solo yo.

Y al sentir eso, inmediatamente trato de imaginar a nivel humano, fuera de su brillante y humilde análisis, ¿cómo debe estar sintiéndose Mariame en este momento? Me imagino los veinte años o más de proclamar estas palabras, decir estas ideas y tú tenías que hacerlo en la sombra y tenías que hacerlo en las habitaciones, y la gente no apareció. Y los grupos se separaron. Todas las cosas y todo el trabajo. Pero ahora, a escala global, un levantamiento que nunca se había documentado en la historia de la humanidad, en todo el mundo, afirmando la vida de la gente negra. Y lo que está surgiendo de esto es esta nueva discusión sobre desfinanciar a la policía y la abolición. Justo fuera de la dialéctica, ¿cómo te sentiste cuando esto realmente comenzó a establecerse, como si algo estuviera sucediendo en este momento y tú formaste parte de hacerlo posible?

Kaba: ¡Ay, dios mío! En primer lugar, muchas gracias por elevar el trabajo. Como ustedes saben, es mi fuerte convicción de que todo lo que vale la pena, se hace junto a los demás. Estoy comprometida con la noción de que todo es colectivo, y la lucha y el conocimiento son colectivos. Siento que, sí, eso me hace feliz de que este tipo de trabajo sea visto por más personas.

Quiero decir —y no sé si van a creerlo o simplemente dirán, «¿qué le pasa a ella?»—, pero simplemente no he sentido ningún tipo de, «estoy tan feliz de haber sido parte de esta lucha a largo plazo para llegar a este punto». He sido muy consciente, y siempre estoy feliz y emocionada cuando la gente toma acción. Eso es en todos los ámbitos, sin importar lo que esté pasando. Quiero que la gente actúe. Y particularmente que actúe en la dirección del cambio social y la transformación de los lugares a los que quiero ir.

Estoy tan eufórica y creo que tal vez lo notaste. Siempre soy una animadora de las acciones de la gente, incluidas las personas más jóvenes que he conocido y que conozco a lo largo de los años. Por eso elevo todo su trabajo. Me refiero a ustedes, todes ustedes con quienes he tenido la oportunidad durante muchos años de estar en habitaciones, de estar en comunidad, de estar en lucha. Es porque estoy genuinamente emocionada cada vez que las personas toman medidas basadas en un principio y una creencia de que, ¿qué dice Ruth Wilson Gilmore? «Donde la vida es preciosa, la vida es preciosa». Eso me emociona y me hace feliz. Y yo no me pongo ahí. Simplemente nunca lo he hecho.

Williams: *¿Por qué no?*

Kaba: Crecí y aprendí de otros organizadores a reconocer que el «yo», mi «yo», no era importante en el esquema del trabajo más grande que tiene que suceder para que podamos liberarnos. Y que, si bien la gente puede querer elevarme de forma separada y ponerme en un lugar diferente, es mi trabajo siempre recordarles a todes de todo lo demás y de todes los demás.

Una de las principales razones por las que nunca quiero estar en la pantalla o en las fotos es porque siempre sentí que ponerme a mí y a mi cara en público era contraproducente para el movimiento, por múltiples razones. Este es el mundo en el que me inculcaron para convertirme en una organizadora. Y no fue hasta que tenía, honestamente diría, treinta y pico de años, casi cuarenta, que comencé a poner mi nombre en todo lo que hacía. Durante años, nunca hice eso. Y fueron otras personas las que me llamaron la atención, en particular una amistad mía que dijo: «Es muy interesante que para alguien que le preocupe tanto la historia, parece que te excluyas de ella». Y fue un momento de toma de responsabilidad, autorresponsabilidad, sobre «¿Qué les estoy diciendo a toda la juventud que hagan y sean?». Y luego estaría ofreciendo un modelo de cosas que podrían no ser útiles.

Kisslinger: *Tampoco es transparente.*

Kaba: Exactamente. No es transparente. Entonces, sí, para bien o para mal, tus ideas deberían estar disponibles para que las otras personas puedan rechazarlas, elaborarlas. Lo que sea. Pero necesitan saber quién hizo algunas de esas cosas. Elaboró algunas de esas ideas. Así que, sí. No sé si es una buena respuesta para ti, Damon, pero es la respuesta.

Williams: *Es lo que esperaba. Podría desafiarla un poco porque esa es la respuesta, y te lo agradezco porque eso, nuevamente, es el modelo y el ejemplo que necesitamos. Siento mucha gratitud por escuchar la intencionalidad de cómo te mueves por el espacio y elevas el objetivo colectivo y literalmente cómo lo encarnas. Así que siento mucha gratitud de que hayas respondido de esa manera. Lo que estoy escuchando es que es nuestro trabajo, no solo el nosotres de Damon y Daniel, sino el nosotres colectivo, de también conmemorar, documentar, nombrar y elevar. Eso debería salir de uno. Entonces no es que lo estés bloqueando o denunciando, en sí. Pero no estás haciendo la labor de centrarte, aunque en realidad es históricamente importante que te centraras, porque necesitamos más jóvenes y gente que todavía no están aquí que quiera aspirar a moverse por el mundo como lo hace Mariame Kaba. Así que ese es el equilibrio que tenemos que encontrar contigo. Tienes que, al menos, permitirnos hacer esto. Pero te desafío en esto: te entiendo en no querer dar el paso o llevarte el crédito, pero en ese sentimiento interno, también solo hubo momentos que te hicieron erizar la piel. Y entonces, tal vez ni siquiera desde un punto de los logros, sino simplemente cualquier gratificación que hayas visto. Incluso si no estabas allí, solo como documentalista, viste dónde estaba esta filosofía hace veinte años.*

Kaba: Sí. Estoy agradecida por cada pinche día. Todos los días, y eso es real. Tengo una práctica de gratitud. Escribo sobre lo que estoy agradecida todos los días. Y una de las cosas en mis diarios es, «¿De qué estoy agradecida hoy?» Vivo constantemente agradecida. Y tampoco me gusta hablar de esto públicamente porque la gente piensa que soy una especie de gurú de la autoayuda. Eso no es lo que estoy diciendo. Es profundamente una parte de mi práctica espiritual, el estar agradecida por todo. No creo que estemos agradecidos cuando nos pasan cosas horribles. Pero podemos estar agradecidos por las lecciones que aprendimos.

Estoy agradecida y también, de nuevo, súper emocionada. Estoy trabajando con gente joven que son organizadores en diferentes partes del país en este momento en varios proyectos y estoy apoyándolos de varias maneras en este momento. Me siento tan agradecida. Me digo, «¿Qué tan asombroso es que estén trabajando en estas cosas, que estén tratando de materializar estas ideas?» Y que se molestaron en pedirme mi opinión. Que les importa, y dicen: «Sí, realmente queremos tu ayuda. ¡Queremos saber cómo hacer esto!» Increíble. Voy a cumplir 50 años el próximo año, y pienso: «Es increíble que las personas que tienen poco más de 20 años sepan algo sobre mí y quieran que yo esté en el espacio con ellos para pensar en ideas, descubrir estrategias y para implementar una visión». Estoy agradecida y muy feliz por eso. Esto se trata menos de mí y más de un movimiento del que he sido parte durante mucho tiempo.

Una de las primeras personas a las que escuché hablar sobre invertir/desinvertir fue un expresidiario político llamado Eddie Ellis, quien falleció hace varios años. Eddie estaba hablando de esto a principios de la década del 2000. Estaba diciendo que debemos deshacernos del castigo, las prisiones y la vigilancia e invertir en nuestras comunidades. ¿Qué se va a necesitar para que eso suceda? Iba de una habitación, a otra habitación, a otra habitación en la que yo estaba y constantemente mencionaba invertir/ desinvertir. Entonces, cuando escucho a la gente del Movimiento para las Vidas Negras [*Movement for Black Lives (M4BL)*] en el 2014 y el 2015 diciendo invertir/desinvertir, sonrío porque sé que ese es Eddie Ellis y su legado. Y no lo conocen, nunca lo conocieron. Pero hizo posible que pensemos en ese marco, habiéndolo aprendido de alguien antes que él.

Y tal vez nunca hayas escuchado de Eddie Ellis, pero él también es parte de esta historia. Tuvo claro todo el tiempo que esto no se trataba de él. Si todes toman esta idea y la llevan a cabo, yo seré muy feliz desde donde sea que esté mirando hacia abajo. Creo eso y creo que Eddie nos está mirando desde donde esté en este momento y sonríe cada vez que alguien menciona invertir/desinvertir y dice que es M4BL. Porque no creo que tenga ego en lo absoluto en eso.

Simplemente dirá: «Bien. La juventud tomó esa mierda y corrieron con todo. ¡Estoy tan feliz!».

Kisslinger: *El impacto y de dónde aparecen las ideas y sus linajes: eso es todo.*

Kaba: Eso es todo. Y el hecho de que mencioné su nombre hoy significa que más personas saben que él participó en esto. Pero él no tuvo que decirlo.

Kisslinger: *No es «que no se sepa tu nombre»; es «no hagas que todes sepan tu nombre».*

Kaba: Sí.

Kisslinger: *Es una forma mucho más magnánima y comunitaria de tener tu presencia en el mundo. Eso es muy útil.*

Kaba: La comunidad importa. La colectividad importa. Para mí eso es todo, la esencia. Y si no podemos llevarnos bien entre nosotres y no podemos asumir la responsabilidad de lo que hacemos entre nosotres, entonces, ¿qué diablos estamos haciendo? Para mí, ese es el resultado final. Si alguien está escuchando esto y es una persona joven que trabaja en este momento, por favor, sé parte de la comunidad de personas que están construyendo una comunidad que es responsable entre sí.

Todo lo que vale la pena se hace junto a otras personas

Entrevista por Eve L. Ewing

Adi Magazine, otoño del 2019

No es ninguna sorpresa que muchos de los que luchan por creer en algo, frente a la desesperación, han estudiado el trabajo de la educadora y organizadora Mariame Kaba. Muchos (incluyendo a mi) llegamos a ella por primera vez a través de Cultura carcelaria, el blog que ha publicado desde el 2010 que explora las muchas ramas del estado carcelario y cómo podríamos desmantelar nuestros sistemas actuales de castigo.

Otros pueden conocerla del Proyecto NIA, la organización que fundó y que utiliza la justicia participativa comunitaria para luchar en contra del encarcelamiento de la juventud, o uno de los muchos otros proyectos que ha fundado, cofundado o codirigido: campañas para liberar a Marissa Alexander y a Bresha Meadows; la Escuela Libertadora de Chicago [Chicago Freedom School]; el Fondo Comunitario para la Fianza en Chicago [Chicago Community Bond Fund]; Acusamos de Genocidio y Reparaciones, Ahora [Reparations Now], la cual aseguró reparaciones para las víctimas de la violencia policial en Chicago.

Hablé con Kaba sobre la historia de su familia, lo que significa ser organizadora y el trabajo del que está más orgullosa.

Eve L. Ewing: *Háblame de tu niñez y de tu desarrollo en Nueva York en la década del 80. ¿Tu padre también era organizador?*

Mariame Kaba: Mi papá estuvo involucrado en Guinea durante la lucha por la independencia. Guinea fue el primero entre los países franceses de África Occidental en la búsqueda de su independencia y eso provocó muchas represalias por parte de los franceses, saqueando nuestras bibliotecas antes de que se fueran, haciendo todo tipo de cosas.

Mi padre, Moussa Kaba, fue enviado a EE. UU. por Sékou Touré, quien se convirtió en el primer presidente del país. Crecieron juntos y fueron amigos y camaradas en la lucha juntos. Ellos estaban empezando sus estudios y compromisos políticos con el socialismo y el marxismo. Touré los mandó a estudiar diferentes cosas para que volvieran a construir el país después de la revolución. Mi padre iba a ser una especie de ministro de finanzas, esa era la idea.

Pero mi papá empezó a escuchar rumores sobre lo que estaba pasando después de la revolución. Sékou estaba consolidando el poder, arrestando a algunas de las personas que no lucharon y encerrándolas en una prisión llamada Camp Boiro. Camp Boiro se convirtió en una prisión infame en África Occidental, conocida por desaparecer a miles. Una de esas personas que encarceló y desapareció fue a mi tío. Cuando eso sucedió, mi padre dijo: «Esto no fue lo que acordamos, y no estábamos luchando por esta consolidación del poder y la eliminación de nuestros camaradas que se han convertido en enemigos porque disintieron en una cosa».

Decidió no volver. Así que Sékou estaba enojado y le dijo a EE. UU. que enviara a mi padre de regreso, para extraditarlo a Guinea. La ONU escuchó lo que estaba pasando y le dieron un pasaporte azul, un pasaporte de la ONU. Esto significaba que podía renunciar a su ciudadanía guineana para poder escapar de tener que regresar, porque Sékou vino a EE. UU. en un gran asunto pomposo y vino específicamente para que mi papá regresara. Mi padre nunca habló de su vida, nunca habló de este período, era angustioso para él.

Ewing: *Porque Sékou era su amigo.*

Kaba: Lucharon juntos, y él lo amaba, y se amaban. Esto también llevó a que muchos de mis familiares se mudaran a Costa de Marfil. Todes, incluidos mis abuelos, tuvieron que irse debido a la agitación política. Mi padre nunca pudo volver a Guinea hasta 1986 y eso fue porque Sékou murió en 1984. Le habían dicho que si ponía un pie en Guinea lo arrestarían.

Mi padre siempre estuvo ávidamente interesado en la política y yo crecí en una casa llena de libros. Y las conversaciones de mi padre sobre las luchas políticas en todo el mundo —sobre el socialismo y sus fracasos, sobre la revolución y lo que la gente realmente quiere decir con «revolución», y lo que la gente no entiende sobre lo que realmente hacen las revoluciones— se convirtió en mi educación política.

Él siempre me decía: «Tienes una responsabilidad al vivir en este mundo. Tu responsabilidad no es solo contigo misma. Estás conectada a todo el mundo». Nos inculcó esta ética, esta responsabilidad, a nosotres, a mis hermanos: «Solo se tienen el uno al otro. Entonces, si no se llevan bien, resuelvan esa mierda porque no vamos a estar aquí todo el tiempo y no vamos a estar aquí para siempre. Se tienen el uno al otro». Así que mis hermanos y yo somos bien, bien, bien unidos.

También dijo: «Estás interconectada con todes, porque el mundo no funciona sin todo el mundo. Puedes pensar que estás sola, pero nunca estás realmente sola». Esto fue muy importante, porque me hizo entender, desde muy joven, la importancia de la colectividad. No podemos hacer nada que valga la pena, solos. Todo lo que vale la pena se hace junto a otras personas.

Así que eso se convirtió en la banda sonora, dentro de mi mente.

Mi madre estaba en una liga completamente distinta. Ella no estaba inmiscuida en la política de la misma manera, pero es increíblemente religiosa y muy enfocada en la caridad en el sentido del apoyo mutuo. Mis amistades no tenían hogar —en ese momento vivíamos en el Lower East Side—, y después de un tiempo, recordé lo extraño que era que mi madre dejara que la gente se quedara en nuestra casa. Pero ella no iba a dejar que esa niñez se quedara afuera cuando era invierno.

Ewing: *Veo reflejos de estos dos compromisos en tu trabajo. Por un lado, organizando colectivamente y construyendo estructuras para la libertad, resistencia y resiliencia. Y, por otro lado, el tema del apoyo mutuo. También me pregunto si el marco anticolonial y el marco panafricanista global en el que trabajaba tu padre influye en la forma en que tú piensas ahora sobre la política.*

Kaba: Siempre. Siempre. Me hizo internacionalista. No puedo imaginar que mi labor de organización no sea internacional y que no tenga en cuenta a las otras personas más allá de las fronteras en las que vivo, y que también no se encuentre interrogando la idea de las «fronteras».

Ewing: *Me atrevería a decir, con mi propia memoria comparativamente corta, que los lenguajes de remendar, reparación, ciertamente de justicia restaurativa y también de abolición, se mueven a través del discurso de una manera diferente a como lo han hecho anteriormente.*

Kaba: Absolutamente.

Ewing: *Estas son ideas en las que personas como tú han estado trabajando literalmente desde antes de que yo naciera, que ahora se están retomando. Pero ¿qué está siendo potencialmente malinterpretado? ¿Dónde necesitamos una corrección del trayecto en nuestras conversaciones?*

Kaba: Esa es una pregunta realmente difícil. Porque estoy tan desinteresada en las *narrativas*. Esa palabra que se usa a menudo. Construcción narrativa. La gente que se basa solo en el cambio narrativo y en la construcción narrativa.

Creo que cuando estamos en relación unos con otros, nos influenciamos de forma mutua. Lo que me importa, como unidad de interés, son las relaciones.

La segunda cosa que me importa como unidad de impacto es el daño. Quiero descubrir cómo transformar el daño en todos los contextos posibles porque he sufrido daños y le he hecho daño a otras personas. Mis compromisos políticos son el desarrollo de relaciones más sólidas con las personas y la transformación del daño. Todas esas otras cosas que mencionaste, las ideas, solo me importan en la medida en que impactan a ambos de estos compromisos. Por ejemplo, me resulta profundamente ofensivo e hiriente que tengamos prisiones, porque fracturan las relaciones y a las personas. Así es como me siento acerca de las prisiones: están hechas inherentemente para el aislamiento.

Cuando hablamos de reparación y justicia restaurativa, se trata de las relaciones y las relaciones en el contexto del daño. Entonces, cuando la gente habla de estas cosas como si fueran solo ideas abstractas, o cosas que son simplemente una construcción de teorías sin conexión con la vida real de las personas, no puedo reconocerlo.

Ewing: *Creo que esto tiene mucho sentido porque también es la consecuencia de lo que sucede cuando las personas están aprendiendo sobre estos conceptos principalmente a través de la ...*

Kaba: La lectura.

Ewing: *Correcto. Es como, «Leí este interesante artículo», en lugar de «creo en esto».* La mayoría de las personas negras en Chicago que conozco no creen en la vigilancia policial y no es porque leyeron un gran artículo que utilizó el debate y la retórica para convencerlos, sino por su experiencia empírica vivida.

Kaba: Angela Davis lo dice perfectamente; ella dice que el conocimiento se construye a través de la lucha. No se construye simplemente a través de alguien que teoriza una idea. Pero a través de la lucha, todos juntos, creamos nuevos conceptos e ideas: ese es el mejor pensamiento.

Ewing: *¿Crees que está bien que las personas tengan caminos distintos? Donde dicen, «Solo estoy tratando de organizar para Filadelfia en este momento», por ejemplo. ¿O crees que todes los organizadores se beneficiarían de más experiencia internacional?*

Kaba: Esa es una excelente pregunta. Creo que todes nosotres nos beneficiaríamos, solo en nuestra educación política, pero creo que está bien tener su propio enfoque. Ha habido esta lucha en los últimos años de personas que dicen: «Solo soy activista y hago las cosas por mi cuenta. No tengo a nadie que sea una base, un hogar político para mí, y a nadie le rindo cuentas por mis actos». Y eso no es sostenible, y eso tampoco es organizar. Eso es activismo y el activismo tiene su lugar y es importante que se haga. La mayoría de los organizadores también son activistas, pero la mayoría de los activistas no son organizadores, así que solo debemos tener claro lo que estamos tratando de lograr.

Pero sí creo que los caminos son súper importantes y no a todos nos importa lo mismo. Eso también está bien. La misma pasión que sientes por salvar a las ballenas, otra persona la siente por ahorrar lápices. No es un juicio; simplemente tenemos diferentes intereses.

Ewing: *Hablemos más sobre la organización y el activismo porque creo que esa es una distinción realmente importante. No me identifico como activista. Con mucha frecuencia, la gente me identifica como activista, lo cual me parece muy desconcertante. ¿Qué crees que diferencia la persona activista de la organizadora?*

Kaba: Creo que las personas que son activistas son personas que toman medidas sobre temas particulares que realmente los conmueven de alguna forma específica, pero el activismo sólo exige que uno se ocupe personalmente del tema. Eso significa firmar peticiones, estar en una junta de una organización en particular que está haciendo el bien en el mundo.

De esa forma, «activista» es un término súper amplio y por eso la gente le llama «activistas» a las personas. Tu acción individual, por ejemplo, de escritura, puede ser una forma de activismo en el sentido de que quiere educar a las personas y hacer que actúen, pero a su manera. De esa forma, estás siendo potencialmente activista en tu orientación, al menos, si no en la identidad.

Sin embargo, los organizadores no pueden existir a solas. Porque ¿a quién diablos es que estás organizando? No puedes simplemente decidir despertarte una mañana y decir: «Solo, por mi propia cuenta, voy a hacer esta mierda». Si estás organizando, otras personas cuentan contigo, pero, más importante aún, tus acciones le deben una rendición de cuentas a otras personas.

La labor de organización es tanto una ciencia como un arte. Es pensar a través de una visión, una estrategia y luego averiguar quiénes son tus objetivos. La organización requiere una comprensión y un análisis del poder, y requiere descubrir cómo generar poder para impulsar tus problemáticas, para así conseguir que tu objetivo se mueva de la manera que deseas.

He sido una organizadora durante gran parte de mi vida, en el sentido de que me he involucrado con otras personas en campañas para movilizar varias cosas. Pero a veces soy sólo una activista. Pero en ese caso no tengo responsabilidad ante nadie y eso es un poco peligroso. Porque hay mucha gente haciendo mucha mierda y nadie les puede llamar la atención.

Ewing: *¿A quién le fallamos cuando eso sucede?*

Kaba: Creo que son las personas que se ven afectadas por los resultados de las acciones de estos activistas. Porque esas personas deben ser incluidas; sus voces y experiencias deben dar forma al cambio que necesitan en su comunidad, en sus vidas. Eso es críticamente importante. Pero también creo que tú mismo fracasas si lo que estás tratando de hacer es algo difícil a gran escala y no tienes gente.

Ewing: *O simplemente estás tratando de hacerlo por tu cuenta, sin nadie.*

Kaba: Es como, ¿por qué? Te vas a agotar. No es humanamente posible que solo seas el Llanero Solitario en el mundo. Ella Baker preguntaba, «¿Quién es tu gente?», cuando te conocía. Y es una pregunta muy importante. ¿A quién le rindes cuentas en este mundo? Porque eso me dirá mucho sobre quién eres.

¿Y cuánta arrogancia debemos tener para pensar que nosotres, como individuos, tendremos todas las respuestas para el daño intergeneracional acumulado por millones y millones de personas? Es como si estuviera en un reloj de quinientos años en este momento. Estoy aquí, sabiendo que tenemos mucho tiempo antes de que veamos el final. En este momento, todo lo que estamos haciendo como organizadores es crear las condiciones que permitan que nuestra visión colectiva se afiance y crezca.

Ewing: *Quiero regresar a la visibilidad y a quién está siendo elevado y quién no, en los movimientos. Veo que eliges cada vez más la visibilidad de distintas formas. Vi una foto tuya en The New York Times y dije: «¡Dios mío!».*

Kaba: Lo sé.

Ewing: *Entonces, me encantaría escuchar tus pensamientos sobre ¿por qué generalmente eliges no ser fotografiada y algunas de tus otras decisiones sobre nombrarte, pero no centrarte, y luego las formas en que eso ha ido cambiando y por qué?*

Kaba: Esa es una muy buena pregunta porque es una de mis luchas internas como ser humano. Crecí con mentores que me enseñaron que el organizador nunca está al frente. Escribía cosas anónimamente. Escribí muchísimo currículo, que todavía está circulando, sin ningún nombre adjunto.

Cuando tenía treinta y pico de años, estaba trabajando en un gran proyecto curricular con una amistad. Ella es una mujer blanca. Estábamos terminando este proyecto y dije: «No necesito poner mi nombre en él». Soy creyente en el acceso gratuito a la información. Tampoco creo que mis ideas sean tan originales. Así que nunca me sentí propietaria.

Ella dijo: «¡Qué interesante! Como alguien a quien mucha gente joven admira, mujeres jóvenes de color en particular, y tu propio interés en la historia, es muy interesante verte borrarte a ti misma de la historia».

Ewing: *¡Ella te golpeó con lo de «interesante»!*

Kaba: ¡Como dagas! Ella es una muy buena amiga mía. Pero el hecho de que una mujer blanca me dijera eso me fastidió. Y lo hizo desde un lugar de verdadero amor, ¿sabes? Ella dijo: «Creo que es gracioso cómo estás dispuesta a borrarte a ti misma de la historia cuando siempre estás recuperando las historias de todas estas mujeres negras en tus múltiples proyectos, y siempre estás hablando de cómo has tenido que encontrarlas en los archivos, ¿verdad? Y literalmente te estás borrando a ti misma en este momento. Además, es interesante que la gente joven te vea hacer eso».

Yo estaba como, «¡Diablos!».

Tomé un respiro y lo pensé muchísimo, muchísimo, y dije: «¿Sabes qué? En parte, ella tiene razón». En parte, sigo creyendo en simplemente no centrarme. Pero ella tenía razón en este sentido: ¿Cómo va a poder la gente rastrear el linaje de las ideas si estoy escribiendo un montón de cosas que nadie sabe que escribí, verdad?

Eso inició el cambio en mi vida de poner mi nombre en mis cosas. La gente me envía correos electrónicos desde Nueva Zelanda y me dicen: «Gracias por publicar esto. Lo estamos usando».

También sé que las ideas están viajando y eso me hace sentir bien, nunca había tenido eso. Así que ese fue un momento de intuición para mí. Al menos pon tu nombre en tu mierda.

Ewing: *¿Quiénes son tus héroes?*

Kaba: Dios, tengo tantas personas en mente como ejemplares importantes. Creo en ejemplares importantes, personas a las que regresas en momentos particulares cuando necesitas algo.

Regreso mucho a Baldwin. Lo leo cuando me siento desesperada por el mundo en el que estoy. Encuentro una oración que escribió y es como, «¡Oh, sí!».

Pienso en muchas de las mujeres negras comunistas y socialistas de la primera parte del siglo. Si pudieron pasar por lo que pasaron, si Marvel Cooke pudo sobrevivir a la Histeria Anticomunista [*Red Scare*] y a su despido por el *Noticiero de Amsterdam* [*Amsterdam News*] (fue la primera mujer que trabajó allí), si ella pudo soportar eso en la década de 1930, ¿qué estoy haciendo? ¿Sabes lo que quiero decir? Ahora tengo mucho más a mi disposición. Estoy mucho menos oprimida.

Amo a Ida B. Wells-Barnett. Me encanta leer su diario donde está lamentando que no puede dejar de gastar dinero, como, «¿Por qué compré esa bufanda? ¡Dios mío! ¿Por qué estoy gastando el dinero?» Y es hermoso, porque te muestra a esta mujer que sin miedo fue sola al sur de EE. UU. para literalmente anular el testimonio de las personas después de un linchamiento, simplemente sentada y diciendo: «¿Por qué carajos no puedo dejar de comprar? ¿Por qué compré esta bufanda súper cara que no puedo pagar?» Me hace tan feliz volver al diario y leer ese pasaje, y decir: «¡Sí, Ida!»

Ewing: *Y también para reclamar la humanidad de las mujeres negras, ¿sabes? Hay una parte de su autobiografía donde dice: «Creo que fui la primera persona en hacer una gira de conferencias mientras amamantaba a un bebé». A veces, su bebé lloraba en medio de sus cosas y ella se avergonzaba y tenía que salir.*

Kaba: ¿Esa imagen de ella yendo a esa reunión, y Harriet Tubman estaba allí, e Ida dándole su hijo a Harriet Tubman, y Harriet Tubman levantando al hijo y llamándolo el bebé del movimiento? ¡Dios mío, amo esa pendejada!

Angela Davis es un ejemplo importante para mí. Ruthie Wilson Gilmore y Beth Richie también.

Muchas mujeres feministas negras con las que he podido compartir espacio en la vida real. Algunas de las que me han dado una forma de ser en el mundo. Modelando la gracia en momentos que realmente no son agraciados.

Camara Laye es una bella escritora guineana a la que me encanta leer. También, Walt Whitman; Me encanta su poesía. Leeré y obtendré influencias de todes.

Ewing: *¿Qué preguntas te atormentan en este momento?*

Kaba: ¿Cómo nos vamos a organizar en este momento protofascista en EE. UU. y en todo el mundo? Me atasca el «cómo», no nuestra capacidad para hacerlo.

Ewing: *¿Crees que podemos hacerlo?*

Kaba: No solo lo creo, sé que podemos. Porque la gente ya lo ha hecho. La gente vivió los años 20 y 30. Mucha gente murió, pero mucha gente sobrevivió y luchó. Nos costó una guerra. Pienso mucho en la guerra. Pienso en ello en el contexto de la abolición, sabiendo muy bien que no hubiera podido haber la abolición de la esclavitud sin la Guerra Civil.

Frederick Douglass, todes pensaban que era un psicópata militante porque no dejaba de decir: «La guerra tenía que llegar. Vamos a tener que ir a la guerra. Esa es la única forma en que podremos salir de esto». Y la gente, incluidos la gente negra, decían: «No, no, no» y «dejen de usar este término» y «no queremos ir a la guerra», y él diciendo: «Esa es la única manera».

Ewing: *«Eso es peligroso».*

Kaba: Muchos dijeron que literalmente nos estaba haciendo daño con ese discurso. «Estamos en una posición en la que van a venir y dispararnos a todes, y tú estás aquí jodiendo y dando sermones sobre la guerra». ¡Imagínate con lo que él habrá tenido que sentarse a pensar en ese momento, cuando no se tenía claro si habría una guerra, y aun así decir: «Debe suceder», y luego 600,000 muertes más tarde... ¿Verdad? Sentarse a pensar sobre eso.

Ewing: *Una guerra de la que nuestro país no ha salido. Ni remotamente.*

Kaba: Ni siquiera está cerca de terminar. Así que estoy pensando mucho en cómo nos vamos a organizar ahora mismo, en nuestro momento de opresión protofascista, y estoy pensando en si vamos a necesitar la guerra nuevamente para facilitar la próxima fase de la larga etapa abolicionista. Algo así como la Tercera Reconstrucción de la que están hablando algunas personas.

Entonces, estoy pensando mucho en la negritud en el siglo XXI. Porque hay pueblos originarios, pueblos indígenas en todo el mundo, que han sobrevivido a las políticas eliminatorias, que han sobrevivido al genocidio... ¿dónde estamos en relación con ellos? Necesitamos una profunda solidaridad y luchar junto a la gente. Pero, aunque lo necesitamos más que nunca, en este momento estamos en una conversación sobre el fideicomiso de tierras en torno a las reparaciones en EE. UU. y otras partes del mundo, cuando no estamos en nuestra tierra. Había gente aquí.

Ewing: *Correcto. No sé cómo lo vamos a resolver.*

Kaba: Lo resolvemos con permiso. Las mismas cosas de las que estamos hablando en justicia restaurativa y reparación. Tenemos que interiorizar esos valores en nuestras conversaciones con la gente. Estoy de acuerdo con tener conversaciones sobre personas negras que desembarcaron en EE. UU., para personas cuyos antepasados fueron esclavizados trabajando duro en esta tierra, viniendo aquí sin elección, siendo traídos aquí, pero su trabajo aún está impulsado por autorizaciones, porque había personas aquí, aunque vinieron en contra de su voluntad. Ya había gente aquí. Entonces, ¿qué le debes a eso y a ellos?

Ewing: *El problema con eso es que requiere relaciones, ¿verdad?*

Kaba: Ese es el punto, y no las tenemos.

Ewing: *Ahora siento que tengo que terminar con algún tipo de nota positiva. Pero no lo haré. Bueno, supongo que nadie abrirá la entrevista de Eve Ewing/Mariame Kaba y dirá: «Estoy listo para sentirme genial. Estoy listo para sentirme bien».*

Kaba: La gente debería. ¿Sabes por qué?

Ewing: *¿Por qué?*

Kaba: Te voy a decir por qué. La razón por la que estoy luchando es porque soy una persona profundamente llena de esperanza. Porque sé que los seres humanos, con todas nuestras debilidades y todas las cosas que están fallando, también tenemos la capacidad de hacer cosas asombrosamente hermosas. Eso me da la esperanza de sentir que, cuando sea necesario, haremos lo que tengamos que hacer.

Pero una de las cosas importantes es identificar dónde están los problemas y no creo que signifique esconderse de eso y fingir que todo es posible y que todo está bien, sino ser riguroso y tener la vista clara. «Esto está jodido, ¿y qué podemos hacer?» No son los individuos. Estaría muy deprimida si solo dependiera de mí, o de ti, para resolver todos los problemas del mundo, pero no es así.

Miro la evidencia y veo lo jodido que es. Pero siempre miro las posibilidades que existen, todavía, de que tengamos más libertad, de llegar a ese horizonte por el que todes estamos luchando.

Resistiendo la violencia policial en contra de las mujeres negras y las mujeres de color

Comentarios en: *Nunca más, invisibles: Resistiendo la violencia policial en contra de las mujeres negras y las mujeres de color en tiempos convulsos* [*Invisible No More: Resisting Police Violence against Black Women and Women of Color in Troubled Times*], Barnard College, Nueva York, noviembre del 2017

Cuando me enteré de que Barbara Smith iba a estar en el panel, recordé que uno de los primeros ejemplos de una campaña de defensa que el Colectivo del Río Combahee [*Combahee River Collective*] estuvo involucrado en Boston (después de Joan Little) fue el caso de una mujer llamada Ella Mae Ellison. Esto fue un caso de condena injusta en la que Combahee y la gente de Boston se movilizó para liberar a una mujer que había sido condenada injustamente por una acusación de asesinato en primer grado y una conspiración para cometer robo a mano armada.

A partir de esa experiencia aprendimos algo sobre cómo hacer campañas en torno a la liberación de mujeres que fueron criminalizadas erróneamente por el estado. Así que siento mucha gratitud para con todes ustedes por ese trabajo y por abrir los senderos a seguir para que el resto aprenda y pueda seguir presionando. Muchísimas gracias por eso. Por supuesto, el trabajo de Kim Crenshaw nos ha ayudado a centrarnos en las cargas impuestas a las personas en función de su ubicación social, lo que crea un nuevo sufrimiento. Y eso ha sido algo que es muy importante. Asistí a la universidad en Montreal y Robin Maynard es de Montreal. Sé que la esclavitud existió en Canadá. Nos enseñaron mucho en McGill. Así que siento mucha gratitud por su trabajo y por el enfoque en Canadá y por también traer a colación la historia de la anti negritud de esto. Así que eso también me informa.

El otro día estaba pensando sobre cómo fue que llegué a hacer el trabajo que realizo. Crecí en la ciudad de Nueva York y fui a mi primera demostración en contra de la brutalidad policíaca cuando tenía catorce años, aquí mismo en Nueva York. Entonces, he estado trabajando durante mucho tiempo en torno a estos problemas. ¡Incluso antes de que realmente entendiera que estaba trabajando en torno a estos problemas! Y me he involucrado en múltiples contextos. Eleanor Bumpers fue asesinada cuando yo tenía trece años. Y la persona que la mató fue absuelta cuando yo tenía quince años. Recuerdo muy claramente que fue asesinada. Recuerdo que la gente se estaba organizando en contra de su asesinato. No recuerdo haberme movilizado en contra de este asesinato, porque siempre pensaba que la matanza de hombres negros era la cuestión principal por la que estábamos luchando para erradicar. A decir verdad, no me veía ni como una mujer ni como una niña. En términos de mi propia identidad, mi género no figuraba de la forma en que mi raza lo hizo.

Asimismo, me crie dentro de la organización nacionalista negra. Y esto era solo una conversación distinta. No fue sino hasta que fui creciendo que obtuve un entendimiento de mí como una persona con género y que reclamé ser mujer como una identidad para mí que también sería parte de mi trabajo de organización. Entonces, pienso que ese es el caso para muchas personas que como nosotres, comenzamos a hacer trabajo de antiviolencia estatal, particularmente en la década de los 80. Al menos, ese parecía ser el caso de muchos de mis compañeros.

También quería mencionar de cómo entré al trabajo, que fue en realidad principalmente a través de campañas de defensa de gente encarcelada por motivos políticos. Y particularmente el MUEVE nueve [*MOVE Nine*], Ramona África y todas las mujeres que fueron asesinadas o encarceladas, algunas de las que aún hoy día siguen en prisión, por un masivo ataque policial terrorista contra la gente negra en EE. UU. Algo de lo que no se habla como una forma de violencia policial. Sin embargo, es la máxima expresión de violencia estatal: arrojar bombas sobre un montón de personas en sus hogares.

Eso realmente fue un evento de radicalización para mí. Y me ayudó a empezar a pensar en la violencia estatal de otra forma. Implicaba la inclusión de nuevas personas y nuevos daños y me obligó a ampliar mi lente. A poder observar la fuerza letal no solo como una forma de violencia perpetrada contra las personas durante el día a día. Si le añadimos al número de personas muertas, el número de personas agredidas sexualmente, acosadas, dañadas y condenadas de forma injusta, entonces veremos que muchas más personas son impactadas.

Cuando enumeramos las atrocidades, a menudo pensamos en las muertes sobre todo lo demás. Esto es un problema. Porque todo lo demás es lo que nos pasa a nosotres, la gente viva. Por eso pienso mucho en la palabra *acumulación*. Significa recoger y amontonar, especialmente poco a poco. Eso es lo que está pasando con los asesinatos cometidos por la policía. Pero la acumulación no enumera el daño. Lo que tenemos en realidad es un exceso de daños y este exceso no puede ser medido. Cuando esto ocurre, creo que podemos encontrarnos perdidos en nuestra discusión y en nuestras acciones, en parte porque nuestras definiciones carecen de lo que en realidad está sucediendo.

¿Qué pasa cuando se define la vigilancia policial en realidad como un sistema completo de acoso, violencia y patrullaje que mantiene en su lugar jerarquías opresivas de género y de raza? Cuando esa es su definición de vigilancia policial, entonces todo su marco cambia. Y también le obliga a parar de hablar de ello como si se tratara de un problema individual y le obliga a concentrarse en los problemas estructurales sistémicos que deben abordarse para que esto suceda.

También nos brinda el espacio para la consideración de otros tipos de víctimas. Y otros tipos de daños que se ejecutan cuando usamos términos como *brutalidad policial* y *violencia*. Esto no se trata de una cuestión de *brutalidad policial*. Y la violencia policial es un nombre equivocado. Esto es en realidad redundante porque la vigilancia es violencia. En y de sí misma. Lo es.

Así que supongo que solo quiero dejar claro que estamos en serios problemas. Y estamos en serios problemas porque no estamos hablando de las mismas cosas. Y cuando uno empieza a hablar de la vigilancia policial como un sistema que en realidad se trata del acoso, la violencia y el patrullaje, entonces usted no va a aceptar reformas de mierda. Usted entenderá desde el comienzo que de lo que estamos hablando es del horizonte de la abolición. Es la única forma. Entonces yo solo quiero dejarlos ahí con esto.

Únase al movimiento abolicionista

Entrevista por *Rebel Steps*

Liz: *La abolición ha sido un tema muy importante a raíz del levantamiento provocado por los asesinatos policiales de George Floyd y Breonna Taylor. Las llamadas para desfinanciar o abolir la policía ahora están experimentando un aumento. Tan pronto como «desfinanciar a la policía» surgió como una demanda generalizada, las organizaciones centristas y los funcionarios electos se movieron rápidamente para redirigir el movimiento. También hay intentos para la redefinición de las demandas... Y hay gente corriente que está aprendiendo sobre esto por primera vez y tratando de entenderlo en medio de estos intentos de moderar las demandas.*

Mariame Kaba: Creo que parte de lo que está pasando no es tanto como decir, cooptación. Más bien, creo que estas ideas son nuevas para la gente. Están tratando de darle sentido a la vez que todo esto está aconteciendo y están proyectando los significados que quieren y necesitan en estas ideas. Quiero que seamos generosos con nosotres y que comprendamos a los demás. A menudo, cuando te encuentras con algo por primera vez, surge tanto dentro de ti que te hace aferrarte a cosas familiares para explicar lo que tal vez no entiendas del todo.

Estoy de acuerdo en que hay una especie de fuerzas malévolas que están deliberadamente torciendo las ideas y tratando de arreglar esas ideas para que encajen dentro de lo que ellos ya quieren hacer. Pero son principalmente personas con poder y las élites. Siempre están trabajando para lograr ese objetivo y algunos reformadores son los intermediarios de la élite y están tratando de hacer lo mismo. Pero si recién te unes al movimiento, estás tratando de entender qué es la abolición del CIC, estás tratando de evitar su cooptación.

Es bueno saber que la abolición es una *praxis* flexible, que depende de las condiciones sociales y las necesidades comunitarias, pero se basa en un conjunto de principios básicos. Y si te declaras abolicionista, abolicionista del CIC, entonces estás haciendo unos compromisos básicos. Estos incluyen el entendimiento de que la abolición del complejo industrial carcelario exige la eliminación de la policía, el encarcelamiento y la vigilancia. Que la abolición del CIC rechaza la expansión y legitimación de todos los aspectos del CIC, incluyendo la vigilancia, el patrullaje policial y el encarcelamiento de todo tipo. Y la abolición del CIC realmente rechaza la muerte prematura y el abandono organizado, como nos enseña Ruth Wilson Gilmore. Tanto la muerte prematura como el abandono organizado son modos de represalia y castigo del estado. Estos principios son importantes.

Y debes saber que puedes abogar por una reforma radical de la vigilancia y la policía, las sentencias y el encarcelamiento, sin definirte como un abolicionista del CIC. Es posible que esto debe ser explícitamente declarado para la gente en este momento histórico; parte de cómo evitamos la cooptación es que tenemos que dejarle claro a la gente que no todes tienen que ser abolicionistas. Debemos mantener la línea en estos compromisos y obligaciones fundamentales. Realmente hacemos todo lo posible al afirmar constantemente esos principios básicos. Si no quieres la eliminación de la policía, el encarcelamiento y la vigilancia, entonces no eres un abolicionista del CIC.

Liz: *A medida que la gente busque formas de unirse a los movimientos, es inevitable que algunos busquen una solución rápida. Si acabas de unirte y buscas involucrarte, recuerda que no se trata solo de hashtags o de un día de protesta. Se trata de realmente unirse a la lucha.*

Kaba: Eso está en el aire, ¿verdad? Sobre la cuestión de los aliados, he mencionado que no creo en las alianzas y estoy súper aburrida con el concepto de performatividad. Creo en los compañeros de lucha y creo en los compañeros de trabajo y creo en la solidaridad. Creo que necesitamos más gente todo el tiempo en todo nuestro trabajo, en todos nuestros movimientos, en todas nuestras luchas. La pregunta es, ¿cómo conseguimos que la gente luche junto a nosotres y con nosotres? Como organizadora, este es el pensamiento constante con el que me involucro. ¿Cuáles son los puntos de entrada para las personas, para que puedan encontrar una manera de compartir sus habilidades, su talento, sus ideas a lo que sea que estemos construyendo y que al mismo tiempo aprendan a través del proceso?

Pienso en los sitios de lucha como un aula para el aprendizaje constante. Soy una persona increíblemente curiosa y siento que eso es una gran ayuda en mi trabajo. Es útil ser muy curioso, venir con tus conocimientos y habilidades, estar dispuesto a aprender y estar dispuesto a ser transformado al servicio del trabajo y la lucha. Mary Hooks tiene razón: tienes que estar dispuesto a ser transformado al servicio del trabajo y de la lucha. Y si estás llegando a las cosas de esa manera, entonces sabes que serás bienvenido. Si no eres bienvenido, entonces crearás un lugar para ti donde puedas serlo.

«Debo convertirme en una amenaza para mis enemigos»: El legado viviente de June Jordan

Comentarios en *El milagro lleno de impedimentos: El legado viviente de June Jordan* [The Difficult Miracle: The Living Legacy of June Jordan], Cambridge, Massachusetts, febrero del 2018

A menudo, la gente se levanta en estas ocasiones y dice que realmente es un honor estar en el espacio con todo el mundo aquí y por lo general, luego agradecerán a quienes organizaron el evento por su arduo trabajo, y luego dirán que están realmente emocionados de compartir el escenario con tan ilustres panelistas, a quienes tanto admiran, y luego dirán que quieren tomar un momento para en realidad agradecerle a la audiencia por haber venido justo antes de que una terrible tormenta de nieve acabara de comenzar, pero yo sé que ustedes quieren llegar a sus hogares tan pronto como sea posible.

Y eso es lo que la gente suele decir en momentos como estos y estas son cosas que hoy son ciertas para mí.

Pero también, para mí, ¡qué cojones!, ¡No puedo creer que me hayan invitado a hablar en un evento que conmemora el legado de June Jordan! June Jordan, que ha sido una de mis piedras angulares, en serio, desde que leí su trabajo por primera vez en la universidad, que fue hace muchos, muchísimos años atrás. Así que realmente no puedo creer que esté aquí hoy y siento mucho agradecimiento de estar aquí con ustedes para celebrar su legado y su vida.

June Jordan amaba a la gente negra y yo también. Ella era una educadora, al igual que yo. Ella era activista, al igual que yo. Ella era interna-

213

cionalista, al igual que yo. Ella era una escritora brillante y yo no lo soy, en lo absoluto. Así que tengan paciencia conmigo.

Antes de que yo fuera alguien, era una joven trabajadora y era así cuando tenía quince años y aún lo sigo siendo a los cuarenta y seis. La gente joven trabajadora enseña, somos mentores, abogamos, asesoramos, proveemos consultoría. Sobre todo, amamos. Amamos a la gente joven.

Cuando leí el ensayo de Jordan, *Nadie significa más para mí que tú y la vida futura de Willie Jordan* [*Nobody Mean More to Me Than You and the Future Life of Willie Jordan*], la trabajadora juvenil que hay en mí se reconoció a sí misma en los ahora cientos de jóvenes a quienes les he enseñado, aconsejado y amado durante las últimas décadas.

Entonces esto me lleva a Michael, a la vida futura de Michael. «Michael ha sido baleado», dice la voz en el teléfono. «Está vivo, se recuperará». Respiré un poco mejor, temporalmente aliviada. Es un aplazamiento. Michael tiene dieciocho años y se encuentra viviendo bajo tiempo prestado. Él me recuerda con regularidad que no estará aquí en este mundo por mucho tiempo. He escuchado las palabras (en algunas de sus variantes) con tanta frecuencia que ahora se derraman sobre mí como el agua del cabezal de la ducha. ¿Cuál es el antídoto contra la certeza de la muerte inminente de alguien? ¿Cómo se vive con el espectro de la muerte como una compañía constante? La certeza es una ladrona. Me roba el lenguaje. He perdido mi lengua.

Quiero romper mi silencio para decirle que lo amo y que estaría devastada si él no viviera hasta que al menos tuviera cien años, pero no respondo. Finjo no escuchar las palabras. Estoy entumecida porque después de todo, no puedo garantizar que él vivirá para convertirse en un anciano. Es joven, es negro, es pobre, vive en el lado oeste de Chicago. Me preparo para las malas noticias todas las mañanas y esta vez, llegan.

Michael pertenece al grupo de la juventud y a quienes están a la deriva. Su cuerpo está de paso y no tiene expectativas de quedarse. Una vez, viajamos juntos en el tren *L*. La voz de Michael retumbaba durante todo el viaje. Le pregunté si podía bajar su voz. Me miró por un momento y siguió hablando en voz alta. Yo estaba avergonzada por su demostración y no me sentí respetada porque ignoró mi pedido. Estas son las emociones que sienten los trabajadores jóvenes. Tan pronto como nos bajamos de la *L*, su voz volvió a su nivel normal de decibelios.

Le pregunté por qué hablaba de forma tan alta en el tren. Su respuesta fue: «Quiero incomodarlos y ellos necesitan saber que estuve aquí presente». Mi ira se disipó. Nunca he olvidado sus palabras. Están grabadas en mi mente. «Ellos necesitan saber que estuve aquí presente». Michael y yo nunca habíamos hablado de lo que se siente no estar aquí.

A través de las palabras de Michael, puedo escuchar a June Jordan: «Ya no caminaré a la ligera detrás / de uno de ustedes que me teme: / Ten miedo. / Yo planifico darte razones por tus ataques de nerviosismo/ y tics faciales / Nunca más caminaré cortésmente por las aceras ... Debo convertirme / yo debo convertirme en una amenaza para mis enemigos».

De hecho, Michael es una amenaza para la sociedad: un problema que hay que gestionar, controlar y contener por cualquier medio necesario. Él lo sabe y se espera que se trague su rabia mientras es vigilado en las tiendas y en las calles, mientras que es blanco de la policía en interminables detenciones y registros, mientras repetidamente le niegan trabajos, mientras sus escuelas están cerradas, mientras mira por encima del hombro, esquivando balas y mientras está encerrado en jaulas con miles que lucen como él.

Un joven que ha estado tras las rejas durante la mayor parte de sus años de formación me ha dicho en más de una ocasión que siempre tuvo la certeza que su vida solo tenía dos posibilidades viables: «morir en las calles o morir en la cárcel». Jordan nos dice: «La mayoría de los estadounidenses han imaginado que los problemas que afectan la vida negra se derivan de los atributos patógenos de la gente negra y no del mal funcionamiento del estado». He sido testigo del mal funcionamiento de todas las instituciones de Chicago (escuelas, gobierno, cuerpos policiales y más), disfunciones que se acumulan y aplastan la esperanza. El poeta y maestro Kevin Coval ha escrito: «Todas las instituciones de Chicago le fallan a la juventud negra. Segregada y sistemáticamente desigual, Chicago es una ciudad donde la niñez blanca existe en una nueva utopía urbana cada vez más idílica, mientras que la niñez negra y latina se entrelaza e intenta esquivar una zona de guerra».

Michael ha estado entrando y saliendo del confinamiento desde que tenía trece años. Mi trabajo ha significado ser testigo del daño cotidiano que inflige el encarcelamiento a las perspectivas futuras de tantas personas que quedan atrapadas en los sistemas de arresto, la cárcel, la vigilancia y las detenciones, una tras otra. Este ciclo dificulta más aún que la gente pueda encontrar y mantener estabilidad de vivienda, de trabajo y de relaciones. Esto agrava los problemas de salud mental y el abuso de sustancias. Las prisiones no son lugares para la transformación y no son un proveedor apropiado de servicios sociales. El encarcelamiento es una experiencia traumática. Luego de haber sido liberada, la gente pasa años trabajando en su sanación. Michael aún no ha sanado.

Yo visito a Michael en el hospital y odio los hospitales. Él sonríe débilmente. Y yo entro en llanto. El alivio temporal que siento es rápidamente reemplazado por el temor que no puede ser sacado de la boca de mi estómago. Me preocupo por las represalias. Me preocupa que la violencia engendra más violencia. Me preocupo por Michael. Este es un joven que vive exiliado en su propio país, donde su humanidad no está reconocida. Él languidece en un lugar que Richard Wright ha llamado «Tierra de nadie», o tal vez sea el lugar que June Jordan llamó como el «otro lugar». No se le permite tener sentimientos. Él es solo una amenaza: todos nuestros miedos descansan sobre y dentro de él.

Recuerdo nuestro viaje en la *L* y sus palabras hacia mí: «Ellos necesitan saber que yo estuve aquí presente», y reconozco que él exige ser visto en toda su humanidad por el resto del mundo. Sin embargo, una constante a través de la historia estadounidense es la negación persistente de la humanidad negra y la insensible indiferencia del dolor negro. June Jordan entendió esto demasiado bien, pero no se sentía derrotada por ello. Ella insistía que, al organizarnos, tenemos el poder para superar la opresión. Yo también creo que esto es cierto. Ella estaba justamente indignada; yo también lo estoy. Hasta donde yo sepa, Michael no ha participado de las protestas y la organización en curso del Movimiento por las Vidas Negras. Su lucha es vivir el día a día. Su resistencia es permanecer vivo y es muy valiente en su lucha personal.

June habló mucho sobre la valentía. La valentía de la gente de Sudáfrica luchando en contra de la segregación racial y de las sentadas del estudiantado para insistir que Columbia y Harvard no invirtieran en esta. Ella nos recordó sobre «la verdad de que el mal solo colabora con el mal». Si ella estuviera viva hoy, creo que nos diría que el complejo industrial carcelario es maligno y que no debemos colaborar. Debemos negarnos. Para mí, esa negativa tiene sus raíces en una política abolicionista. Como Morgan Bassichis, Alexander Lee y Dean Spade escriben: «Vemos la abolición de la vigilancia policial, las prisiones, las cárceles y la detención no estrictamente como una respuesta estrecha al "encarcelamiento" y a los abusos que ocurren dentro de las cárceles, pero también como un desafío al dictamen de la pobreza, la violencia, el racismo, la alienación y la desconexión a la que nos enfrentamos todos los días.... La abolición es la práctica de transformación en el aquí y el ahora y para siempre».*

He organizado durante muchos años junto a la juventud, así que, por supuesto, me inspira el estudiantado de secundaria que se encuentra actualmente en las calles, exigiendo un cambio a las leyes de armas y diciendo que se niegan a ser utilizados como blanco de práctica. Pero su activismo no es nada nuevo. Desde hace cinco años, hemos visto a la juventud de color, particularmente a la juventud negra y morena, de cara al suelo ante tanques, exigiendo un cambio de política e insistiendo que las vidas de la gente negra importan. Y hemos visto a sus antepasados hacer lo mismo durante 15 y 100 años atrás.

Los Defensores de Sueños [*Dream Defenders*] fueron a Tallahassee, Florida, para ocupar el capitolio cuando Trayvon Martin fue asesinado hace casi seis años, durante el lunes. Exigieron el fin de la ley racista de armamento, conocida como la Ley de Legítima Defensa de aquel momento. Nos gusta olvidar y no ver lo que ya ha ocurrido en este país, sobre todo si las personas que necesitamos recordar y ver son de color, LGBTQ, pobres, indocumentadas, o musulmanas, o, o, o.

Sonia Sánchez nos anima a «invocar nuestros recuerdos residuales». Ella nos recuerda que, en la lucha política, debemos recurrir a nuestros antepasados que nos pueden ayudar a navegar nuestras pruebas del presente. Ella se está refiriendo a la importancia de la espiritualidad, en cualquier forma que pueda manifestarse para usted. «Debemos

---

* Morgan Bassichis, Alexander Lee, Dean Spade, *Construyendo un movimiento abolicionista trans y cuir con todo lo que tenemos* [*Building an Abolitionist Trans and Queer Movement with Everything We've Got*], en *Géneros cautivos: Encarnación trans y el complejo industrial carcelario* [*Captive Genders: Trans Embodiment and the Prison Industrial Complex*], ampliado 2ª ed., Eds. Eric A. Stanley y Nat Smith (Oakland, CA: AK Press, 2015), 42–43.

escuchar las voces y tener los sueños de quienes vinieron antes que nosotres y debemos mantenerlos con nosotres en un sentido muy real.
Esto nos mantendrá centrados». ¿Acaso no somos bendecidos de que
June Jordan sea uno de los antepasados a los que podemos llamar y escuchar su voz para que nos mantenga centrados durante esta tempes-
tad?

¿Qué podemos escuchar de ella en este momento? Creo que el
amor es un requisito de la lucha con principios, tanto el amor propio
como el amor hacia los demás; que todes debemos hacer lo que podamos, que es mejor hacer algo en lugar de nada, que tenemos que confiar
tanto en los otros como en nosotres. A menudo repito el adagio de que
«la esperanza es una disciplina». Debemos practicarlo diariamente. El
trabajo de June nos enseña esta verdad.

En *Esta noche es mi privilegio apoyarte* [*Tonight It Is My Privilege to
Stand With You*], un poema escrito el 11 de septiembre del 2001, Jordan
nos habla de «la resolución de trabajar más duro de lo que nunca he
trabajado por el bien de la justicia/ que es el único camino verdadero
hacia la paz». Esto fue escrito varios meses antes de que ella muriera
en el 2002.

Hago un llamado para que hagamos lo mismo, para asegurar las vidas futuras de cada Michael y Michelle de nuestro país y mucho más allá.

Agradecimientos

Hace muchos años atrás, adopté una práctica de gratitud. Cada día, escribo en mi diario por lo menos dos cosas por las que estoy agradecida. Este libro no sería posible sin el apoyo, la colaboración y la alianza de muchas personas. Aunque no puedo enumerar a todas las personas, quiero al menos expresar mi gratitud a algunas.

Estoy agradecida por escribir y pensar con amistades y camaradas como Shira Hassan, Kelly Hayes, Rachel Herzing, Erica Meiners, Tamara Nopper, Andrea Ritchie y Red Schulte. Gracias a todas las personas que me han invitado a compartir mis ideas en entrevistas y presentaciones y discusiones a lo largo de los años. Gracias a todas las personas con las que he tenido la bendición de organizar y acompañar durante las últimas décadas.

Agradezco a mi familia por su amor y apoyo que hacen posible muchas cosas en mi vida. Por último, un agradecimiento especial al maravilloso «equipo de ensueño», las personas que dieron vida a este libro: Julie, Rachel, Naomi y Tamara.

Fuentes y permisos

PARTE I: ¿Está pensando en convertirse en abolicionista?

¿Está pensando en convertirse en abolicionista? [*So You're Thinking about Becoming an Abolitionist*], originalmente titulado *Abolition for the People: So You're Thinking about Becoming an Abolitionist*, por Mariame Kaba, reimpreso con permiso de Kaepernick Publishing y *LEVEL*, 30 de octubre del 2020.

El sistema no está roto [*The System Isn't Broken*], originalmente titulado *Summer Heat*, por Mariame Kaba, reimpreso con permiso de *The New Inquiry*, 8 de junio del 2015.

Sí, literalmente queremos decir, abolir a la policía [*Yes, We Mean Literally Abolish the Police*], por Mariame Kaba, reimpreso con permiso de *The New York Times*, 12 de junio del 2020.

Una fuga de la imaginación: Viendo a las prisiones por lo que son y exigir una transformación [*A Jailbreak of the Imagination: Seeing Prisons for What They Are and Demanding Transformation*], por Mariame Kaba y Kelly Hayes, reimpreso con permiso de *Truthout*, 3 de mayo del 2018.

La esperanza es una disciplina [*Hope Is a Discipline*], reimpreso con permiso del podcast *Beyond Prisons*, 5 de enero del 2018.

PARTE II: No hay víctimas perfectas

Liberen a Marissa y a toda la gente negra [*Free Marissa and All Black People*], por Mariame Kaba, reimpreso con permiso de *In These Times*, 26 de noviembre del 2014.

No es una silueta de cartón: Cyntoia Brown y la estructuración de una víctima [*Not a Cardboard Cutout: Cyntoia Brown and the Framing of a Victim*], por Mariame Kaba y Brit Schulte, reimpreso con permiso de *The Appeal*, 6 de diciembre del 2017.

Desde el «Yo también» al «Todes nosotres»: Organizándonos para poner fin a la violencia sexual, sin prisiones [*From "Me Too" to "All of Us": Organizing to End*

Sexual Violence without Prisons], entrevista con Mariame Kaba y Shira Hassan por Sarah Jaffe, reimpreso con permiso, 15 de enero del 2018.

Las mujeres negras castigadas por actuar en defensa propia deben ser liberadas de sus jaulas [*Black Women Punished for Self-Defense Must Be Freed from Their Cages*], por Mariame Kaba, reimpreso con permiso de *The Guardian*, 3 de enero del 2019.

PARTE III: El estado no puede darnos justicia transformativa

Independientemente de que Darren Wilson sea o no acusado, todo el sistema es culpable [*Whether Darren Wilson Is Indicted or Not, the Entire System Is Guilty*], por Mariame Kaba, reimpreso con permiso de *In These Times*, 17 de noviembre del 2014.

La condena de Larry Nassar no fue «justicia transformativa». He aquí el por qué [*The Sentencing of Larry Nassar Was Not "Transformative Justice." Here's Why.*], por Mariame Kaba y Kelly Hayes, reimpreso con permiso de *The Appeal*, 5 de febrero del 2018.

Queremos más justicia para Breonna Taylor de lo que el sistema que la asesinó nos ofrece en el presente [*We Want More Justice for Breonna Taylor than the System That Killed Her Can Deliver*], por Mariame Kaba y Andrea J. Ritchie, reimpreso con permiso de la revista *Essence*, 16 de julio del 2020.

PARTE IV: Haciendo demandas:
Reformas a favor y en contra de la abolición

«Reformas» policiales a las que siempre nos debemos oponer [*Police "Reforms" You Should Always Oppose*], por Mariame Kaba, reimpreso con permiso de *Truthout*, 7 de diciembre del 2014.

La historia de las prisiones del pueblo estadounidense [*A People's History of Prisons in the United States*], entrevista con Mariame Kaba por Jeremy Scahill, reimpreso con permiso del podcast *Intercepted*, 31 de mayo del 2017.

Arrestando al estado carcelario [*Arresting the Carceral State*], por Mariame Kaba y Erica R. Meiners, reimpreso con permiso de *Jacobin*, 24 de febrero del 2014.

Enumerando la atrocidad [*Itemizing Atrocity*], por Tamara K. Nopper y Mariame Kaba, reimpreso con permiso de *Jacobin*, 15 de agosto del 2014.

«Vivo en un lugar donde todo el mundo te vigila a dondequiera que vayas» ["*I Live in a Place Where Everybody Watches You Everywhere You Go*"], tomado de los comentarios de la 43.a Anual Académica y Conferencia Feminista, *Subvirtiendo*

la vigilancia: Estrategias para acabar con la violencia del estado [*Subverting Surveillance: Strategies to End State Violence*] en Barnard College, febrero del 2018.

Hacia el horizonte de la abolición [*Toward the Horizon of Abolition*], entrevista con Mariame Kaba por John Duda, reimpreso con permiso de *Next System Project*, 9 de noviembre del 2017.

PARTE V: Debemos practicar y experimentar: Movilización y teoría abolicionista

Tortura policial, reparaciones y lecciones de lucha y justicia de Chicago [*Police Torture, Reparations, and Lessons in Struggle and Justice from Chicago*], combina el ensayo original titulado: *"We Must Love Each Other": Lessons in Struggle and Justice in Chicago,* por Mariame Kaba, reimpreso con permiso del blog *Prison Culture*, 15 de febrero del 2015 y el ensayo originalmente titulado: *Police Torture, Reparations, and Echoes from the "House of Screams",* por Mariame Kaba, reimpreso con permiso del blog *Prison Culture*, 7 de mayo del 2015.

Libérennos a todes: Campañas de defensa participativa como parte de la movilización abolicionista [*Free Us All: Participatory Defense Campaigns as Abolitionist Organizing*], por Mariame Kaba, reimpreso con permiso de *The New Inquiry*, 8 de mayo del 2017.

Rekia Boyd y #Despidan a Dante Servin: Una campaña abolicionista en Chicago [*Rekia Boyd and #FireDanteServin: An Abolitionist Campaign in Chicago*] combina *On Showing Up, Erasing Myself, and Lifting Up the Choir...,* por Mariame Kaba, reimpreso con permiso del blog *Prison Culture*, 28 de abril del 2015; *#FireDanteServin: An Abolitionist Campaign in Chicago,* por Mariame Kaba, reimpreso con permiso del blog *Prison Culture*, 19 de septiembre del 2015; y *Four Years since a Chicago Police Officer Killed Rekia Boyd, Justice Still Hasn't Been Served,* por Mariame Kaba, reimpreso con permiso de *In These Times*, 21 de marzo del 2016.

Una carta de amor a los organizadores de #No a la academia policíaca *de parte de quienes estamos del lado de la libertad* [*A Love Letter to the #NoCopAcademy Organizers from Those of Us on the Freedom Side*], por Mariame Kaba, reimpreso con permiso del blog *Prison Culture*, 13 de marzo del 2019.

PARTE VI: La rendición de cuentas por nuestros actos no significa el castigo: Transformando la forma en que manejamos el daño y la violencia

Las prácticas que necesitamos: #Yo también y la justicia transformativa [*The Practices We Need: #MeToo and Transformative Justice*], entrevista con Mariame Kaba, reimpreso con permiso del podcast *How to Survive the End of the World*, 7 de noviembre del 2018.

Moviéndonos, más allá del castigo [*Moving Past Punishment*], entrevista con Mariame Kaba, reimpreso con permiso del podcast *For the Wild*, 27 de diciembre del 2019.

Justicia: Un cuento [*Justice: A Short Story*], por Mariame Kaba, reimpreso con permiso de Alexandra Brodsky y Rachel Kauder Nalebuff, eds., *The Feminist Utopia Project* (New York: Feminist Press, 2015).

PARTE VII: Venga, únase y no viaje solo: Nos necesitamos mutuamente

«*La comunidad importa. La colectividad importa*». [*"Community Matters. Collectivity Matters."*], originalmente titulado: *The Abolition Suite Vol. 2*, entrevista con Mariame Kaba, reimpreso con permiso del podcast *AirGo*, 1 de julio del 2020.

Todo lo que vale la pena se hace junto a otras personas [*Everything Worthwhile Is Done with Other People*], entrevista con Mariame Kaba por Eve L. Ewing, reimpreso con permiso de *Adi Magazine*, otoño del 2019.

Resistiendo la violencia policial en contra de las mujeres negras y las mujeres de color [*Resisting Police Violence against Black Women and Women of Color*], tomado de los comentarios de *Nunca más, invisibles: Resistiendo la violencia policial en contra de las mujeres negras y las mujeres de color en tiempos convulsos* [*Invisible No More: Resisting Police Violence Against Black Women and Women of Color in Troubled Times*], en Nueva York junto con Barbara Smith, Kimberlé Crenshaw y Reina Gossett; auspiciado por el Centro Barnard para la Investigación sobre las Mujeres (*Barnard Center for Research on Women*), noviembre del 2017.

Únase al movimiento abolicionista [*Join the Abolitionist Movement*], entrevista con Mariame Kaba, reimpreso con permiso del podcast *Rebel Steps*.

«*Debo convertirme en una amenaza para mis enemigos*»: El legado viviente de June Jordan [*"I Must Become a Menace to My Enemies": The Living Legacy of June Jordan*], tomado de los comentarios en: *El milagro lleno de impedimentos: El legado viviente de June Jordan* [*The Difficult Miracle: The Living Legacy of June Jordan en Cambridge*], Massachusetts, junto con Imani Perry y Solmaz Sharif; auspiciado por el Instituto para Estudios Avanzados de Radcliffe (*Radcliffe Institute for Advanced Study*) 28 de febrero del 2018.

Índice

Acerca de Haymarket Books

Haymarket Books es una editorial radical, independiente y sin fines de lucro con sede en Chicago. Nuestra misión es la publicación de libros que contribuyan a las luchas por la justicia social y económica. Nos esforzamos por hacer que nuestros libros sean una parte vibrante y orgánica de los movimientos sociales y de la educación y del desarrollo de una izquierda crítica, comprometida e internacional.

Nos inspiramos en nuestros tocayos, los mártires de Haymarket, que dieron su vida luchando por un mundo mejor. Su lucha de 1886 por la jornada de ocho horas—que nos dio el Primero de Mayo, el día internacional de los trabajadores—les recuerda a los trabajadores de todo el mundo que la gente común y corriente puede organizarse y luchar por su propia liberación. Estas luchas continúan hoy día en todo el mundo: luchas contra la opresión, la explotación, la pobreza y la guerra.

Desde nuestra fundación en el 2001, Haymarket Books ha publicado más de quinientos títulos. Radicalmente independientes, buscamos abrir una brecha en el mundo de la publicación de libros corporativos, que es reacio al riesgo. Entre nuestros autores se encuentran Noam Chomsky, Arundhati Roy, Rebecca Solnit, Angela Y. Davis, Howard Zinn, Amy Goodman, Wallace Shawn, Mike Davis, Winona LaDuke, Ilan Pappé, Richard Wolff, Dave Zirin, KeeangaYamahtta Taylor, Nick Turse, Dahr Jamail, David Barsamian, Elizabeth Laird, Amira Hass, Mark Steel, Avi Lewis, Naomi Klein y Neil Davidson. También somos los editores comerciales de la aclamada Historical Materialism Book Series y de Dispatch Books.

También disponibles en Haymarket Books

1919
Eve L. Ewing

Border and Rule
Global Migration, Capitalism, and the Rise of Racist Nationalism
Harsha Walia, epílogo por Nick Estes, prólogo por Robin D.G. Kelley

Electric Arches
Eve L. Ewing

Freedom Is a Constant Struggle
Ferguson, Palestine, and the Foundations of a Movement
Angela Y. Davis, editado por Frank Barat, prefacio por Cornel West

From #BlackLivesMatter to Black Liberation
Keeanga-Yamahtta Taylor

How We Get Free: Black Feminism and the Combahee River Collective
Editado por Keeanga-Yamahtta Taylor

Missing Daddy
Mariame Kaba, ilustrado por bria royal

#SayHerName: Black Women's Stories of State Violence and Public Silence
African American Policy Forum, editado por Kimberlé Crenshaw
Prólogo por Janelle Monáe

We Still Here: Pandemic, Policing, Protest, and Possibility
Marc Lamont Hill, editado por Frank Barat
Prólogo por Keeanga-Yamahtta Taylor

"When the Welfare People Come"
Race and Class in the US Child Protection System
Don Lash